08
백송 총서

대승 경전의 선 사상

선과 교의 균형을 위하여

정운

1982년 명우 스님을 은사로 서울 성심사에 출가하였다. 운문승가대학을 졸업하고 동국대학교에서 박사학위를 받았다. 2년 간 미얀마 판디타라마 명상 센터와 쉐우민 명상 센터에서 비팟사나 수행을 했다. 현재 동국대학교에서 강의하고 있으며, 대한불교조계종에서 종단의 교육과 연구를 전담하는 교육아사리의 소임을 맡고 있다.

저서로는 『명상, 마음 치유의 길』, 『동아시아 선의 르네상스를 찾아서』, 『경전 숲길 – 한 권으로 읽는 경전』, 『허운 – 중국 근현대 불교의 선지식』, 『구법 – 선의 원류를 찾아서』, 『환희 – 중국 사찰 기행1』, 『떠남 – 중국 사찰 기행2』, 『맨발의 붓다』 등이 있다.

백송 총서 08
대승 경전의 선 사상 – 선과 교의 균형을 위하여

2014년 10월 20일 초판 1쇄 발행

지은이 정운
펴낸이 이규만
편 집 상현숙
디자인 아르떼203

펴낸곳 불교시대사
출판 등록 제1-1188호(1991년 3월 20일)
주소 서울시 종로구 인사동 7길 12 백상빌딩 1305호
전화 02-730-2500
팩스 02-723-5961
이메일 kyoon1003@hanmail.net

ⓒ 정운, 2014

ISBN 978-89-8002-145-1 93220

이 책의 수익금 중 1%는 유니세프를 통해 나눔의 기금으로 쓰입니다.

08
백송
총서

대승 경전의 선 사상

선과 교의 균형을 위하여

정운

불교시대사
1% 나눔의 기쁨

선(禪)은 경전에서 전하는 교리 사상과 분리될 수 없다고 본다. 특히 대승 경전에 전하는 선관(禪觀)은 단순히 교리 차원을 넘어 깨달음의 세계를 표현한 것이다. 중국에서 보리달마 이전에 수행하던 선 수행자나 달마의 제자들, 5가 7종 조사선 선사들, 후대의 간화선 선자(禪者)들도 경전을 통해 법경(法鏡)을 삼았다.

『절요』에서 "선(禪)이란 선정(禪定)과 지혜(智慧)의 통칭이다."라고 하였다. 대체로 선정을 바탕으로 지혜가 작용하는 것이라고 하지만, 그보다는 선정과 지혜 두 가지를 동시에 갖춰야 한다는 것을 의미한다. 즉 양 날개(선정과 지혜)가 겸비되어야 수행을 원만히 완성할 수 있다는 점이다. 이런 맥락에서 볼 때 선교(禪敎) 또한 마찬가지라고 본다. 즉 선과 교의 균형이 필요하다. 선을 바탕으로 교를 완성시켜야 하며, 교를 근간으로 선 수행이 병행되어야 한다.

어록이 발생하기 이전까지만 해도 선사들은 대승 경전의 선관을 수용해 자파(自派)의 선 사상을 정립하였다. 또한 역대로 선사들 중에는 유식과 선의 결합, 화엄과 선의 일치, 천태와 선의 여일함, 염불과 선의 쌍수 등 끊임없이 교학적인 측면과 선을 하나로 보는 이들이 많았다.

1992년 동국대학교 선학과에 입학한 이래 선과 관련된 커리큘럼이 주된 수업 내용이었다. 출가자 신분으로 학교를 다니면서 학문으로만 이뤄지는 것에 자괴감이나 회의감이 들기도 했다. 이런 점 때문에 한동안 대학을 떠나기도 하였다.

다시 대학에 돌아와서는 마음가짐이 달랐다. '교를 하더라도 제대로 해야겠다.'고 다짐하고, 경전에서 전하는 선관을 정립하는 것도 소납의 이번 생 과제라고 생각했다. 이에 2000년 중반 『유마경』의 선관을 소논문으로 처음 작성한 이래 2년 터울로 『능가경』, 『열반경』, 『화엄경』에서 추론되는 선관을 작성했다.

이런 일련의 과정 속에서 경전의 주요 내용을 한 권으로 엮은 『경전 숲길』을 출판하였다. 밤잠 설쳐가면서 공을 들였던 원고였기에 좋은 결과도 뒤따랐다.

이어서 『법화경』의 선관을 작성했는데, 이 경에서는 '최상의 진리가 이런 것이구나.'라는 경이로움을 느꼈다고 할까? 그리고 마지막으로 『금강경』이었다. 『금강경』에 대해서는 여러 차례 강의를 했지만 논문으로 작성했을 때는 불화를 그리는 금어(金魚)가 마지막으로 불안(佛眼)을 그려넣는 경건함이 들었다.

현재 소납의 일상은 학문 연구나 논문 쓰는 일보다 원고 작성이나 강의가 대부분이다. 그러다 보니 논문의 격식도 부족하고 학문적인 견해도 깊지 못하다. 이 책 내용은 북방 불교 선 사상 확립에 근간이 되었던 대승 경전의 선관을 정리한 것에 불과하다. 그러기에 여기에 수록된 각 대승 경전의 선관은 경의 전면적(全面的)인 사상이 아니라 한 일면(一面)임을 밝혀 둔다. 미진한 부분에 대해서는 앞으로 꾸준히 수정 보완할 예정이다. 아낌없는 질책 바란다.

소납의 인생에서 승려의 길은 탁월한 선택이었고, 최대의 행운이다. 게다가 진리를 접할 수 있는 뭇 인연들이 늘 내 주위에서 맴돌고 있다. 이번 생에 부처님의 제자가 된 것이 참으로 감사하고 행복하다.

나무아미타불

불기 2538년 녹음이 무성하게 우거진 여름날
정운 합장

제1장

금강경의 선관

1. 무상, 무주, 무아, 즉비 논리와『금강경』

『금강경』은 우리나라 조계종의 소의 경전이요, 동아시아 선종의 소의 경전이기도 하다. 중국에서 수많은 대승과 소승 경전이 한역되었는데, 구마라집(鳩摩羅什, Kumārajīva, 334~413년)의『금강경』이 한역되어 나온 이래 이 경전은 교학자들과 선자(禪者)들에게 실천 수행의 근간이 되었다. 물론 학계에서는 현장 삼장과 의정(義淨)의 한역을 많이 따르지만, 현재 독송이나 신앙면으로는 구마라집 역을 따른다.

우리나라에서도 구마라집 역을 따르고 있으며, 필자도 구마라집의『금강반야바라밀경』(金剛般若波羅蜜經)을 1차 자료로 삼아 글을 전개하고자 한다. 일반적으로 동아시아에서는『금강반야바라밀경』을『금강경』으로 약칭하는데, 필자 역시 이렇게 칭하기로 한다. 또한 글을 전개하면서, 본 원전에는 없지만 소명 태자가 나눈 32분을 그대로 사용하기로 한다.

『금강경』은 반야부 경전으로 불교사적, 선종사적 위치에서 차지하는 의미가 결코 작지 않다. 특히 선종에서『금강경』을 주목하였는데, 원래 선종의 소의 경전은『금강경』이 아니라『능가경』이었다. 그런데 6세기 무렵『금강경』으로 소의 경전이 변화되었다. 이에 소의 경전의 변천 과정을 살펴보고, 선사들이『금강경』사상을 수용해 자파의 선 사상으로 어떻게 정립했는지를 살펴보고자 한다. 또한『금강경』과 선종의 관계에서 반드시 언급해야 할 선사는 6조 혜능(六祖 慧能, 638~713년)인데, 혜능의 행적과 그의 선 사상을 통해『금강경』의 주요 사상을 추론해 본다.

『금강경』은 공 사상의 대표적인 경전인데도 불구하고 경전에 '공' (空)이라는 말이 한 번도 나오지 않는다. 『금강경』에 공이 없는 것이 아니라 공의 사상이 무상(無相)·무주(無住)·무아(無我)·즉비 논리 (卽非 論理)로 전개되어 있다. 즉 이 사상들은 공의 실천적인 측면이 라고 볼 수 있는데, 이 내용들을 주 테마로 삼아 『금강경』의 선관을 논하려고 한다.

『금강경』에서 찾아 볼 수 있는 사상은 첫째 무상(無相)이다. 무상은 이 경전의 대표 사상이요, 선사들에게 주목받은 것이 바로 무상 법문 이다. 필자는 『금강경』에서 제시하는 상(相)의 개념을 밝히고, 상을 여읜 경지를 살펴보며, 실상(實相)의 의미를 통해 참다운 무상을 밝 히고자 한다.

둘째 무주(無住)인데, 무주는 무상의 사상과 유사하다. 『금강경』에 서 의미하는 무주심(無住心)을 살펴보고, 선사들의 어록에 드러난 무 주심을 이끌어 경의 내용을 견주어 보려고 한다.

셋째 무아(無我)에 대해 논하는데, 무아는 무상과 무주의 맥락에서 살펴보아야 한다. 무아의 정확한 개념을 밝히고, 대승적 차원에서 보 는 무아 사상이 무엇인지를 살펴보고자 한다.

마지막 선관으로, 즉비 논리(卽非 論理)와 선 사상을 살펴본다. 즉비 논리는 『금강경』에서 가장 많이 표현되어 있는 문장이다. 『금강경』 이 선경(禪經)으로서 선 수행자들로부터 애독되고 선을 정립하게 된 주요 이유로는 무상 법문도 있지만 이 즉비 논리의 독특한 특징이 있 기 때문이다. 필자 입장에서 볼 때 이 논리는 선 사상과 별개로 사유 할 수 없다고 본다. 이에 즉비 논리는 『금강경』의 구절을 인용해 선사들의 오도송이나 선 사상적 경지에서 그 의미를 살펴보고자 한다.

2. 『금강경』의 해제와 특징

『금강반야바라밀다경』(金剛般若波羅蜜多經)은 『대반야바라밀경』(大般若波羅蜜經) 600권 가운데 577권에 해당하는 경전이다. 기원전 1세기부터 서기 3세기 사이에 이루어진 경전으로 사위성 기수급고독원에서 부처님과 해공 제일(解空 第一)인 수보리 존자의 문답 형식으로 구성되어 있다.

『금강반야바라밀다경』은 산스크리트어 『바즈라체디카 프라갸 파라미타 수트라』(Vajracchedikā prajñā-pāramitā sūtra)이다.

바즈라체디카(Vajracchedika, 金剛)는 가장 견고하며, 어떠한 번뇌일지라도 깨뜨릴 수 있는 지혜를 상징한다. 즉 바즈라(Vajra)는 금강석(金剛石)을 의미하는데, 성질이 단단하고 굳기 때문에 어떤 것도 파괴하는 힘을 가졌다는 뜻으로 반야(般若)에 비유한 것이다. 프라갸(prajñā, 般若)는 깨달음의 지혜이고, 파라미타(pāramitā, 波羅蜜)는 '저 언덕에 이른다'〔到彼岸〕는 뜻으로 지혜의 완성을 말하며, 수트라(sūtra)는 경전이라는 뜻이다.

따라서 『금강반야바라밀다경』은 다이아몬드처럼 견고하며 빛나는 깨달음의 지혜로써 번뇌와 고통을 소멸하여 평화와 행복만이 있는 저 언덕에 도달하게 해주는 진리를 설하는 경전이라고 할 수 있다.

경전의 경명은 역자에 따라 조금씩 다르다. 중국에서 한역한 역자를 여섯 명으로 분류해서 경명을 살펴보면 이러하다.

구마라집·보리류지(菩提流支)·진제(眞諦) 등은 『금강반야바라밀경』(金剛般若波羅蜜經)이라고 하였고, 달마급다(達摩笈多)는 『금강능단반야바라밀경』(金剛能斷般若波羅蜜經)이라고 하였으며, 현장(玄奘, 602~664년)과 의정(義淨, 635~713년)은 『능단금강반야바라밀경』(能斷金剛般若波羅蜜經)이라고 하였다.

여기서 '능단'은 금강과 같이 능히 번뇌를 단멸시키기 때문에 '능단금강'이라고 하였을 것으로 추론해 본다. 서양에서는 *The Diamond-sutra*라고 한다.

학계에서는 현장·의정의 번역에 따라 이해하고 있지만, 한국에서는 일반적으로 독송·강독할 때는 구마라집 역을 따르고 있다. 중국에서는 구마라집의 『금강경』이 한역되어 나오자마자 곧바로 유통되었다. 이는 경전에 수승한 무상 법문(無相 法門)이 담겨 있고, 분량이 적어 사람들이 수지하기 편하며, 이 수지에 따른 공덕이 있기 때문이다.

현재 유통되고 있는 구마라집 역의 『금강경』은 32분(分)으로 나누어져 있는데, 원래는 이런 나눔이 없었다. 양나라 무제(武帝, 502~549년 재위)의 아들인 소명 태자(昭明 太子, 501~531년)가 32분으로 나눈 뒤 각 분과마다 분목(分目, 제목)을 붙인 것이다.

다음은 이 경전이 『금강경』 반야부 경전 가운데 하나로서 『금강경』만이 갖는 독특한 특징이나 주요 사상을 살펴보기로 하자.

첫째, 일반적으로 다른 경전에서는 사부 대중과 팔부 신장 등 다수

의 청중이 등장하는데,『금강경』의 청중은 1,250명의 비구승으로만
구성되어 있다.

둘째, 이 경은 공(空) 사상의 대표적인 경전인 데도 불구하고, 공이
라는 말이 한 번도 나오지 않는다. 하지만 무상(無相), 무주(無住), 무
아(無我), 즉비 논리(卽非 論理) 등으로 공의 실천적 측면을 강조하고
있다. 또한 이 공 사상의 실천은『금강경』의 선관(禪觀)이라고 할 수
있다.

셋째,『금강경』은 집착 없는 마음을 강조하는데, 무주상(無住相)·
응무소주(應無所住)·무소득(無所得) 등으로 표현하고 있다. 즉 법조
차도 집착하면 법이 아니므로 진리에도 집착하지 말고, 보시를 베풀
때도 중생에게 보시를 하되 베푼 자선을 마음에 두지 않아야 진정한
보시라는 것이다. 또한 사람을 제도하고 인도하되 인도했다는 관념
(집착)을 내지 않아야 진정한 제도라는 뜻이다.

넷째, 이 경은 대승 경전답게 수행의 완성으로서 6바라밀을 강조
한다. 6바라밀을 통해서 공 사상의 실천을 강조하고 있는데, 집착심
이 없는 6바라밀 실천이다. 즉 무주상 보시(無住相 布施)·무주상 지
계(無住相 持戒)·무주상 인욕(無住相 忍辱)·무주상 정진(無住相 精進)·
무주상 선정(無住相 禪定)·무주상 지혜(無住相 智慧)이다. 6바라밀의
실천 중에도 특히 법보시(8·11·13·15·19·24·28·32품)와 인욕행
(14품)이 강조되어 있다.

다섯째, 이 경에서는 실천 수행으로 경의 수지(受持)·독(讀)·송
(誦)·위인해설(爲人解說)·사경(寫經)의 다섯 가지를 제시하고 있다.
『금강경』보다 후대에 나온『화엄경』·『법화경』도 이와 똑같이 5종 수

행 방법을 설하고 있다. 이런 점으로 볼 때 5종 수행은 대승 초기 불교 행자들의 보편적인 실천행이었음을 추론해 볼 수 있다. 이런 실천행 중 경전을 숭배하는 마음가짐이나 경전 수지를 강조하고 있다. 또한 다르마(진리)를 강조하고 있는데, 앞에서 언급한 보시 가운데 법보시가 이에 해당된다.

여섯째, 역설적·부정적인 표현이 많다. 즉 무유정법(無有定法)·불가득(不可得)·무소득(無所得)·무소주(無所住)·불생법상(不生法相) 등과 같은 표현이다. 그만큼 부정을 하고, 다시 부정하는 방식으로 강한 긍정을 드러내고 있다. 또한 긍정을 하고, 그 반대로 부정한 뒤 다시 긍정하는 즉비 논리가 전개되어 있다.

일곱째, 이 경전을 수지·독송할 때 좋지 않은 일이 발생하기도 한다. 즉 경을 수지·독송할 때, 타인으로부터 멸시나 천대를 받음으로써 과거 전생에 지었던 악업을 미리 소멸하고 깨달음을 구하는 지름길이라는 것을 강조하고 있다.

3. 『금강경』과 선종

(1) 선종의 소의 경전 변천

현 선종(禪宗)의 소의 경전은 『금강경』이다. 하지만 선종의 시조인 달마가 중국에 도래(520년)한 이래 본래 선종의 소의 경전은 『금강경』이 아니라 『능가경』이었다. 달마 이래 선에서 중시했던 『능가경』

이 어떻게 『금강경』으로 변천되었는지를 살펴보기로 한다.

443년 유송(劉宋) 시대에 구나발타라(求那跋陀羅, 394~468년)가 4권본 『능가아발다라보경』(楞伽阿跋多羅寶經)을 한역하였다. 바로 선종과 관련된 『능가경』 역본은 구나발타라가 번역한 이 4권 본을 말한다. 도선(道宣, 596~667년)이 저술한 『속고승전』(續高僧傳) 16권 「혜가장」(慧可章)에 의하면 보리달마가 혜가(487~593년)에게 4권 『능가경』을 주면서 이렇게 말했다고 전한다.

> 내가 이 중국 땅을 관찰해 보니 오직 이 『능가경』만이 있을 뿐이다.[1]

또한 2조 혜가는 『능가경』을 나 선사(那 禪師)와 혜만 선사(慧滿 禪師)에게 전했다. 나 선사와 혜만은 혜가와 마찬가지로 두타행을 하였으며, 『능가경』의 현리(玄理)를 심요로 삼은 능가행자였다. 또 혜만과 동시대의 능가행자인 법충(法沖)은 출가 후 『능가경』을 배웠고, 혜가에게 귀의한 뒤에도 『능가경』으로 수행의 근본을 삼았다.[2] 이렇게 달마계 선종 초기의 선사들은 『능가경』을 기반으로 수행의 요지를 삼았던 것이다.

또한 『능가사자기』(楞伽師資記)의 저자 정각은 4권 『능가경』의 번역자인 구나발타라를 달마 앞에 두어 선종의 초조로 계보를 세웠다.[3] 그만큼 초기 선종에 관련된 기록의 정황들을 볼 때, 6조 혜능이 등장하기 전까지 중국 선종 초기에는 『능가경』을 중심으로 자파의 계보를 세웠으며, 이 경전을 중심으로 수행의 근본을 삼았음을 알 수 있다. 또한 후대의 학자들은 초기 선종의 『능가경』을 중심으로 수행했던 이들을 능가종(楞伽宗)이라고 부른다.[4]

그런데 이렇게 흘러오던 선종의 소의 경전이 『능가경』에서 『금강경』으로 바뀌었다. 바로 6조 혜능부터라고 할 수 있는데, 소의 경전이 어떻게 바뀔 수 있었을까? 이에 그 변천하는 과정에서 당시 선종계의 상황이나 혜능 이전의 선사들이 『금강경』을 어떻게 수용하였는지를 알아보고, 혜능과 『금강경』과의 인연을 살펴보기로 하자.

혜능 이전인 동산 법문(東山 法門, 5조 홍인과 4조 도신)에서는 자교오종(藉教悟宗)이라는 원리 아래 『화엄경』, 『법화경』, 『유마경』 등 여러 경전을 자파의 선관 확립에 응용하였다.[5] 이 가운데서 『금강경』의 반야 사상을 매우 중시하였다.

현존하는 자료를 분석해 볼 때, 4조 도신(580~651년)의 사상은 반야에 속한다고 할 수 있다. 그의 저작들 가운데는 반야부 경전류가 상당 부분 해당된다. 즉 『대품반야경』, 『문수반야경』, 『금강경』 등이 그것이며, 특히 『금강경』의 "내가 마땅히 일체 중생을 멸도케 하리라〔我應滅度 一切衆生〕. …… 그러나 한 중생도 실제로 멸도된 자가 없다〔而無有一衆生 實滅度者〕."라는 부분이 그러하다. 마땅히 중생을 멸도해야 한다고 하지만 능도(能度)·소도(所度)의 생각을 하지 않으므로 실제로는 중생들이 멸도를 얻은 것이 없다. 그러니 오직 자연스럽게만 한다면 능소의 분별은 생겨나지 않는다는 말이다. 이것은 『금강경』의 핵심 구절 중 하나인데, 이를 볼 때 도신의 선법이 『능가경』에서 『금강경』으로 옮겨 간 것을 알 수 있다. 그래서 5조 홍인(弘忍, 601~675년)이 혜능에게 법을 전한 이후에는 『능가경』이 『금강경』으

로 완전히 바뀐 것이다.[6]

또한 5조 홍인의 제자 대통 신수(大通 神秀, 606~706년)가 측천무후의 부름을 받고 입궐했는데, 측천무후가 신수에게 "그대가 전(傳)하는 법은 누구의 종지(宗旨)인가?"라고 묻자 신수는 "기주(蘄州)의 동산 법문을 전수받았으며, 『문수설반야경』(文殊說般若經)의 일행 삼매(一行 三昧)에 의거하고 있습니다."라고 대답하였다는 내용이 전한다.[7]

이처럼 혜능 이전인 4조 도신과 5조 홍인이 『금강경』 사상을 주목하고, 자신의 선 사상에 응용하였음을 알 수 있다. 다음은 6조 혜능과 『금강경』과의 관계를 알아보도록 하자.

혜능은 현재 우리나라에서 쓰고 있는 조계종(曹溪宗) 종명(宗名)과 관련이 깊다. 조계종이라는 명칭은 6조 혜능이 주석했던 조계산의 명칭을 딴 것이다. 물론 한국 조계종의 소의 경전 또한 당연히 『금강경』이다. 후대 조동종(曹洞宗)의 2조인 조산 본적(曹山 本寂, 840~901년)도 강서성 무주 지방에 머물며 교화를 펼쳤는데, 본적은 혜능이 살던 조계산을 본따서 산 이름을 조산으로 고쳐 불렀다. '조계'란 조씨 성을 가진 사람들이 모여 살던 곳 앞에 흐르던 시냇물을 말한다. 이곳은 광동성(廣東省) 소관(韶關) 곡강구(曲江區) 성동(城東)에서 6km 떨어진 곳에 위치하는데, 조계북안(曹溪北岸), 보림산록(寶林山麓)을 말한다.

혜능이 출가하게 된 동기는 『금강경』이요, 오도(悟道)할 때도 『금강경』의 영향을 받았다. 또한 혜능 선 사상에 전반적으로 근간이 되고 있는 경전도 『금강경』이다. 세키구치 신다이(關口眞大)는 『육조단경』에 드러난 혜능의 선 사상에 대해 이렇게 말했다.

첫째는 반야바라밀(般若波羅蜜)을 설하고 있으며, 반야바라밀은 오로지 『금강경』에 기초하고 있고, 반야 삼매는 일행 삼매라고 칭하고 있으며, 이들 사상의 핵심은 무념위종(無念爲宗)으로 표현하고 있다.

둘째는 정혜일체(定慧一體)의 사상을 설하고,

셋째는 무상계(無相戒)를 주고 있으며

넷째는 좌선(坐禪)을 배격하고 있다.[8]

또한 앞의 책에서 세키구치 신다이는 거듭 이렇게 말하고 있다.

『육조단경』과 『금강반야경해의』(金剛般若經解義)는 혜능의 사상을 드러내고 있는데, 양자에서 혜능 사상의 대강을 본다면 이러하다. 즉 자성청정심을 설하고 견성의 돈오를 보이며, 선종으로 하여금 전적으로 반야바라밀로 돌아서게 한다. 그 반야바라밀은 오로지 『금강반야경』에 의하며, 그러면서 『금강반야경』에 맞춰 대승의 무상계(無相戒)를 주는 것이다.[9]

다음은 『금강경』과 관련된 혜능의 행적을 『육조단경』에서 보기로 하자. 돈황 본 『육조단경』에 이런 내용이 전한다.[10]

혜능이 태어난 곳은 옛날부터 유배지로 유명한 영남 신주(新州)의 편전사(片田舍)이다. 오랑캐 땅이라 불리는 고장에서 태어난 혜능은 속성이 '노'(盧) 씨로서 권세 있는 집안의 후예라고 한다. 그는 아버지를 여의고 홀어머니를 모시며 땔나무를 해서 파는 나무꾼이었다.

어느 날 혜능이 관숙사(官宿舍)에서 나무를 팔고 막 돌아서는데, 한 손님이 『금강경』 독송하는 소리를 들었다.[11] 혜능이 그 소리를 듣고 마음에 깨친 바가 있어 그 손님에게 어떤 경전이냐고 물었다. 그는 혜능에게 말했다.

나는 기주 황매현 동빙묘산(東馮墓山)에서 5조 홍인 화상을 예배했는데, 지금 그곳에는 천여 명의 사람들이 있습니다. 나는 그 곳에서 홍인이 승려와 재가자들에게 『금강경』 한 권만 지니고 읽으면 곧 자성을 보아 바로 부처를 이루게 된다고 권하는 것을 들었습니다.[12]

앞의 예문에서 본대로 혜능은 이렇게 『금강경』 독송을 듣고 호북성(湖北省) 황매현(黃梅縣) 쌍봉산(雙峰山)에 주석하고 있는 홍인을 찾아갔다. 혜능이 홍인 문하에 머물러 방아 찧는 일을 한 지 8개월 무렵, 어느 날 홍인이 제자들에게 깨달음의 게송을 지으라고 하였다. 제자의 오도송을 보고 법을 전수하겠다는 의미이다. 대통 신수가 먼저 오도송을 지어 복도 회랑에 붙여 놓았다.[13] 홍인이 이를 보고 제자들에게 말했다.

『금강경』에 이르기를 "무릇 모양이 있는 모든 것은 다 허망하다〔凡所有相 皆是虛妄〕."라고 하였으니, 어리석은 사람은 이 게송을 외워서 이를 의지해 행을 닦을지니라.[14]

홍인은 이렇게 말하고 문인들에게 게송 앞에 향을 사르게 하였다. 후에 혜능도 동자를 시켜서 오도송을 지어 복도 벽에 붙였다.[15] 혜능의 게송을 본 홍인이 한밤중 삼경(三更)에 혜능을 조사당 안으로 불러 『금강경』을 설해 주었다.

돈황 본 『육조단경』(780년)에는 홍인이 혜능에게 "『금강경』을 설해 주어 혜능이 구절 끝에 깨달았다."고 서술하고 있다. 반면 혜흔 본 (967년) · 덕이 본(1290년) · 종보 본(1291년)에는 홍인이 혜능에게 『금강경』을 설해 주는 동안 응무소주(應無所住) 이생기심(而生其心) 구절에 이르러 혜능이 크게 깨달았다고 전한다.

혜능은 그날 밤 홍인에게서 가사와 발우를 전해 받았다. 이렇게 혜능이 출가하게 된 동기나 법을 받은 것은 모두 『금강경』과의 인연이다. 또한 혜능도 『금강경』을 매우 중시하여 제자들에게 이 경을 수지토록 하였다.

> 『금강반야바라밀경』 한 권을 수지해 독송하는 것만으로도 곧바로 견성해 반야 삼매에 들어간다. …… 만약 (그대가) 대승적인 근기라면, 『금강경』 설하는 것을 듣고 마음이 열려 깨달을 것이다.[16]

이와 같이 살펴본 대로 5조 홍인은 『금강경』으로 제자들을 지도했으며, 제자 혜능과 스승 홍인은 『금강경』에 의해 인연이 되었다. 또한 혜능도 제자들에게 『금강경』을 수지토록 하였음을 알 수 있다. 이 점에 대해서는 『육조단경』 이외에 신회의 어록에도 전한다.

『신회어록』의 「동토육대조사전」(東土六代祖師傳)을 보면『금강경』의 교시에 의한 사자 상승(師資 相承)의 교학 사상으로 삼고 있으며, 또 홍인과 혜능의 전법의 근거 역시『금강경』의 현지(玄旨)를 가지고 실증시키고 있다. 즉『신회어록』의 「홍인장」에 "혜능은 홍인의『금강경』에 의한 여래의 지견을 설한 것을 듣고 언하에 깨달았다."고 하며, 또한 「혜능장」에도 "혜능은『금강경』을 의거하여 여래의 지견을 열었다."고 기록하고 있다.[17]

선종사에서 이렇게 시작된 이래 7세기 말, 혜능에 의해 선종의 소의 경전이『능가경』에서『금강경』으로 바뀌어 지금에까지 이르고 있는 것이다.

(2) 선종 선사들의 『금강경』 수용

앞의 3절 (1) "선종의 소의 경전 변천"에서『능가경』을 선양했던 초기 선종의 선사들과 동산 법문, 6조 혜능의『금강경』선양을 살펴보았다. 7세기 초 혜능으로 인해『금강경』이 두드러지게 중시되었는데, 이 점은 선종 입장에서 서술한 것이고 반드시 그렇지만도 않다.

동진(東晉) 시대(317~420년), 대소승 경전이 중국에 소개되면서 수많은 경전이 역출(譯出)되었다. 특히 구마라집이 번역한『금강경』과『법화경』은 중국에 미친 영향이 매우 지대하며, 더 나아가 동아시아 불교 전반에 큰 영향을 미쳤다.[18]

『금강경』이 강남에서 크게 유행한 데는 개선사(開善寺)의 지장(智藏, 458~522년)의 영향이 크다. 지장이『금강경』을 널리 보급시켰는데, 도선(596~667년)이 『속고승전』을 저술할 당시에는 더욱더 유포되어 있었다. 천태 지의(天台 智顗, 538~597년), 가상 길장(嘉祥 吉藏, 549~623년), 우두 법융(牛頭 法融, 594~657년) 등의 『금강경』 주석서가 있었다. 또한 북방에서는 보리류지가 중국으로 도래한(508년) 후 『금강경』에 관한 논서가 역출되어 교학자들에게 매우 중시되었다.[19]

이와 같이 중국에서 『금강경』 역출과 동시에 교종에서도 이 경전을 매우 중시하였음을 알 수 있다. 다음은 본 장의 주된 요지인 선종 선사들의 『금강경』 수용을 살펴보도록 하자.

남북조 시대 『금강경』이 선양될 무렵에 양 무제도 『금강경』에 관심을 가지고 있었던 것으로 보인다. 부대사(傅大士, 497~569년)는 달마 이전 중국 선종의 역사가 시작되기 전의 인물이다. 부대사는 중국 선종사(禪宗史)에는 포함시킬 수 없지만 선(禪) 사상사적(思想史的) 측면에서는 그의 사상을 빼놓을 수 없을 만큼 후대 선자들에게 큰 영향을 미쳤다. 부대사는 무제(武帝)를 불교에 귀의시키고 거침없는 법문으로 당시 출가자와 재가자 모두에게 존경을 받았던 인물이다.

『금강경』에 대해 다섯 사람이 소를 해놓은 것을 『금강경오가해』(金剛經五家解)라고 한다. 언제 편찬되었는지는 정확하지 않으나 송대 이후에 편찬되었다고 본다. 그런데 다섯 명의 해의(解義) 가운데 부대사의 『금강경제강송』(金剛經提綱頌)이 제일 먼저 완성된 본이다. 부대사는 제강(提綱)에서 『금강경』을 선리적(禪理的)인 차원에서 해석하였다.

그의 선적 경지는 『벽암록』 67칙 부대사휘안(傅大士揮案)에 드러나 있다. 양 무제가 부대사에게 『금강경』 강의를 부탁했는데, 부대사는 법좌에 오르자마자 법탁을 한 번 탁 치고는 즉시 내려왔다. 무제가 깜짝 놀라며 당황하자 지공(誌公, 418~514년) 화상이 "폐하께서는 이 뜻을 알겠습니까?"라고 물었고 무제는 "모르겠소."라고 답했다. 지공이 "부대사께서는 이미 설법을 마쳤습니다."라고 하였다.[20] 이 내용은 고려 진각 혜심의 『선문염송』(禪門拈頌) 1,430칙에도 전한다.[21]

선사로서 『금강경』을 중시한 효시로는 포주(蒲州 : 山西省 永濟縣) 인수사(仁壽寺)에 상주했던 보명(普明)이 있다. 다음은 보명에 관해 『속고승전』에 전하는 내용이다.

> 매일 『계본』(戒本)을 1회, 『금강반야경』을 20회 독송하려고 노력했다. ……『금강반야』를 1,000부 이상이나 서사하고, 또 사람들에게 독송케 하였다.[22]

보명 선사는 이렇게 경전을 간경 수행하다가 86세에 인수사에서 열반하였다. 마침 이 무렵 현종 개원 23년(735년)에 『어주금강반야바라밀경』(御注金剛般若波羅蜜經)을 칙명으로 천하에 배포하여 널리 강의하도록 하였다. 또 현종은 『금강경』 주석을 썼는데, 북종선 사람들이 『금강경』을 중시한 것에 영향을 받은 것이라고 본다. 하택 신회(荷澤 神會, 668~760년)도 이런 시대적인 흐름에 부응하여 『금강반야경』을 채택했던 것이다. 당시 남종이나 북종 모두 『금강경』을 중시하였다.

『금강경』이 최종적으로 모든 반야부 경전의 대표가 되고 선 수행자들에게 존중받는 것은 최상승무상(最上乘無相) 법문에 계합할 뿐만 아니라 그 분량이 중용(中庸)을 얻고, 수지한 공덕 찬탄에 의해 수지하기가 쉬웠기 때문이다. 신회는 『금강경』으로 6대의 전등(傳燈)을 설할 때 『금강경』에 의거해 견성한 것이라고까지 말한다. 그러나 이는 과장된 설이라고 본다.[23]

그러면 6조 혜능의 제자인 하택 신회의 『금강경』 수용면을 살펴보자. 하택 신회는 남종선의 주장과 더불어 중국에서 『금강경』을 최초로 널리 선양한 사람이기도 하다. 즉 그는 『금강경』으로 남종의 종지를 확립하였으며, 자신의 선 사상 정립에 『금강경』의 응무소주(應無所住) 이생기심(而生其心) 구절을 응용하였다.

선학(禪學)에서 볼 때 혜능은 하택 신회에 의한 6조 현창 운동으로 크게 드러났다고 해도 과언이 아니다. 현종 개원 18년에서 20년(732년)에 활대(滑臺)의 종론(宗論)이 본격화되었다. 하남성(河南省) 활현(滑縣) 대운사(大雲寺)에서 무차대회를 열어 형주(荊州) 옥천사(玉泉寺) 신수 계(의복과 보적 등)를 북종(北宗)이라고 하며, 이들의 선(禪)을 점수(漸修)라고 비판하였다. 즉 북종선의 습선적인 병폐를 비판하면서 반야 사상의 돈오 견성(頓悟 見性)을 주장한 것이다. 이때 상황을 기록한 것이 돈황 본 「보리달마남종정시비론」(菩提達摩南宗正是非論)이다.[24]

신회가 당시 무차대회를 통해 주장했던 내용을 호적(胡適, 1891~1962년) 박사는 두 대단(大段)으로 나누었다. 전단은 다음과 같다. 달마는 남종의 시조로서 여래선을 전수한 사람이고, 달마가 중국에 들어와 양 무제와 회견했는데, 달마는 양 무제가 공덕 짓는 것은 무공덕(無功德)이라고 하였으며, 달마가 혜가에게 인가하면서 그 증거로

서 한 벌의 가사를 전했다. 그 가사는 현재 조계 혜능에게로 전수되었으므로 혜능이야말로 남종 정통 법계의 6조이다.

후단은 반야바라밀을 닦으면 능히 일체법을 섭(攝)하고, 반야바라밀을 행하는 것은 일체의 근본이라는 것이다. 반야바라밀은 오로지 『금강반야경』만을 최존(最尊)·최승(最勝)·최제일(最第一)이라고 하는 입장에서 설하는 것이다.[25]

그런데 남종의 하택 신회만 『금강경』을 중시한 것은 아니다. 『금강경』 중시 풍조는 당시 선사들에게서 보편적으로 보이는 현상이기도 하다. 대통 신수 계의 북종선에서는 5종의 대승 경전에 의거하여 선의 본질을 밝혔는데, 이를 「대승무생방편문」(大乘無生方便門)이라고 한다.[26] 이 방편문에 먼저 이념문(離念門)을 설할 때, 서두에 "모든 것에 집착해서는 안 된다. 『금강경』에 '모든 있는 것은 다 허망하다〔凡所有相皆是虛妄〕'라고 설해져 있다."라고 언급하고 있다. 이렇게 이념문은 청정하다고 보는 것을 주요 내용으로 하는데, 『금강경』의 무상의 사유 방식에 기초를 두고 있는 것이다.[27]

신회보다는 후대의 인물인 대주 혜해(大珠 慧海, 생몰년 미상)는 마조 도일(馬祖 道一, 709~788년)의 제자이며 『돈오요문』(頓悟要門)을 썼다. 이 책은 고금을 막론하고 선자들에게 애독되는 어록이다. 이 어록은 여러 대승 경전을 의거해 선의 진수(眞髓)를 전하는데, 『금강경』을 다섯 차례 정도 인용하였다. 또한 선자들의 주요한 어록인 『전심법요』(傳心法要)를 저술한 황벽 희운(黃檗 希運, ?~850년)은 어록 곳곳에 『금강경』 구절을 인용할 뿐만 아니라 이 경의 주요 사상인 무상과 무주를 무심(無心) 사상으로 서술하고 있다.

다음으로 『금강경』의 대가인 덕산 선감(德山 宣鑑, 782~865년)에 대해 살펴보자. 덕산은 운문종과 법안종 법맥에서 매우 중요한 인물이다. 덕산은 출가 이후 오로지 『금강경』만을 공부하여 그 분야에서 일인자가 되었다. 당시 사람들은 덕산을 『금강경』의 대강사라 하여 '주금강'(周金剛)이라고 불렀을 정도이다.[28) 그런데 덕산은 당시 북방 지역에 머물렀고, 선이 풍미했던 지역은 남방이었다. 덕산 선감은 늘 이렇게 생각했다.

'헤아릴 수 없이 많은 출가인들이 몇십 겁을 경전 공부에 노력했고, 몇백 겁 동안 계율을 준수했건만, 공부도 하지 않은 이들이 문자(경전)를 부정하고〔不立文字〕·견성성불(見性成佛)·직지인심(直指人心)을 주장하고 있으니, 내가 그들을 만나 코를 납작하게 해 주어야겠다.'

그는 걸망에 『금강경』에 관련된 경전을 짊어지고 선사들과 한판 논쟁을 하기 위해 길을 떠났다. 덕산이 풍주 지방에 이르렀을 때, 떡 장수 할머니를 만났다. 이 할머니는 스님의 모양새를 보고 말했다.

"스님, 등에 웬 짐을 그렇게 많이 지고 다닙니까? 도대체 무엇입니까?"

"『금강경청룡소초』(金剛經青龍疏鈔)입니다."

"스님, 그렇지 않아도 『금강경』 어느 한 구절을 잘 이해하지 못하고 있는데, 스님께서 대답해주시면, 제가 점심(點心)을 그냥 드리겠습니다."[29)

노파가 스님께 질문을 던졌다.

"스님 『금강경』에 '지나간 마음도 얻을 수 없고, 현재의 마음도 얻을 수 없고 미래의 마음도 얻을 수 없다.'고 했는데,[30) 스님께서는 어느 마음에다 점을 찍겠습니까[點心]?"[31]

이 말에 『금강경』의 대가라고 자부하던 덕산이 말을 하지 못하자, 노파는 용담 숭신(龍潭 崇信, 782~865년)을 소개하였다. 덕산은 용담 숭신 문하로 찾아가 깨달은 뒤 자신이 늘 지니고 다니던 『금강경소초』(金剛經疏鈔)를 모두 불살라 버렸다고 한다.

『금강경』과 관련되는 선사로 신라의 왕자 출신 무상(無相, 684~762년) 대사가 있다. 무상은 9산 선문이 신라 땅에 생기기 이전 당나라로 들어가 그곳에서 입적한 선사이다. 무상은 신라 성덕왕(702~737년 재위)의 셋째 왕자로 44세에 입당(入唐)하여 중국 불교사에 여러 업적을 남겼다.[32] 무상은 사천성(四川省) 성도(省都) 정중사(淨衆寺)에 주석하며 선을 펼쳤는데, 선종사에서는 무상의 선을 정중종이라고 한다.

티베트에 불교가 전파된 지 몇십 년 후, 선이 전래되었는데 최초로 티베트에 전해진 선 사상은 무상의 선이었다. 티베트의 치덱첸 왕(704~754년)이 산시(Sangshi)와 몇 사람을 사신으로 중국에 보내 불법을 구하러 왔을 때, 무상 대사가 그들에게 불법을 가르치고 세 권의 경전을 주었는데, 『금강경』·『도간경』(滔竿經)·『십선경』(十善經)이었다. 산시 일행은 두 달 동안 무상 문하에서 가르침을 받다가 티베트로 돌아갔다.

다음은 원대(元代)의 중봉 명본(中峰 明本, 1263~1323년)의 『금강경』 인연을 보도록 하자. 명본은 절강성(浙江省) 항주(杭州) 사람으로 20대에 천목산(天目山) 사자암의 고봉 원묘(高峰 原妙, 1238~1295년) 문하에 들어가 출가하였다. 명본은 『금강경』을 독송하는 와중에 '여래를 짊어진다[荷擔如來].'라는 말에 깨달음이 있었다.[33] 이 구절에서 홀연히 깨달음을 얻은 뒤, 명본은 내·외전의 어떤 내용이든 그 뜻을 통효(通曉)히 알았다. 당시 명본은 24세였다. 이후 명본은 고봉 원묘를 스승으로 삭발하였고, 고봉의 법맥을 받아 원나라 간화선 선풍을 드날렸다.

이제는 한국 선사들의 『금강경』 수용에 대해 보도록 하자.

고려 중기 선사인 보조 지눌(普照 知訥, 1158~1210년)은 우리나라에서 원효에 버금가는 분이요, 한국 불교의 선 사상을 정립한 선사로 평가받는다. 고익진(1934~1988년)은 지눌에 대해 이렇게 언급하고 있다. "지눌의 정혜 결사는 애초에 선종 일각의 자각에서 일어난 운동이다. 그의 선 사상은 조선조 500년을 거쳐 오늘에 이르도록 면면히 그 영향력을 발휘하고 있다."[34]

지눌 선사가 선 사상을 확립하는 데 근거로 삼았던 경전이 『금강경』이다. 보조비(普照碑)에 의하면 지눌은 "사람들에게 송지(頌持)를 권함에는 『금강경』으로 하고, 입법연의(立法演義)에는 『육조단경』을 본의(本意)로 하였으며, 이통현의 『화엄론』과 『대혜어록』을 양 날개로 삼았다."라고 하였다.[35]

또 우리나라에서 『금강경』을 선양한 분 가운데 대표적인 선사가 함허 득통(涵虛 得通, 1376~1433년)이다. 함허는 고려 말 조선 초기의 선사로 유학자들의 배불에 항거한 대표적인 선사이다. 함허는 무학(無學, 1327~1405년)의 제자이다. 득통은 21세에 관악산 의상암으로 출가하고 다음 해에 양주 회암사로 들어가 무학에게 가르침을 받았다. 여러 곳을 행각하고 다시 회암사로 돌아온 뒤 깨달음을 얻고

무학으로부터 법을 받았다. 득통의 나이 28세 때였다. 이후 그는 반야부 계통의 경전을 설하며 선풍을 진작시켰고, 유불도(儒佛道) 사상을 하나로 융합시키는 삼교 일체 사상을 주장하기도 하였다.

『금강경오가해』(金剛經五家解)는 앞에서 서술한 대로 중국에서 송나라 때 편찬되었는데,[36] 득통이 대조(對照)하고 교정(校訂)하여 서문을 붙이고 설의(說誼)하였다. 이렇게 하여 『금강경오가해설의』(金剛經五家解說誼)라는 제목으로 출간되었고, 『금강경』이 점차 대중화되었다. 득통의 이 설의는 판본으로 출간된 이래 끊임없이 간행되었다. 현재도 우리나라의 전통 강원인 승가대학에서 공부하는 교재로 유통되고 있다.

『금강경오가해』는 득통의 불교관과 선관을 잘 드러내고 있다. 그 중에서도 현실적인 반야관이 특징이다. 그가 설의를 주로 붙이고 있는 곳은 야보(冶父)와 종경(宗鏡)뿐이다. 특히 야보 송에 대해서는 착어(着語)와 연송(聯頌)에 일일이 설의를 붙이고 있다. 그러면서도 종밀과 혜능, 부대사에 대해서는 각각 한 곳에서만 평을 달았다. 이런 점으로 보아 득통은 일상성에 바탕을 둔 현실적인 반야 사상가이다.[37]

이렇게 지눌과 득통의 『금강경』 선양으로 인해 우리나라에서 『금강경』은 조계종의 소의 경전으로 자리매김되었고, 출가자와 재가자 모두 이 경전에 의거해 수행하고 있다.

4. 『금강경』의 선관

(1) 상(相)의 개념

『금강경』의 선관에서 가장 중시되는 사상은 무상(無相)이다. 무상을 살펴보기에 앞서 상(相)의 개념을 명확히 밝혀 둘 필요가 있다. 필자는 뒤에 서술할 무상과 무주를 따로 구별했지만 상(相)과 주(住)가 의미하는 바는 크게 다르지 않다. 왜냐하면 상과 주는 거의 함께 쓰이며 또 함께 쓰일 때에 정확한 개념 파악이 되기 때문이다.

경전에 의하면 "보살이 대상에 대한 관념에 집착 없이 보시한다면 그 복덕은 헤아릴 수 없이 많다[若菩薩不住相布施 其福德不可思量]."라고 하였다. 또한 바로 이어서 경전에서 "무주상보시복덕 역부여시 불가사량(無住相布施福德 亦復如是 不可思量)"이라고 거듭 설하고 있다.[38]

그러면 『금강경』에서 설하는 상(相)의 양상이나 개념을 살펴보자. 경전에서는 이렇게 "보살에게 아상(我相)·인상(人相)·중생상(衆生相)·수자상(壽者相)이 있다면 보리심을 발한 보살이 아니다."라고 정의하고 있다. 이와 마찬가지로 이 경 25품에서는 부처님께서 이런 말씀을 하신다.

> 그대들은 여래가 '나는 중생을 제도하리라.'라는 생각을 한다고 말하지 말라. 수보리야, 이런 생각을 하지 말라. 왜냐하면 여래가 제도한 중생이 실제로는 없기 때문이다. 만일 여래가 제도한 중생이 있다면 여래에게는 아상·인상·중생상·수자상이 있다는 뜻

이다.[39]

이와 같이 『금강경』에서는 깨달음을 추구하는 사람은 반드시 상을 갖지 말 것을 강조하고 있다. 경전에서 강조하는 상이 무엇을 의미하고, 상에 어떠한 종류가 있는지를 알아보자.

『금강경』에서는 4상을 언급하고 있는데, 아상·인상·중생상·수자상이다. 조계종 표준본 해석으로 보면, 아상은 자아가 있다는 관념, 인상은 개아가 있다는 관념, 중생상은 중생이 있다는 관념, 수자상은 영혼이 있다는 관념이라고 하였다.[40] 필자는 각 4상의 특징에 대해 조계종 표준본을 따르기로 한다. 이 4상을 4산(四山)이라고도 한다. 4상이 깨달음을 얻는 데 방해가 되기 때문에 '산'(山) 자를 붙였는데, 이것을 넘지 못하면 결국 보리심을 구하지 못하기 때문이다.

경전에서는 "소승법을 좋아하는 자는 4견(四見)에 집착해 있어 이 경을 수지·독송하거나 타인을 위해 설하지 못한다."라고 언급하고 있다.[41] 그 반대로 "〔이 경전은〕여래는 대승에 나아가는 이를 위해 설하며, 최상승에 나아가는 이를 위해 설한다."라고 하였다.[42] 곧 대승과 최상승법을 구하는 자는 4상에 집착하거나 관념에 사로잡히지 않는다는 논리임을 추론해 볼 수 있다.

구마라집 한역본에서는 15품과 31품 두 곳에서 4견, 즉 아견(我見)·인견(人見)·중생견(衆生見)·수자견(壽者見)이라고 하였는데, 4상과 같은 의미로 보아도 무방하다고 본다.

견(見)이란 견해(見解)를 말하는 것이요, '견해'라는 것은 우리의 마음이 밖의 경계〔外境〕를 접하면서 쌓아 만들어진 일종의 개념으로서,

이것은 각자가 경험한 바에 따라 다르게 형성된다. 때로는 지식이 되지만, 때로는 집착하는 바이고, 곧 자신의 주관(主觀)이며, 접하는 모든 것을 판단하는 근거가 되기 때문이다.[43)]

한편 아상(我想)·인상(人想)·중생상(衆生想)·수자상(壽者想)이라고 해서 상(相)이 아닌 상(想)을 붙이기도 한다. 필자가 앞의 2절 "『금강경』의 해제와 특징"에서 열거했던 한역자들 가운데 구마라집과 보리류지만 '상'(相) 자를 붙였고, 이외 진제·달마급다·현장·의정은 '상'(想)자를 붙였다.

김호성 교수는 "구마라집과 보리류지의 역본에서만 상(相)을 쓰고 있는데, 산스크리트어 saṃjñā에 대한 한역의 술어들은 지(知)·정지(正知)·요지(了知)·정료지(正了知)·능지(能知)·상(想)·염(念)·해(解)·능료해(能了解)·분별(分別)·생분별(生分別)·생심(生心)·기상(起想)·효(曉)·호(號) 등이 있었다고 한다. 이들 용례에서 상(想)은 있어도 상(相)은 보이지 않는다. 실제 상(相)이라고 옮긴 것은 명료한 개념 파악을 어렵게 만든다."라고 하였다.

그러나 필자 입장에서 볼 때, 상(相)은 중국어 해석으로 자세나 태도·자태·모습의 뜻이 있고, 동작의 양상이나 성질 따위의 차이라는 의미도 있으며, '평가하다'와 '어림잡다' 혹은 '판단하다'와 '보다'[見·觀]라는 뜻을 가지고 있다.

또한 중국어학자 안재철은 "상(相)이 상(象)이나 상(像)과 같이 명사로 '모습'이라는 뜻으로 해석될 때는 그것이 외경(外境)에 존재하는 실물 자체를 말하는 것이 아니라 머릿속에 받아들여진 인식 대상으로서의 경계를 가리킨다."라고 하였다.[44)] 이에 필자는 '상'(相) 자를 쓴 것에 대해 긍정적으로 평가한다.『금강경』의 상(相)은 단순히 상(想)의 의미를 넘어 좀더 포괄적인 의미를 띠고 있다고 보기 때문이다.

이상『금강경』에 나오는 상에 대해 몇 가지 측면에서 살펴보았다. 그러면『금강경』에서 언급하는 상의 종류에 대해 살펴보기로 하자. ① 모양·형상·신체 ② 자애(自愛)·아만심·분별심 ③ 관념·사견 ④ 법상(法相) ⑤ (대상을 인식하는) 경계·현상(現象) 등 사유가 한정짓고 있는 의미를 넘어 서고 있으며, 그 사유를 자신의 개념 안에 구속화시키는 틀(Frame)의 의미를 갖고 있다고 사료된다.

앞에서 열거한 상의 ①~⑤까지 의미를 자세히 보기로 하자.

① 모양·형상·신체를 상징하는 내용은 5품의 범소유상 개시허망 약견제상비상 즉견여래(凡所有相 皆是虛妄 若見諸相非相 則見如來), 13품과 26품의 32상(三十二相), 20품과 27품의 구족제상(具足諸相), 30품의 일합상(一合相) ↔ 비일합상(非一合相) 등.

② 자애·아만심, 집착과 분별심은 3품과 14품의 아상인상중생상 수자상(我相人相衆生相壽者相) ↔ 비상(非相), 4품의 부주어상(不住於相), 무주상보시(無住相布施), 14품의 일체제상(一切諸相) ↔ 비상(非相) 등.

③ 관념·사견은 14품의 실상(實相)·이상(離相) ↔ 비상(非相) 등.

④ 진리에 대한 집착이나 분별심은 6품과 31품의 법상(法相) ↔ 비법상(非法相) 등.

⑤ (대상을 인식하는) 경계·현상(現象)이다.『능가경』의 교리 가운데 5법(相·名·分別·眞如·正智)이 있다. 여기서 언급하려는 것은

첫 번째 상이다. 물론『능가경』의 상도 외형적으로 보이는 형태
나 형상·특징 등을 말하지만 이 경에서는 상이 6경(六境)을 말
한다.『능가경』의 상의 개념은 대상 경계(境)를 의미하므로, 무
상(無相)은 곧 무경(無境)이라고 할 수 있다.[45]

『금강경』에서 가장 많이 활용되는 상은 단연코 ②번과 ③번인 자
애·아만심, 집착과 분별심, 관념이다. 하지만 이 경에서 제시된 각각
의 상들은 한 가지 의미만을 가지고 있는 것이 아니라 필자가 나눈 다
섯 가지를 모두 가지고 있다고 본다. ②번과 ③번은『금강경』에서 드
러난 대표적인 것으로 앞에서 수보리가 부처님께 "어떻게 번뇌를 다
스려야 합니까(云何降伏其心)?"라고 물었을 때 중생을 제도하고도 제도
했다는 집착이나 분별심, 관념을 갖지 말라는 답변이 이에 해당한다.

(2) 무상(無相)

구마라집의『금강경』이 한역된 5세기 초 이후부터『금강경』은 중
국인들에게 주목받기 시작했다. 또한 선종에서도 이 경전을 중시하
였다.

모든 반야부 경전이 귀착되는 곳은 하나이다.『금강경』이 선종의
소의 경전으로 자리 잡게 된 데는 바로『금강경』이 무상(無相)의 최
상승(最上乘) 법문을 밝히고 있으며, 이 무상을 근거로 실천적 방향을
삼아 수행의 근본이 되기 때문이다.[46]

앞 절에서 상의 개념에 대해 살펴보았으므로 이제 본격적으로 무
상에 대해 살펴보자.『금강경』 도입부에 서술된 수보리의 질문과 그

답변에 드러난 무상을 살펴보고, 이 상을 여의었을 때의 경지를 『금강경』뿐만 아니라 다른 대승 경전에서 어떻게 언급하고 있는지를 살펴보기로 한다.

먼저 수보리의 질문을 보자. 이 질문은 『금강경』이 설해지는 동기에 해당될 만큼 중요한 구절이다. 질문은 구마라집 본 『금강경』에서 2품과 17품 두 곳에 내용이 전한다. 다음은 그 내용이다.

> 세존이시여, 가장 높은 최상의 깨달음을 얻고자 하는 마음[47]을 일으킨 사람은 어떤 마음을 가져야 하며[應云何住], 어떻게 번뇌를 다스려야 합니까[云何降伏其心]?[48]

여기서 수보리는 두 가지 질문을 하고 있다. 즉 첫째는 응운하주(應云何住)이고, 둘째는 운하항복기심(云何降伏其心)이다. 조계종 『금강경』 표준본에서 응운하주는 "어떻게 살아야 하는가?"로 해석하고, 운하항복기심은 "어떻게 그 마음을 다스려야 하는가?"로 번역하고 있다.

필자는 응운하주를 "보리심을 낸 보살은 어떤 마음을 가져야 하는가?"로 보고, 운하항복기심을 "어떻게 번뇌를 다스려야 하는가?"로 보는 것이 타당하다고 본다. 항복기심(降伏其心)의 마음이라는 것이 매우 포괄적이므로 번뇌심으로 한정해서 번뇌를 다스리는 쪽으로 보아야 의미 전달이 용이하기 때문이다.

수보리의 두 번째 질문인 "어떻게 번뇌를 다스려야 합니까[云何降伏其心]?"에 대해 부처님은 이런 답변을 한다.

보리심을 일으킨 보살은 이와 같이 마음을 가져야 한다. '이 세상에 존재하는 일체 중생의 종류에는 알로 태어난 것, 태로 생기는 것, 습기로 생긴 것, 홀연히 화하여 생긴 것, 혹 형상이 있는 것, 혹 형상이 없는 것, 혹 생각이 있는 것, 혹 생각이 없는 것, 혹 생각이 있기도 하고 없기도 한 것 등이 있다. 내가 이들을 모두 최상의 열반에 들도록 제도하리라. 그러나 수많은 중생을 제도해 열반으로 이끌었으되 실제로는 한 중생도 제도된 자가 없다.' 수보리야, 만약 보살이 아상 · 인상 · 중생상 · 수자상이 있으면 곧 보살이라고 할 수 없다.[49)

여기서 보리심이란 해탈 열반을 추구하는 것이다. 앞의 경전 인용문 내용을 요약 정리하면, "중생을 제도했으되, 제도했다는 관념을 갖지 말라."라는 뜻이다. 바로 이 답변이 무상 법문 가운데 하나이다. 『금강경』에서 제시된 4상을 번뇌라고 한다면, 번뇌를 여읜 상태〔離相〕는 어느 경지이고, 4상을 제거한 그 자리는 무엇인지를 살펴보자.

경에서는 "무량한 중생을 제도하였으되 실제로 제도를 얻은 중생이 없다. 왜냐하면 보살에게 아상 · 인상 · 중생상 · 수자상이 있다면 보살이 아니기 때문이다."라고 하였는데,[50) 이 부분에 대해 혜능은 『금강경오가해』에서 다음과 같이 언급하고 있다.

중생의 불성은 그 근본에 있어서 다르지 않지만, 4상을 가지고 있으므로 무여열반(無餘涅槃)에 들지 못하는 것이다. 4상을 가지고 있으면 곧 중생이요, 가지고 있지 않으면 곧 부처이다. 또 어리석

으면 부처가 곧 중생이요, 깨달으면 중생이 곧 부처이다.[51]

종밀은 이 부분에 대해 중생을 제도하고도 제도된 자가 없는 보살의 경지를 부전도심(不顚倒心)이라고 하였다.[52] 모든 중생을 제도하였으나 실제로 제도된 이가 없다. 그런데 혹 자신이 제도하였다거나 자신으로 인해 제도되었다고 한다면, 이는 곧 전도된 마음이라는 뜻이다.

『금강경』이 대승 경전으로 자성·본성을 지닌 돈오(頓悟) 사상에 입각해서 볼 때, 모든 중생이 깨달아 있는 상태이므로 보살이 제도했다고 하지만 제도할 중생이 존재하는 것이 아니다. 무엇보다도 자신이 제도하였다는 능도(能度)의 관념과 자신에 의해 중생이 제도되었다는 소도(所度)의 관념이 없기 때문에 제도된 사람이 없는 것이다. 즉 "내가 마땅히 일체 중생을 멸도케 하리라."라고 원을 세웠지만, 4상이 없으므로 실제로는 한 중생도 멸도된 자가 없는 것이다.

다음은 『금강경』의 대표적인 4구게요, 선종에서 무상계(無相戒)라고 명명하는 게를 통해 무상이 무엇을 의미하는지를 살펴보자. 바로 '범소유상 개시허망 약견제상비상 즉견여래(凡所有相 皆是虛妄 若見諸相非相 則見如來)'이다.[53] 해석해 보면, "세상의 모든 것은 다 허망한 것이다. 만약 모든 상을 상이 아닌 것으로 본다면 여래를 본다."이다.

앞의 3절 (1) "선종의 소의 경전 변천"에서도 언급했듯이 홍인이 대중에게 범소유상 개시허망(凡所有相 皆是虛妄)을 회랑 벽에 붙여 놓고 대중에게 외우라고 했으며 향을 사르게 하였다. 여기서 말하는 상은 4절 (1)에서 밝힌 대로 ① 모양·형상·신체를 말하지만, ② 분별심 ③ 관념의 의미도 포괄하고 있다.

14품에서는 "모든 상을 여의었을 때, 곧 제불〔離一切諸相 則名諸佛〕"
이라고 언급하고 있다.[54] 바로 이 연구가 있는 14품의 제목이 이상적
멸분(離相寂滅分)이다. 곧 이상(離相)이 적멸(寂滅)이요, 적멸한 그 자
리가 바로 열반이요, 여래이다. 바로 4상을 여의지 못하면 무여 열반
에 들지 못하는 것이요, 적멸한 세계에 머물지 못한다. 『법화경』에서
는 부처님은 일상 일미(一相 一味)의 법을 안다고 하면서 이렇게 표현
하고 있다.

> 이른바 해탈상 이상멸상 구경열반 상적멸상(解脫相 離相滅相 究竟
> 涅槃 常寂滅相)으로 마침내 공(空)에 돌아간다.[55]

즉 번뇌의 속박으로부터 벗어나 어떤 것에도 얽매이지 않는 해탈
상이며, 번뇌를 여읜 모양이고, 생사의 번뇌를 완전히 끊은 경계인
멸상이다. 또한 완전한 열반이니 항상 적멸한 모양이라고 하였다. 이
렇게 상을 여읜 경지가 적멸이요, 해탈의 경지이다. 그렇기 때문에
"모든 상을 상이 아닌 것으로 본다면 여래를 본다〔若見諸相非相 則見如
來〕."고 했을 때의 여래는 진리의 법신(法身)을 의미한다고 본다.

『상윳타 니카야』(Saṃyutta-nikāya) 「왁칼리 경」에 이런 내용이 전
한다. 부처님 재세시에 왁칼리는 늙고 병들어 죽음을 얼마 남겨 두지
않았다. 그는 회복될 가망이 없음을 알고 간병하던 부루나에게 죽기
전에 부처님을 한 번 뵙게 해 달라고 간청한다. 부처님께서 부루나를
통해 왁칼리의 마음을 알고 직접 왁칼리의 처소에 찾아와 "왁칼리여,

그대가 나의 썩어 문드러질 이 몸을 보고 예배한들 무슨 의미가 있겠는가? 왁칼리여, 법을 보는 자는 곧 나를 보고, 나를 보는 자는 법을 본다."라고 말씀하셨다.[56]

『열반경』「사의품」(四依品)에서는 "모든 비구는 법에 의지하여야 하고, 사람에 의지해서는 안 된다〔依法不依人〕."라고 하였다.[57] 여기서 말하는 법이란 경전에서는 여래(如來)의 대열반(大涅槃), 법성(法性), 여래(如來)라고 정의하고 있다. 그래서 『금강경』에서 "형색으로 나를 보거나 음성으로 나를 찾는다면 삿된 길을 걸을 뿐 여래를 볼 수 없느니라."[58]라고 하며, 색성(色聲)으로 여래를 구하지 말라는 것이다. 곧 보이는 어떤 실체로 법을 구할 수 없음을 단적으로 보여 주는 내용이다. 왜냐하면 여래는 특별히 고정된 형상이 있다거나 정해진 모양새가 있는 것이 아니기 때문이다. 『금강경』에서는 여래에 대해 이렇게 정의한다.

어떤 사람이 "여래는 오기도 하고 가기도 하며, 앉기도 하고 눕는다."라고 말한다면 이는 내가 설한 뜻을 이해하지 못한 것이다. 여래란 오는 것도 없고, 가는 것도 없으므로 여래라고 한다.[59]

어떤 형체로 본다면 어떤 것이든 진실이 아니다. 여래의 색신, 여래의 거짓된 상을 보는 것이지 참된 실상(實相)인 여래를 보는 것이 아니다. 바로 이 실상을 선에서는 무상이라고 표현한다. 역으로 표현한다면 진실로 무상을 보면, 모든 상이 실상 아님이 없는 것이요, 실상이 곧 무상이다. 그래서 부처님도 가섭에게 "청정안장 열반묘심 실상무상 미묘정법(淸淨眼藏 涅槃妙心 實相無相 微妙正法)이 있는데, 이심전심(以心傳心)으로 전한다."라고 하였다.[60]

우리 눈에 보이는 모든 것들은 생겨나 잠시 존재하다가 파괴되어 사라지게 되어 있다[生住異滅]. 현실적으로 보이는 모든 현상은 파괴되어 사라지지만 그 밑바닥에는 변치 않는 실재가 존재하는데, 이것이 실상인 것이다. 『법화경』에서는 이를 제법실상(諸法實相)이라고 하였으며, 이를 열 가지로 표현하여 10여시(如是)라고 하였다. 바로 이 실상은 공 사상을 말한다.[61]

이와 같이 살펴본 대로 『금강경』에서 언급하고 있는 무상은 자신이 '일체 중생을 멸도케 하리라'라고 원을 세웠지만, 자신이 제도하였다는 관념[相]과 자신에 의해 중생이 제도되었다는 관념이 없기 때문에 제도된 사람이 없는 것이다. 이렇게 관념을 여읜 상태가 곧 제불의 경지이며, 적멸의 열반 세계이다. 또한 관념이나 집착을 여의고 해탈 경지에 머물러 있는 부처이기 때문에 어떤 형체로 부처를 구하고자 한다면 거짓된 상을 보는 것이요, 실상(實相)인 여래를 보는 것이 아니다. 바로 이 실상이 무상이요, 무상이 곧 실상이기 때문이다.

(3) 무주(無住)

6조 혜능은 『혜능대사금강경구결·서』(慧能大師金剛經口訣·序)에서 "『금강경』은 무상(無相)을 종(宗)으로 삼고, 무주(無住)를 체(體)로 삼으며, 묘유(妙有)로 용(用)을 삼는다."라고 하였다.[62] 일체법이 공(空)

한 진공(眞空)과 그 공 속에서 작용하는 묘유(妙有)인 진공묘유(眞空妙有)가 『금강경』의 핵심적인 이론이라면, 무상과 무주는 공(반야)의 실천 사상이다.

앞 4절 (2)에서 언급하였듯이 무상의 경지란 (번뇌)심을 항복받은 상태를 말한다. 곧 상(相)을 소멸한 상태라는 점이다. 여기서 논할 무주 사상 또한 앞의 무상과 같은 의미로 보아야 한다. 무상과 무주는 똑같이 실천적인 측면에서 마음의 관념이나 집착을 두지 않는 것을 의미하기 때문이다. 굳이 변별력을 둔다면, 무상은 집착심이나 분별심, 관념이 없는 심리적인 측면이요, 무주는 집착을 넘어서 무분별심, 초월적인 심리 구조를 내포한다고 볼 수 있다.

먼저 머문다(所住)는 뜻에 대해 살펴보자. 일반적으로 '주(住)한다'라고 한자 그대로 쓰기도 하며, 집착이나 관념으로 어떤 상태에 고착되어 있는 것, 탐착되어 있는 것, 관념을 염두에 두는 것이라고 해석할 수 있다.

이 장에서는 『금강경』에서 말하는 무주(無住)에 대해 살펴보는데, 『금강경』과 같은 반야부 경전인 『반야심경』이나 『유마경』에 전하는 무주 사상을 함께 살펴보고, 어록에서 전하는 선사들의 무(주)심을 보기로 한다.

먼저 『금강경』에서 말하는 무주심(無住心)에 대해 살펴보기로 하자.

4절 (2) "무상" 장의 경전 인용문(37쪽)에서 보았듯이 수보리가 두 가지 질문을 하였다. 첫째는 가장 높은 최상의 깨달음을 얻고자 하는 마음을 일으킨 사람은 어떤 마음을 가져야 하는가(應云何住)이고, 둘째는 어떻게 번뇌를 다스려야 하느냐(云何降伏其心)이다.[63] 두 번째에 해당하는 질문의 답은 4절 (2) "무상" 장에서 언급한 것이고, 여기서는 첫째 '어떤 마음을 가져야 하는가?'에 대한 답변을 『금강경』에서 살펴보자.

> 보살은 어떤 대상에 집착 없이 보시해야 한다. 말하자면 형색에 집착 없이 보시해야 하며, 소리·냄새·맛·감촉·마음의 대상에도 집착 없이 보시해야 한다. 보살은 이와 같이 보시하되 어떤 대상에 대한 관념을 갖거나 집착하지 않아야 한다.[64]

다른 사람에게 베풀었으되 베풀었다는 관념을 염두에 두지 말라는 것이다. 즉 어떤 마음을 가져야 할 때, 그 마음이란 집착 없는 마음을 말한다. 이렇게 집착하지 않고 하는 보시는 무량한 복덕과 공덕이 있다고 경전에서 언급하고 있다.[65]

하택 신회가 6조 현창 운동을 하면서 내세웠던 내용 가운데 하나가 달마와 양 무제의 문답이다. 이 내용은 무주상 보시(無住相 布施)에 대한 의미로 볼 수 있다. 달마가 중국에 들어와(520년) 양 무제와 회견했는데, 양 무제가 달마에게 사찰 불사를 하고, 스님들께 공양 올린 공덕에 대해서 물었을 때, 달마는 무공덕(無功德)이라고 답했다. 어떤 관념을 갖고 공덕을 짓는 것은 참 공덕이 아닌 유위공덕(有爲功德)이라고 달마가 무제에게 답변한 것이다. 이 이야기는 『벽암록』 제1칙 달마불식(達磨不識)의 내용이기도 하다.[66]

대승 불교의 대표적인 실천 덕목은 6바라밀이다. 『금강경』도 초기 대승 경전답게 수행의 완성으로서 6바라밀을 강조하는데, 6바라밀을 통해서 공 사상의 실천을 주장하고 있다.(경에서는 보시와 인욕, 지혜가 강조되어 있음.) 즉 관념을 두거나 집착하지 않는 무주상 보시만을 전면에 내세우고 있지만 실은 나머지 다섯 바라밀, 즉 무주상 지계(無住相 持戒)·무주상 인욕(無住相 忍辱)·무주상 정진(無住相 精進)·무주상 선정(無住相 禪定)·무주상 지혜(無住相 智慧)를 포함하고 있는 것이다.

6바라밀 중 마지막 무주상 지혜를 살펴보자.『금강경』과 같은 반야부 경전『반야심경』에 무소득(無所得)의 내용이 전한다.

> 지혜도 얻음도 없느니라. 얻을 것이 없는 까닭에 보살은 반야바라밀다를 의지하므로 마음에 걸림이 없고 걸림이 없으므로 두려움이 없어서, 전도된 생각에서 벗어나 구경열반(究竟涅槃)에 들어간다.[67]

공은 어떤 실체나 자성이 없고, 얻을 것조차 없는 무소득의 경지라는 것이다. 곧 마음에 아무 걸림이 없기 때문에 얻어야 할 지혜가 있는 것도 아니요, 또한 얻었다는 관념조차 없는 것이 무주심의 경지이다. 그래서『금강경』에서 "여래가 설하는 반야바라밀은 반야바라밀이 아니라 단지 이름이 반야바라밀이다."라고 하는 것이요,[68] "집착 없이 그 마음을 내라."는 것이다.[69]

어떤 작용이 일어나도 그 작용이 일어나는 본 근원지에서 작용이 없이 작용해야 한다. 불교의 수행 목적은 반야와 자비를 얻는 것이다. 초기 불교에 비해 대승 불교에 와서는 중생의 구제라고 하는 서원(誓願) 사상이 담겨 있다 보니, 반야와 자비 중 어떤 것을 우위에 두어야 하느냐 하는 것조차 정의하기 쉽지 않다. 하지만 자비 차원에서 볼 때, 자비도 반야의 작용에서 자연스럽게 나오는 것이 무주상자비요, 이런 자비라야 집착 없이 그 마음을 내는 것〔應無所住 而生其心〕이다.

이 '응무소주 이생기심'〔집착 없이 마음을 내는 것〕을 간화선에서 중시하는 성성적적(惺惺寂寂) 차원에서 살펴보자.

적적(寂寂)은 모든 양변을 여의어 산란한 마음을 쉰 경지이기 때문에 공적(空寂)이요, 삼매(三昧)이며, 정(定)이다. 성성(惺惺)은 양변을 여읜 곳에서 나온 밝은 지혜이기 때문에 묘유(妙有)요, 영지(靈知)라고 한다. 적적은 '응무소주'에 해당함이요, 성성은 '이생기심'에 해당한다. 적적과 성성, 공적과 영지, 삼매와 반야가 따로 따로 있는 것이 아니다. 참선 수행에는 새의 양 날개처럼 삼매와 반야, 정혜쌍수, 성성적적해야 한다.

우리의 본성은 두 가지가 함께 작용해서 서로 어우러져 어디에도 걸리지 않는 모습이어야 진정한 무주심이다. 선이란 선정과 지혜를 함께 닦아, 고요한 가운데 깨어 있는 활(活) 작용(作用)이 있고, 활 작용이 있는 가운데 고요함이 함께 공존해야 한다. 바로 이것이 선의 '응무소주 이생기심'이라고 할 수 있다.

이렇게 집착 없이 그 마음을 낸다고 하는 '응무소주 이생기심' 언구는 앞 3절 (1) "선종의 소의 경전 변천"에서도 언급했지만, 혜능이 출가하기 전에 들었던 언구요, 홍인이 혜능에게 『금강경』을 설해 줄 때 혜능이 오도(悟道)하는 기연(機緣)을 이룬 구절이기도 하다. 그만큼 이 언구는 『금강경』의 주제 가운데 하나이지만 후대 선종이 발달하면서 선사들의 수행 목표가 되기도 했다.

대주 혜해는『돈오입도요문론』에서 '선악개능분별 어중무착(善惡皆能分別 於中無着)'이라고 하였다.[70] 즉 선(善)한 것은 선한 대로 악(惡)한 것은 악한 그대로 분별은 하지만, '선하다는 것', '악하다는 것'에 대한 분별심을 내거나 의식하지 말라는 뜻이다. 이처럼 시비 분별심이나 애증이라든가 청정하고 더러움 등 이분법적인 분별심을 갖는 것 또한 소주심(所住心)에 해당한다.

『유마경』에 분별심〔所住心〕에 대한 비유가 있다. 『유마경』 또한 반야부 경전이니, 『금강경』과 실천적인 면에서 유사하다. 내용을 보기로 하자. 회중에 한 천녀가 보살들과 성문 제자들에게 하늘 꽃을 뿌렸다. 보살들에게 뿌려진 꽃은 붙지 않는데, 성문 비구들에게만 꽃잎이 붙었다. 비구들이 아무리 떼려고 해도 떼어지지 않았다. 이때 천녀가 사리불에게 "왜 꽃잎을 떼려고 합니까?"라고 묻자, 사리불은 "비구들의 몸에 꽃잎이 붙어 있는 것은 법답지 못하기 때문이다."라고 답했다. 그러자 천녀가 말했다.

꽃은 분별이 없건만, 존자님께서 분별심을 내기 때문입니다. 출가자가 분별심을 내는 것은 여법한 행위가 아닙니다. 꽃이 붙지 아니한 저 보살들은 분별심을 끊었기 때문에 꽃잎이 붙지 않은 겁니다. …… 스님네들이 생사를 두려워하기 때문에 6경인 색·성·향·미·촉 들이 틈을 내는 것입니다. 두려움이 없는 사람에게는 오욕이 스며들지 않습니다. 번뇌나 두려움이 없는 이에게는 꽃잎이 붙지 않습니다.[71]

집착하고 분별심을 내니 자유롭지 못한 마음에 스스로 장애를 일으킴이요, 그 틀에서 벗어나지 못하는 것이다. 분별심이나 집착이 없는 무주는 수행의 기본 실천행이다. 이 무주는 선에서 무심(無心)이라는 표현으로 쓰이고 있다. 선종에서 무심 사상의 대표적인 선사는 황벽 희운(?~850년)을 들 수 있다.

황벽의 『전심법요』는 돈오적인 무심 사상으로 귀결된다. 황벽은 자신의 어록에서 '응무소주 이생기심'을 인용하고 있다. 그것을 유(有)와 무(無)의 제법을 떠난, 즉 '유'다 '무'다 하는 분별심조차 없는 유무에 비유하였다. 『금강경』 7품에서도 "모든 성현들은 다 무위법(無爲法) 속에서 차별을 한다."고 했듯이 차별 없는 경지에서 하는 차별이 참다운 차별인 것이다.[72]

황벽은 허공에 떠 있는 태양이 자연스럽게 광명을 발(發)하는 것처럼, 마음이 지혜의 광명을 비추려 하지 않아도 자연스럽게 비출 것이라고 한 뒤 다음과 같이 말한다.

> 그러니 굳이 인위적으로 힘쓰지 않아도 된다〔省力的事〕. 여기에 도달하는 때 머무를 곳이 없다〔無棲泊處〕. 곧 모든 행(行)이 붓다의 행이므로 마땅히 집착 없이 그 마음을 내어야 한다〔應無所住 而生其心〕.[73]

집착하거나 인위적으로, 기교적으로 쓸데없는 힘을 쓸 필요 없이 임의자재하라는 무서박처(無棲泊處)이다. 이 무서박처는 무주, 무소주의 의미로 본래무일물(本來無一物)이라고도 한다.[74] 그러면 황벽의 무심 사상이 담긴 내용을 보도록 하자.

> 붓다는 저 모래에 비유하여 법을 설하셨다. 제불·보살·제석천·범천들이 지나갈지라도 모래는 기뻐하지 않는다. 또 소·양·벌레가 밟고 지나가도 모래는 화내지 않는다. 진귀한 보배와 향료가 쌓여 있다고 할지라도 모래는 탐내지 않으며 똥 오줌의 악취에도 모래는 싫어하지 않는다. 이런 마음이 곧 무심이다. 모든 분별상을 여의어 중생과 제불, 어떤 것에도 차별하지 않는 무심이라면 이는 궁극적인 깨달음이다.[75]

바라문이나 부처님이 지나간다고 받아들이고, 하찮은 동물들이 지나간다고 분별하거나 집착하지 않는 자세를 말하고 있다. 즉 중생이든 부처든 그 어떤 것에도 마음 두지 않는 무주의 무심을 강조한 것이라고 본다. 이렇게 황벽이 말하는 무심이란 어떤 것도 집착 없이 받아들이고 차별 분별상을 떠난 마음인 무주심이다.

(4) 무아(無我)

『금강경』의 무아(無我) 사상은 앞에서 전개한 무상(無相)과 무주(無住)의 연장선상에서 이해되어야 한다. 무상과 무주는 곧 무아 사상을 말하는 것이요, 무아 사상은 무상과 무주 사상을 바탕으로 한다. 『금강경』의 주제는 자신과 객체를 이루는 모든 법이 무아임을 알아 4상을 여의어 집착하지 말 것을 당부하기 때문이다. 이 장에서는 『금강경』에 드러난 무아에 대해 살펴보기로 하자.

『금강경』에 아상·인상·중생상·수자상인 4상을 제시하고 있다. 이 가운데 아상은 4상 가운데 대표적인 상이다. 이 아상만 여의어 제거되어도 그 나머지 상들은 자동적으로 제거될 수 있다고 본다. 이에 『금강경』에서는 '나'를 중심으로 집착하는 아상과 무아의 본질을 알면 진정한 보살이라고 하였다. 이 점은 아래서 전개할 예정이다.

『금강경』에서 말하는 무아를 살펴보기 전에 먼저 무아에 대한 이론적인 교리부터 보기로 하자.

주관적인 '아'와 객관적인 '법'은 고정됨이 없이 항상 변한다. 나를 이루는 것도 항상한 실체가 없는 아공이요, 모든 존재 또한 고정되어 있거나 실체가 없는 법공이다.

모든 만물이 고정됨이 없이 변화(無常)하고, 일정한 실체가 없으며(無我, 無自性), 실체가 있는 것처럼 보이는 모든 것들은 무수한 인연이 모여 거짓으로 합해진 것(假和合, 緣起和合, 衆緣和合)에 불과하기 때문이다. 그래서 임시로 모인 '나'는 끊임없이 순간순간 생멸변화를 하므로 진정한 실체가 되지 못하기 때문에 무아라고 한다.

초기 불교에서 언급하는 3법인(三法印) 가운데 제법무아(諸法無我)가 대승 불교에 와서는 공 사상으로 발전하였다. 5온 가운데 색은 물질이요, 수상행식은 정신 작용이다. 육신의 개체를 이루는 색의 지수화풍(地水火風)과 정신 작용인 수상행식은 각각의 자성이 모여 '나'를 구성하고 있다. 이 물질과 정신 작용의 덩어리인 '나'라는 존재에 실체가 없음을 관(觀)해야 한다. 그래서 초기 불교, 대승 불교를 총망라해 선(禪)에서는 '있는 그대로 여실하게 관찰할 것'을 강조한다.

앞 4절 (2)에서 거듭 언급했던 '세상의 모든 상은 다 허망한 것'〔凡所有相 皆是虛妄〕이 바로 이를 말한다. 그런데 이를 바로 보지 못하고 아와 법에 어떤 실체가 있다고 생각하고 집착한다면 깨달음과는 멀어지게 된다.

그래서 『금강경』에서 집착하는 근원적 요인으로 아상을 소멸할 것을 강조하는 것이라고 생각한다. 2절 『금강경』 해제에서 이 경전의 특징 가운데 하나가 "공 사상의 대표적인 경전으로서 공이라는 표현이 없다."라고 서술했는데, 바로 무상과 무아가 공 사상인 것이다.

그러면 『금강경』에 언급되어 있는 무아에 대해 살펴보기로 하자.

> 만약 보살이 무아의 법에 통달한다면 여래는 이런 사람을 참다운 보살이라고 부른다.[76)]

만약 어떤 보살이 일체의 모든 법에 자아(自我)의 실체가 없다〔無自性, 一切皆空〕는 진실을 깨달아 통달한다면 여래는 그를 불법을 수행하는 참다운 보살이라고 칭명한다는 의미이다. 앞에서도 언급했지만 '모든 상을 여의었을 때, 곧 제불'〔離一切諸相 則名諸佛〕.이라고 하는 것이나[77)] '무아법에 통달했을 때, 참다운 보살'이라고 하는 것을 보았을 때, 무상이 곧 무아라는 진리와 상통하는 것으로 추론해 볼 수 있다.

당대(唐代) 대주 혜해의 『돈오요문』에서는 앞의 인용문 "만약 보살이 무아의 법에 통달한다면 여래는 이런 사람을 참다운 보살이라고 부른다."를 명시한 뒤에 "취(取)하지도 버리지도 않으면 영원히 생사를 끊게 되고 일체 처에 무심하면 곧 불자이다."라고 하였다.[78)] 여기서 말하는 무심은 곧 무주심의 줄임말이다. 이에 대주 혜해는 무아의 경지가 곧 무주심의 경지라고 해석하였음을 알 수 있다. 이 점은 4절 (3)에서 언급했던 내용과 유사하다.

또 『금강경』에서 무아에 대해 언급한 부분을 보기로 하자.

> 만약 어떤 사람이 모든 법이 무아임을 알아 깨달음을 얻는다면 이 보살은 매우 수승한 공덕을 얻는다.[79]

즉 어떤 사람이 모든 의식의 대상(법)이 실체가 없다는 사실을 깨달아 안다면 그는 무생법인(無生法忍)을 증득한다는 의미이다. 구마라집본 한역에 '지일체법무아 득성어인(知一切法無我 得成於忍)'이라고 되어 있다. 조계종 표준본에서는 "인욕을 성취한다."라고 하였는데, 여기서는 인욕이라는 말보다는 깨달음을 상징하는 무생법인으로 보는 것이 타당하다고 본다.[80] 대승 불교를 일으킨 사람들은 반야바라밀의 습득 없이는 6바라밀을 완성하지 못하며, 반야의 공지(空智)로서 무생법인을 얻는 것이 대승에서의 불퇴전하는 모습이라고 하기 때문이다.[81]

앞에서 언급한 대로 나를 이루는 구성(색+수상행식)이나 인식 대상인 세상의 모든 법들은 참된 진실이 아닌 유위법(有爲法)이다. 곧 영원한 해탈 열반인 무위법(無爲法)과 상반되기 때문에 무상(無常)하다고 보는 것이다. 『금강경』의 32품에서는 이렇게 말하고 있다. 이 4구게는 『금강경』 마지막 게송이다.

일체의 모든 유위법은 꿈·허깨비·물거품·그림자·이슬·번개
와 같으니 이렇게만 관찰할지니라.[82]

바로 이렇게 모든 만물은 무상하기 때문에 실체가 없는 무아라는
것이다. 『금강경』과 동일한 반야부 경전인 『반야심경』의 도입 부분
에도 이런 구절이 있다.

5온(五蘊)이 다 공(空)인 줄을 관조해 보고, 일체의 고통에서 벗
어났다[照見五蘊皆空 度一切苦厄].

여기서 5온이 공이라는 것은 『금강경』에서는 무아를 말한다. 『반야
심경』에서는 공을 체득한다면 고통에서 벗어나 아누다라삼막삼보리
를 얻는다고 하였고, 『금강경』에서는 앞에서 언급한 대로 '무아 법을
통달하면 참다운 보살'이라고 하였다. 곧 『금강경』과 『반야심경』, 두
경전 모두 반야부 경전으로서 동일하게 무아를 언급하고 있다는 것
을 추론해 볼 수 있다.

어떤 형상을 가지고 실체가 있다고 하는 것은 유위법이므로 성인
은 어떤 형상에 분별심이 없는 무위법으로 차별한다는 것이다.[83]

『금강경』 32품에서 "법을 설할 때는 그에게 설해 준다는 관념을 갖
지 말고 흔들림 없이 여여한 마음가짐[不取於相 如如不動]을 갖추라."
라고 하면서 마지막 앞의 4구게를 언급하였다. 생멸하는 현상 속에
변치 않는 실재, 그 실재가 실상(實相)인 것이요, 실상의 본바탕은 있
는 그대로의 법신이기 때문이다. 그러니 겉으로 드러난 어떤 형상에

집착하지 말고, 있는 그대로 여실하게 보아 참다운 무아를 체득하라는 것이 『금강경』의 사상이다.

(5) 즉비 논리와 선 사상

즉비 논리(卽非 論理)는 긍정을 하고, 그 다음 부정을 한 뒤 다시 긍정하는 세 단계로 설해져 있는 논리이다. 즉 'A 즉비(卽非) A, 시명(是名) A'라는 공식이 성립되는 논리인데, 『금강경』에서 30여 차례 정도 언급되어 있다. 즉비 논리는 일본의 스즈키 다이세츠(鈴木大拙, 1870~1966년)가 명명한 이래 일본과 한국 학자들에게서 자주 거론되는 학설이다.

스즈키 다이세츠의 즉비 논리를 포함한 그의 사상이 민족주의적 성향을 띠고 있어 학자들의 비판적인 시각이 있는 것은 사실이다. 하지만 필자는 그의 선학적 업적만큼은 무시할 수 없다고 보며, 다이세츠가 명명한 용어를 활용해 글을 전개하고자 한다. 즉비 논리에 관해서는 여러 방향에서 연구가 선행되어 있다.[84]

필자는 『금강경』에서 예시된 즉비 논리에 대해 선 사상적인 입장에서 살펴보려고 한다. 먼저 5온개공(五蘊皆空)의 무아 사상을 즉비 논리 차원에서 살펴보고, 즉비 논리를 불립문자(不立文字) 교외별전(敎外別傳)으로 살펴보며, 청원 유신의 오도송을 즉비 논리로 전개하고자 한다.

먼저 『금강경』에 표현되어 있는 즉비 논리에 대해 대략 세 가지 유형으로 나누어 보았다.

㉮ 형[85] : 여래설 일체제상 즉시비상

(如來說 一切諸相 卽是非相)(14품)

㉯ 형[86] : 여래설 세계 비세계 시명세계

(如來說 世界 非世界 是名世界)(13품)

㉰ 형[87] : 선법자 여래설 즉비선법 시명선법

(善法者 如來說 卽非善法 是名善法)(23품)

㉮ 유형은 즉비 논리로 보기에는 문장상 맞지 않은 면도 있으나 그 문장이 들어 있는 앞뒤 문맥을 살펴보면 즉비 논리 사상을 내포하고 있다. 여기서는 ㉰ 유형의 형식만을 예로 들기로 한다. 다음은 경전의 대표적인 즉비 논리인데, 편의상 ① ~ ③ 번호를 붙인다.

A 즉비(卽非) A, 시명(是名) A

A는 곧 A가 아니라, 단지 그 이름만을 가지고 A라고 한다.
①   ②   ③

"불국토를 장엄한다는 것은 곧 장엄이 아니라, 단지 그 이름이 장엄이다."
          ①   ②   ③

    → 莊嚴佛土者 卽非莊嚴 是名莊嚴.[88]

"여래가 설하는 일합상이라는 것은 일합상이 아니라, 단지 그 이름이 일합상이다."
          ①   ②   ③

    → 如來說一合相 卽非一合相 是名一合相.[89]

앞의 예시에서 본 대로 즉비 논리는 먼저 ① 긍정을 하고, 다음 ② 부정을 한뒤 ③ 다시 긍정하는 세 단계로 이루어져 있다. 이 즉비 논리는 주 85), 86), 87)에서 밝혔듯이, 『금강경』에 30여 회 정도 언급되어 있다. 기존의 즉비 논리에 관한 몇편의 논문들은 공안에 견주어 논을 하였다. 그런데 이 즉비 논리는 선학적 입장을 뛰어넘어 초기 불교 사상부터 시작해 교학적인 원리까지 포괄하고 있다고 본다.

먼저 필자는 4절 (4)에서 '무아'를 언급했는데, 먼저 무아 사상을 즉비 논리 차원에서 보도록 하자.

①	'나'라고 하는 존재는 오온이 모여 '나'를 이루고 있다〔→ 無我〕.
	'나'를 구성하고 있는 개체들은 고정됨이 없이 끊임없이 생멸 변화한다〔→ 無常〕.
②	각각의 색(色)·수(受)·상(想)·행(行)·식(識)은 개별적으로 실체가 없다〔→ 무자성(無自性)〕.
	실체가 없이 각각이 모인 것이므로 진정한 '나'라고 할 수 없다〔→ 非我〕.
③	그래서 오온의 거짓된 '나'라고 단지 이름 붙일 뿐이다〔→ 是名 '我', 五蘊假和合〕.

무상(無常)하기 때문에 자성이 없는 무아이며, 무상(無相)인 것이다. 그래서 실체가 없기 때문에 5온의 가화합(假和合)이라고 이름 붙였을 뿐이다. 다음은 『금강경』에서 말하는 진리〔法·實相〕와 불립문자 교외별전 사상을 즉비 논리 차원에서 보기로 하자.

선은 교 밖의 진리를 전함이요, 문자를 세우지 않는다. 즉 불립문자 교외별전은 선의 특징이요, 선사들의 법맥이 전수되는 근간이 되기도 한다. 『무문관』 제6칙에 의하면, 영산회상에서 세존께서 "정법안장 열반묘심 실상무상 미묘법문(正法眼藏 涅槃妙心 實相無相 微妙法門)이 있는데, 이것을 불립문자(不立文字) 교외별전(敎外別傳)으로 가섭(迦葉)에게 전하노라."라고 하셨다.[90] 법을 이심전심으로 전하는데, 문자를 내세우지 않는다는 점에 주목해 보자.

진제와 속제 차원에서 보면 ①과 ②는 속제라고 할 수 있고, ③은 진제이다. 그러나 이 ③ 진제라고 하는 것조차 단지 이름일 뿐이다. 참다운 진리라고 하지만, 그 진리라고 표현하는 것조차 참 진리가 아닌 것이다. 『금강경』으로 본다면 "가장 높은 최상의 깨달음이라고 하지만, 그 최상의 깨달음조차 정해진 법이 없으며, 여래께서 설한 단정적인 법이 없는 것이다."라고 볼 수 있다.[91]

진리 · 깨달음은 어떤 형체나 언어 문자로 표현할 수 없는 데다, 그렇게 표현해 놓은 문자도 하나의 가설일 뿐이다. 4권 『능가경』에서는 "어리석은 사람은 달을 가리키는 손가락을 보고 달이라고 집착하는데, 언어 문자에 집착하는 자는 나의 진실을 보지 못하는 것이다."[92]라며 언어 문자를 지월(指月, 달을 가리키는 손가락)에 비유하였다. 장자는 '고기를 잡았으면 통발을 버려라〔得魚忘筌〕.'라고 하였고, 『금강경』에서는 '나의 설법은 뗏목과 같다〔知我說法 如筏喩者〕.'라고 하였다.[93]

『능가경』에서 표현한 달을 가리키는 손가락이나 장자가 말하는 통발, 『금강경』에서 말하는 뗏목을 즉비 논리로 추론해 보자.

①	진리를 설하기 위한 언어 문자는 일종의 방편에 불과한 가설이다.
②	방편으로 설정한 가설은 참된 진리가 아니다.
③	그래서 언어로 표현하여 단지 진리라고 이름 붙였을 뿐이다.

　이렇게 언어로 표현한 진리조차도 참다운 진리가 아니니 법상(法相)을 갖지 말라고 하는 것이다. 곧 "최고의 진리가 아니다."라는 의미가 아니라 "반드시 이것만이 최고의 진리라는 관념〔相〕을 버려라."라는 뜻이다. 그래서 『금강경』 31품에서는 "법상이라는 것은 여래가 법상이 아니라고 설함이요, 단지 법상이라고 이름한다〔所言法相者 如來說 卽非法相 是名法相〕."라고 하였다.[94] 이를 적절히 표현해 주는 말이 있는데, 동안 상찰(同安 常察, ?~961)의 '무심유격일중관(無心猶隔一重關)'이다.[95] 무심이란 것도 오히려 하나의 관문에 막혀 있다. 즉 무심도 무심이라고 말하면 벌써 무심이 아니다. 무심은 단지 무심이어야 무심이요, 무심이라고 관념을 둔다면 무심이 아니다. 이에 대해 『금강경』 구절을 보기로 하자.

①	궁극적인 지혜〔實相〕라고 하는 것도
②	궁극적인 지혜가 아니므로
③	여래께서는 단지 이름하여 궁극적인 지혜라고 말씀하셨다.
	世尊 是實相者則是非相 是故 如來說名實相[96]

이렇게 깨달음의 자리, 궁극적 경지를 마지막 세 번째의 ③도 시명(是名) A, 곧 깨달음의 궁극적인 경지가 아니라는 것이다.

다음은 당대 청원 유신(青原 惟信)의 오도송으로 즉비 논리를 보도록 하자. 바로 산시산 수시수(山是山 水是水)인데, 이 구절은 성철 스님(1912~1993년)께서 법어로 내려 유명해진 구절로, 즉비 논리의 대표적인 오도송이다.

①	길주의 청원 유신이 상당(上堂)하여 말했다.[97)] "이 늙은이가 30년 전, 참선을 하지 않았을 때는 '산을 보면 곧 산이고, 물을 보면 곧 물[→ 山是山 水是水]'이라고 하였다.
②	후에 선지식을 친견하고 선리(禪理)를 깨치고 깨닫고 보니, 산을 보아도 산이 아니고, 물을 보아도 물이 아니더라 [→ 非山是山 非水是水].
③	그런데 불법의 도리를 철저히 깨닫고 나서 보니, 이전과 마찬가지로 산을 보면 산은 산이요, 물을 보면 물이 물이더라 [→ 只山是山 只水是水]."

선사가 첫 번째 본 산과 물은 30년 후에 육안으로 본 것과 같다. 그렇다면 무엇이 같고, 무엇이 다르다는 것인가? 『유마경』에서 "높은 육지에서는 연꽃이 피지 못하고 낮고 질척한 진흙탕에서만 연꽃이 피어나는 것처럼 번뇌가 여래의 종자인 줄을 알아야 한다."라고 하였다.[98)] 곧 번뇌 속에 깨달음이 있는 것이요, 생사 속에 열반이 있는 것이다. 번뇌즉 보리(煩惱卽 菩提), 생사즉 열반(生死卽 涅槃), 색즉 시공(色卽 是空)의 원리이다. 선사가 이전에 보았던 산과 물은 육안의

번뇌로 본 것이요, 깨달은 뒤에 본 것은 있는 그대로의 실상을 법안으로 본 것이다. 선종의 4조 도신(道信, 580~651년)이 3조 승찬(僧璨, ?~606년)을 만났을 때 도신이 승찬에게 말했다.

"스님의 자비로써 해탈 법문을 하나 주십시오."
"누가 그대를 해탈하지 못하도록 묶어 두었는가?"
"아무도 묶은 사람이 없습니다."
"묶은 사람도 없는데, 무엇을 벗어나려고 한단 말이냐?"[99]

원래 묶은 사람이 없었다. 그런데 도신은 자신 이외의 어느 누군가가 번뇌롭게 한다고 생각하고, 외부에서 해탈 법문을 구한다. 번뇌를 끊어야 해탈 열반을 구하는 것이 아니라 번뇌 속에 해탈 열반이 원래 구족되어 있다. 묶여 있는 사람도 해탈할 사람도 없는 것이요, 반대로 묶은 사람이 바로 해탈되어 있는 사람이다. 그러면 즉비 논리로 청원 유신의 오도송을 정리해 보자.

①	청원 유신이 처음으로 보았던 산과 물은 번뇌 속에서 목격한 것이다.
②	다음은 자신이 불성을 가지고 있음을 알지 못하고, 외부에서 진리를 찾고자 했으므로 산과 물에 대한 부정적 견해를 언급한 것이다.
③	그런데 세월이 흘러 깨닫고 보니, 결국 자신 안에 내재된 자성을 발견하였다.

즉 선사가 번뇌 속에 깨달을 성품이 있다는 것을 아는 데 30년이 걸려서야 체득한 것이다. 청원 유신이 말한 산과 물에 관련해서 청원과 동시대의 황벽도 이렇게 말했다.

사견을 내지 말라. 산은 산이요, 물은 물이요, 승은 승이요, 속인은 속인이다. 산하대지와 해·달·별들이 모두 그대의 마음을 벗어나지 않나니 삼천대천세계가 모두 그대의 본래적인 자기이다.[100]

그래서 생사 즉 열반이요, 번뇌 즉 보리이므로 굳이 해탈 열반을 찾을 필요조차 없는 근본 마음자리를 발견하는 것이다. 이렇게 선사들의 깨달음의 경지를 즉비 논리로 비견해 보았다. 이 장에서 전개한 대로 즉비 논리는 수행의 경지에서도 볼 수 있지만, 그 이면에서는 편견과 고정 관념, 분별심, 차별심을 깨며, 집착을 버릴 것을 강조하는 지혜의 논리라고 볼 수 있다.

5. 번뇌를 깨뜨리는 지혜

달마 이래 선종의 소의 경전 『능가경』이 6조 혜능 이후부터 『금강경』으로 바뀌었다. 하지만 갑자기 변화된 것은 아니고 혜능의 스승인 동산 법문 때부터 『금강경』이 중시되기 시작하였다. 혜능이 출가하게 된 동기나 깨달음을 이룬 기연(機緣)이 모두 『금강경』이었고, 제자들을 제접할 때도 『금강경』의 반야바라밀을 근간으로 삼았다.

한편 혜능의 제자 하택 신회는 남종선을 주장하면서 돈오(頓悟) 견성(見性)과 『금강경』에 기초하여 반야 삼매(般若 三昧)를 설하고, 일체 법이 무상(無相)·무념(無念)·무주(無住)인 선 사상을 확립하였다. 신회가 정립한 선 사상은 후대 선종사에 큰 영향을 미쳤다. 혜능은 선종사에서 6조로 독보적인 위치에 서게 되는데, 이는 신회의 노력에 의한 것이다. 이후 『금강경』은 선자(禪者)들의 수행하는 근간이 되어 지금에까지 이르고 있다.

우리나라에는 『금강경』이 삼국시대 때 유입되어 고려 중기 보조 지눌 국사가 초심자들에게 공부하는 경전으로 독송하도록 했으며, 조선 초 함허 득통의 『금강경오가해설의』(金剛經五家解說誼)가 여러 차례 편찬되었다. 『금강경』은 현재 조계종의 소의 경전으로서 출·재가자들로부터 애독되고 있다.

『금강경』은 대승 초기 경전으로 반야부 경전이다. 그런데 반야부 경전의 대표적인 경전으로서 공이라는 말이 한 번도 등장하지 않는다. 『금강경』에 공이 없는 것이 아니라 공의 실천적 측면에서 무상(無相)과 무주(無住), 무아(無我)와 즉비 논리(卽非 論理) 사상으로 전개되어 있기 때문이다.

모든 반야부 경전이 귀착되는 곳은 하나이다. 바로 『금강경』에 드러난 무상(無相)인데, 이 법문은 중국에서 최상승(最上乘) 법문으로 여겨지면서 선 사상의 대표적인 내용이 되었다. 무상 법문은 중생을 제도했으되, 제도했다는 관념을 갖지 말라는 것이다. 이런 관념이 없는 이상(離相)의 경지가 부처의 경지요, 해탈 적멸상의 경지요, 실상의 경지인 것이다.

무주(無住) 사상은 필자가 글에서 별개의 장으로 나누었지만, 무상과 똑같이 실천적인 측면에서 집착하지 않는 것을 의미한다. 다른 사람에게 베풀었으되 베풀었다는 관념을 염두에 두지 않는 것이 무주 사상이다. 곧 집착 없이 그 마음을 내는 것〔應無所住 而生其心〕이다. 이 집착 없는 마음을 선에서는 무주심(無住心), 무심(無心)이라고 한다.

『금강경』에서는 무상과 무주 다음으로 무아(無我)를 설한다. 보살이 일체법에서 자아의 실체가 없는 진실을 깨달아 통달한다면 불법을 수행하는 참다운 보살이요, 이 보살은 수승한 공덕을 얻는다고 할 정도로 무아를 강조하고 있다.

『금강경』이 선경(禪經)으로서 선 수행자들로부터 애독되고 선을 정립하는 데 활용되는 데는 무상의 진리도 있지만 또 하나가 『금강경』의 독특한 표현 방식인 즉비 논리 구조이다. 이 논리를 전개함에 불립문자, 오도송, 선사들의 법어인 선 사상적 경지에서 살펴보았다.

『금강경』의 선관을 필자가 무상과 무주, 무아와 즉비 논리를 각 별개의 사상으로 논했을 뿐이지 본래 『금강경』은 분별심, (고정) 관념, 집착심, 아만심, 차별심, 편견, (대상을 인식하는) 경계, 사견, 자애(自愛) 등 번뇌를 깨뜨리는 지혜를 강조하는 경전이다. 이렇게 번뇌를 깨뜨리는 지혜라고 해서 '금강'(金剛)이라는 경전 명(名)이 붙은 것이다.

제2장

『법화경』의 선관과 일승 사상

1. 보살과 삼승

부파 불교 시대에 수행자들은 법(dharma)에 대해 학문적으로 천착하며 연구하였다. 그 전문적인 연구를 아비달마(abhidharma)라고 한다. 또한 이들은 아라한이 되는 것에 목적을 두고 오직 학문적 연구와 자신들의 수행에만 중점을 두었다. 기원전 1세기 무렵, 대승(mahāyāna) 교도들은 이전 교단을 소승(hīnayāna)이라 폄하하며, 대승 경전을 결집하였다. 그 가운데 하나가 『법화경』이다.

경전을 결집하고 대승의 길을 걷고 있는 수행자를 보살(bodhisattva)이라 호칭하고, 이전 교단의 수행자를 성문(聲聞, śrāvaka)과 연각(緣覺, pratyekabuddha)이라고 하였다. 이러한 성문승·연각승·보살승을 삼승이라고 한다. 초기 대승 경전이 성문승과 연각승을 배척하고 비난하는 반면 같은 초기 대승 경전인 『법화경』은 성문승과 연각승도 얼마든지 깨달을 수 있는 본성을 지닌 존재라는 점을 부각하며, 부처님께서 그들을 '아들'이라 칭하고 수기(授記)를 한다.

구마라집에 의해 『묘법연화경』(妙法蓮華經)이 한역되면서 천태 지의는 이 경을 중심으로 수행 이론을 정립하였고, 선종에서도 『법화경』의 일승으로 선 사상을 확립한 선사들이 있었다. 이 장에서는 모든 이들이 작불(作佛)한다는 일승 사상에 초점을 두고, 『법화경』의 선관을 살펴보는 데 역점을 두었다.

2절에서는 구마라집 본 『묘법연화경』을 저본으로 하여, 구마라집 이전과 이후에 『법화경』의 번역이 어떻게 이루어졌으며, 경전에서 담고 있는 의미가 무엇이고, 전체적으로 경전이 어떻게 구성되었는지를 살펴보려고 한다.

3절에서는 이 장의 중심 주제인『법화경』의 선관을 살펴보는데, 대략 다섯 부분으로 나누었다.

(1)에서는 이 경전의 주된 주제인 일승을 살펴보려고 한다. 삼승과 일승이 어떤 연관성이 있고, 이와 관련된 비유를 통해 일승의 참된 의미가 무엇인지를 살펴보려고 한다.

(2)에서는 10여시(十如是)와 제법실상(諸法實相)의 의미를 살펴보고, 제법실상이 상징하는 의미와 이 용어가 후대에 어떻게 활용되었는지를 살펴보려고 한다. 또한 제법실상과 일승이 어떤 연관점이 있는지를 살펴보고자 한다.

(3)에서는 서원(誓願)에 대해 살펴본다. 서원은 "모든 중생이 나와 더불어 다름없이 평등하다."는 것을 알려 주고, 고통 받는 중생이 미래세에 부처가 되기를 원하는 부처님의 서원이다. 서원이라는 말 속에는 모든 중생이 붓다가 될 수 있다는 일승 사상이 내포되어 있는데, 이 연관점을 아울러 살펴보려고 한다.

(4)와 (5)에서는 부처님께서 성문과 중생들에게 미래세에 성불할 것이라고 예언하는 수기(授記)에 대해 살펴보고, 작불(作佛) 사상이 다른 경전들과 어떻게 다르며,『법화경』만의 독특한 특징이 무엇인지에 대해 살펴보려고 한다.

4절에서는 중국의 선사들이『법화경』의 선관(禪觀) 사상을 어떻게 수용하고 활용했는지를 살펴보고자 한다.

2.『법화경』의 구성과 의의

(1)『법화경』해제

『법화경』은『반야경』보다 대략 2세기 정도 늦게 성립되었다. 이 경은 대승 불교의 대표적인 경전으로서 철학적인 요소도 있지만 부처님에 대한 숭배를 강조하는 점에서 신앙적인 면이 강조되어 있다. 『법화경』의 이러한 요소들은 대승 불교의 특징들을 모두 갖추고 있으며 찬불승(讚佛乘)의 근본 경전이라고 볼 수 있다.

중국에 전해진『법화경』은 여섯 차례 번역되었지만 완전한 한역으로 지금까지 남아 있는 경전은 세 역본(譯本)이다. 먼저 286년에 축법호(竺法護, 231~308년)가『정법화경』(正法華經) 10권을 한역하였다. 이『정법화경』은 27품으로 구성되어 있으며 완전한 역본이라고 한다. 하지만 옛날에는 각 품이 따로 유행하던 시대도 있었기 때문에『법화경』의 초고 부분, 즉「방편품」이 성립한 것은 기원후 2세기 이전이었을 것이다.『정법화경』은 매우 난해한 번역으로 거의 읽히지 않았다.

다음으로는 구마라집이 406년에『묘법연화경』7권 28품을 한역하였다. 그러나 처음『묘법연화경』에는「보문품」의 게와「약초유품」의 반분과「제바달다품」및 기타의 것이 빠져 있었다. 현재의 구마라집역『묘법연화경』에는「제바달다품」도 있고, 또한 첨품으로서 보역된 부분이 포함되어 있으며 구마라집의 원초역(原初譯) 그대로는 아니다.

세 번째 현존하는 한역으로는 사나굴다(闍那崛多)와 달마굴다(達摩崛多)가 601년에 『첨품묘법연화경』(添品妙法蓮華經) 7권을 한역하였다. 이 경은 구마라집이 번역한 경전에 서역에서 구입한「제바달다품」을 첨가한 것이다.

이 글에서 표준으로 삼는 경전은 구마라집 역 『묘법연화경』(妙法蓮華經)이다. 이 경은 구마라집이 역출한 이래 동아시아 불교 국가에서 널리 유통되고 있다. 더불어 이 경을 소의(所依)로 중국에서 천태종(天台宗)이 개종되었고, 일본에서는 사이초(最澄, 766~822년)에 의해 천태종이, 13세기에 니치렌(日蓮)에 의해 일련종(日蓮宗)이 개산되었으며 우리나라에서는 고려 때 대각국사(大覺國師) 의천(義天, 1055~1101년)에 의해 천태종이 개산되었다. 다른 대승 경전에 비해 이 경은 수많은 해설서와 논서들이 전하고, 불자들이 신행하는 근간이 되고 있다. 특히 천태 지의에 의해 개종(開宗)된 천태종은 화엄종과 더불어 중국 불교의 정화(精華)라고 할 만큼 선종과 함께 중국 불교의 주축이 되고 있다.

구마라집이 한역한 『묘법연화경』의 경명을 살펴보기로 하자. 이 경은 산스크리트어로는 『삿다르마 푼다리카 수트라』(Saddharma-puṇḍarīka-sūtra)이다. 삿다르마(Saddharma)는 미묘한 가르침〔妙法〕, 푼다리카(puṇḍarīka)는 연화(蓮華), 수트라(Sūtra)는 경(經)을 뜻한다. 곧 '연꽃처럼 심심미묘(甚深微妙)한 가르침의 경전'이라는 뜻이다.

구마라집은 삿다르마(Saddharma)를 묘법이라고 번역했지만, 직접적으로는 정법(正法)이라는 의미이다. 진흙 속에서 나왔으면서도 그 더러움에 물들지 않는 백련화(puṇḍarīka)에 비유한 것으로 정법연화(正法蓮華)의 의미이다. 즉 흰 연꽃과 같은 정법이라는 것이 경 제목의 의미이다. 이 더러움에 물들지 않는 정법의 의미를 밝힌 것이 『법화경』의 목적이다.[1]

(2) 『법화경』의 구성과 특징

『법화경』의 전체 구성을 살펴보기로 한다.

첫째, 『묘법연화경』은 두 곳에서 3회에 걸쳐 설해진 경전이다.

먼저 영산회인데, 세존께서 『법화경』을 설하기 시작한 서품부터 10품까지를 말한다. 다음은 허공회로 기사굴산(영취산)에서 상공으로 솟아올라 허공에서 설한 11품~22품까지를 말한다. 마지막으로 허공에서 다시 영산회상(靈山會上)으로 내려와 법을 설하여 영산회라고 하는데, 23품~28품까지이다.

둘째, 『법화경』은 적문(迹門)과 본문(本門)으로 구성되어 있다.

이 경은 7권 28품으로 이루어져 있다. 일반적으로 1~14품까지를 적문이라고 하고, 15~28품까지를 본문이라고 한다. 이미 광택사(光宅寺)의 법운(法雲, 467~529년)이 전반을 인문(因門)이라 하고, 후반을 과문(果門)이라 하였는데, 이를 천태 지의가 적문과 본문으로 나누었다. 천태의 학설 이후 지금에 이르기까지 적문·본문 설은 이 경전의 일반화된 이론으로 구축되었다.

제16 「여래수량품」(如來壽量品)을 중심으로 하는 본문(本門)의 '본'(本)이란 세존께서 이미 오래 전에 성불했다〔久遠實成〕고 하여 본지

(本地)·본체(本體)인 부처, 즉 본래 영원한 부처[久遠本佛]를 가리
킨다. 그 본불(本佛)이 설한 법이므로 본문이라고 한다. 「여래수량품」
은 개적현본(開迹顯本)의 가르침이며, 구원 실성(久遠 實成)의 불타라
는 것을 보임으로써 「방편품」에서 밝힌 불성 상주(佛性 常住)를 실증
하고 있는 것이다. 80세로 입멸한 석가모니 부처님은 중생을 불도로
유인하기 위한 방편에 지나지 않음을 보이고, 상주하는 구원의 본불
을 개현하고 있는 것이다.

제2 「방편품」을 중심으로 하는 적문(迹門)의 '적'(迹)은 본문을 설
한 본불이 중생을 제도하기 위해 그 본지에서 이 세상에 오시어 석가
모니라는 역사적인 인물로 출현한 흔적의 부처라는 뜻을 담고 있어
적문이라고 한다.

3. 『법화경』의 선관

(1) 일승과 삼승

『법화경』은 대승 초기 경전 가운데 하나이다. 대승은 보살의 가르
침이며, 보살이 부처가 되려는 의지가 바로 보리심이요, 이 보리심
을 일으키면 보살인 것이다. 누구라도 보리심을 발하면 부처가 될 수
있다는 불성으로 발전한다. 『법화경』이 속해 있는 대승의 교리 중 제
일 먼저 열거할 수 있는 것이 일승의 교리이다. 이 장에서는 일승과
삼승의 의미를 살펴보고, 일승의 참다운 의미를 밝히고자 한다. 일승

을 논하기에 앞서 먼저 삼승에 대해 살펴보기로 한다.

첫째 성문승(聲聞乘)은 부처님의 4성제(四聖諦) 가르침을 듣고 깨닫는 교법이고, 둘째 연각승(緣覺乘)은 스승 없이 홀로 깨닫는 가르침으로 12인연법을 관하거나 다른 인연에 의해 깨닫는 가르침이다. 셋째 보살승(菩薩乘)은 상구보리 하화중생(上求菩提 下化衆生)의 보리심을 발하여 불도(佛道)에 들어가 6바라밀을 닦아 무상 정각(無上 正覺)을 깨닫는 가르침이다.

초기 대승에서 일승은 보살승, 즉 대승의 유일한 구제의 가르침이라는 의미를 담고 있다. 여기서 중요한 것은 '유일한'의 의미이다. 즉 보살승은 성문과 연각에 대비되고 이들과 구별되어야 할 유일한 가르침이 보살승이라는 점이다. 범본의 『법화경』에서도 일승은 '유일한'이라는 의미를 지니고 있다. 그러나 『법화경』은 일승이라는 말에 '통일'의 의미를 가지고 있다. 삼승이 일승으로 귀착된다는 통일의 의미를 명백하게 밝힌 점이 『법화경』의 특색이다.[2]

삼승과 일승에 대해 『법화경』에서 설하는 의미를 살펴보기로 하자. 「비유품」에서 부처님이 사리불에게 이렇게 말씀하셨다.

제불세존이 갖가지 인연과 비유와 이야기와 방편으로 법을 말하는 것은 모든 중생이 아누다라삼막삼보리심을 구하도록 하기 위함이다. 이렇게 말하는 것은 모두 보살을 교화하기 위한 것이다.[3]

그리고 부처님께서 사리불에게 비유를 들어 설하셨는데, 그 비유를 보기로 하자.

어느 장자가 살았는데 큰 저택에 많은 재산을 가지고 있었으며 여러 하인들을 거느리고 있었다. 집은 크고 넓으나 대문이 오직 하나뿐이었다.

어느 날, 집에 불이 났다. 장자는 대문 밖으로 피신했으나 아이들은 노는 데 정신이 팔려 불타는 집을 빠져 나올 생각을 하지 않았다. 장자가 다시 집으로 들어가 아이들에게 "대문 밖에 너희들이 좋아하는 양이 끄는 수레〔羊車〕·사슴이 끄는 수레〔鹿車〕·소가 끄는 수레〔牛車〕가 있으니 어서 나와라."라고 소리치자, 아이들은 그때서야 밖으로 나온다. 그런 뒤 장자는 아이들에게 양거·녹거·우거가 아니라 그보다 더 좋은 크고 흰 소가 끄는 수레〔白牛車〕를 주었다.[4]

장자는 부처님이요, 아이들은 무명(無明) 중생에 비유하여 설한 것이다. 부처님은 탐욕의 불 속에서 빠져 나오지 않는 중생들에게 방편으로 삼거(三車)를 설하였다. 삼거란 양거는 성문승, 녹거는 연각승, 우거는 보살승인 삼승을 말한다. 그리고 백우거는 일불승(一佛乘)을 뜻한다.

모든 부처님은 방편의 힘으로 일불승에서 삼승을 설한 것이다.[5]

부처님이 방편력으로서 삼승의 교법으로 가르친 것이니, 중생이 가는 곳마다 집착하기 때문에 이끌어서 나오도록 한 것이다.[6]

부처님은 일불승만을 강조하지만 중생들을 이끌기 위한 방편, 즉 삼승을 시설한 것이다. 따라서 삼승 방편을 부정하지 않는다. 깨달음의 길이 여러 갈래이듯, 그 여러 길들은 방편이며 그 목표인 부처가되는 것이 바로 일승이다. 삼승방편(三乘方便) 일승진실(一乘眞實)이라는 것을 밝히고자 했던 내용이 『법화경』에서 설하는 일곱 가지 비유이다.[7]

성문승·연각승·보살승, 이 세 가지의 입장은 각각 훌륭한 것이다. 각기 존재 의의가 있으며 모두 일여(一如)의 세계를 가리키고 있다. 이 세 가지 입장이 공통되는 근저로서 일여의 세계, 오직 부처님의 세계가 있는 것이 『법화경』의 주장이다. 개삼현일(開三顯一)은 세 가지 입장의 근저로 되어 있는 오직 하나의 입장을 분명히 밝히고, 그것에 의해 세 가지의 입장이 각기 중요하다는 것을 밝힌다. 삼승 각각을 긍정하면서, 한 가지의 입장〔一乘眞實〕을 밝히려는 것이므로 이것은 긍정(성문승)·긍정(연각승)·절대 긍정(일불승)이라는 방식을 가지고 있다.[8]

「방편품」에서 설해지고 있는 사상은 일승이다. 이것은 성문이나 연각(벽지불승)까지도 불지견(佛知見)이 열리게 하는 가르침이다. 비록 성문이나 연각이라도 자신이 불도를 닦아 부처가 되고자 한다면 얼마든지 가능함을 시사하지만, 『법화경』은 이승을 위해 설하는 것이 아니라 일승을 위한 설법인 것이다.

> 시방 불토 중에는 오직 일승법만 있을 뿐이요, 이승도 없고 삼승도 없다.[9]

사리불아, 여래는 다만 일불승으로서 중생에게 법을 설하는 것
이요, 이승이나 삼승의 다른 법이 없다.[10]

제불여래(諸佛如來)의 말씀은 허망하지 않나니 다른 법은 없고,
오직 일불승뿐이로다.[11]

『유마경』에서는 성문·연각의 수행을 잘못된 것이라고 비판하며,
이승의 작불(作佛)을 부정하지만 『법화경』은 그 반대이다. 『법화경』에
서는 소승 교도들이 아라한을 최고의 경지라고 생각하는 것은 그릇된
것이지만 일체 중생이 아라한의 경지를 넘어 어느 누구나 부처가 될
수 있음을 설파한다. 즉 성문과 연각, 이승을 편협된 것이라며 비판하
는 것이 아니라 대승(일승)적인 차원에서 성문과 연각을 포용하고 있
는 것이다. 마하 가섭과 사리불을 위시한 성문들이 부처 되기를 포기
하고 작은 열반에 안주하고 있었으나 부처님께서 성문과 연각도 성
불할 수 있다는 수기를 준다. 이 수기에 대해서는 뒤에서 논할 예정
이다. 이것을 『법화경』 「신해품」(信解品)에서는 이렇게 비유했다.
장자가 자식을 잃어버린 지 50년이 되었다. 마침 그 아들이 거지
가 되어 유랑하던 중 장자의 집 앞을 지나간다. 장자는 아들인 줄 알
아보고 "네가 나의 아들이다."라고 하면 놀라 달아날까 염려되어 하
인을 유랑자의 모습으로 변장시켜 그와 가까이 하게 한 뒤, 집에 데
리고 와서 허름한 일부터 시킨다. 장자는 차츰 차츰 아들과 친해지게
되었고, 세월이 흘러 장자는 죽을 때가 되었음을 알고 친척, 국왕, 식
구들을 모아 놓고 그간의 사정을 말한 뒤, 자신의 모든 재물을 거지

아들에게 물려주었다.[12]

여기서 장자는 부처님을, 거지 아들은 중생을, 모든 재물은 어떤 중생이든지 부처가 될 수 있는 참 본성을 가지고 있다는 것을 말한다. 중생들이 처음부터 "너는 부처의 아들이다." 즉 "부처와 똑같은 성품을 지니고 있다."라는 말을 들으면 놀라고 해태심을 내어 달아날까 염려되어 중생들에게 삼승의 가르침으로 차츰 차츰 마음을 닦게 한 뒤, 일불승으로 유도하는 방편을 설하는 것이다.

또 비유 가운데 중생을 방편으로 이끄는 단적인 예가 「화성유품」(化城喩品)에서 설하고 있는 내용이다. 부처님께서는 중생들의 마음을 살펴본 뒤 중생들이 소승법을 좋아하고 오욕락에 쉽게 빠진다는 것을 알았다. 그래서 그들에게 경각심을 주기 위해 열반을 설했는데, 어리석은 중생들은 거짓으로 설한 열반을 진짜 열반으로 믿고 받아들인다. 이것을 비유로 설한 것이 화성(化城)의 비유인데, 그 내용은 이러하다.

오백 유순쯤 되는 지점에 진귀한 보물이 있다. 그곳까지 가려면 매우 험난한 길을 통과해야 하는데, 많은 사람들이 보물을 구하고자 함께 길을 떠났다. 마침 그들 가운데 길을 잘 아는 지혜로운 길잡이가 한 명 있었다. 가는 도중 사람들이 지쳐 포기하려 할 때 길잡이는 환상의 성〔化城〕을 지어 그들을 쉬게 한 뒤, 그들을 목적지까지 데리고 간다.[13]

경에서는 이렇게 전하고 있다.

여래도 이와 같이 여러분의 길잡이다. 여래는 생사에서 번뇌의 길이 참으로 멀고 험난하다는 것을 알며, 갈 수 있는 길과 꼭 건너야 하는 길을 잘 알고 있다. 그런데 중생들이 일불승(一佛乘)을 들으면 부처님을 친근히 하지 않고 성불하는 길이 매우 멀고 오래도록 닦아야 한다고 생각한다.[14)

이렇게 부처님께서는 성문을 위시한 중생들이 자신 스스로 참 본성을 구족(具足)하고 있는 줄을 모르고 겁을 먹고 수행을 중도에 포기하는 이들의 마음을 헤아리고 있다.

중생들의 마음이 나약하고 하열함을 알고, 일부러 방편(성문·연각의 경지)을 써서 중도에 쉬게 하였다.[15)

그래서 중생들이 이승(二乘)의 경지에 오르게 되면, 여래는 또 이렇게 설한다.

너희들은 할 일을 아직 다 하지 못하였다. 그대들이 이전에 머물러 있던 지위는 부처님 지혜에 가까울 뿐이니, 잘 관찰하고 헤아릴지니라. 그 얻었다는 열반이 진실한 것이 아니요, 다만 여래가 방편으로서 일불승에서 분별하여 삼승을 설한 것뿐이니, 마치 저 길잡이가 쉬어가기 위해 거짓으로 만든 성(化城)과 같은 줄을 알아야 한다.[16)

즉 이전에 쉬었던 곳(化城)은 최종 목적지가 아니라 이승의 경지로서 방편으로 일불승에서 분별해 삼승을 설한 것이라는 점을 언급하고 있다. 길잡이는 부처를 비유한 것이고, 길을 떠난 무리들은 중생들이며, 화성은 방편을 비유한다. 중생들이 일불승을 들으면 너무 놀라 부처되는 길이 멀고 힘든 것이라고 생각할 것을 염려하여 중간에 성문·연각의 방편을 써서 일승의 길로 이끌고자 했기 때문이다.

『법화경』은 깨달음에 도달할 수 없는 이들을 위해 방편으로 이승을 시설해 놓은 것이니 이승도 외도도 부처님을 헐뜯은 이들도 모두 부처가 될 수 있다는 것이다. 초기 대승 불교는 보살 사상을 강조하기 때문에 성문·연각은 깨달을 수 없다고 하였으나 『법화경』은 성문·연각도 부처가 될 수 있다고 시설하고 있다. 그리하여 가섭을 위시한 성문승을 깨닫게 해주었다. 여래장(如來藏)이나 불성(佛性)이란 말의 진정한 의미는 누구나 성불할 수 있다는 것인데 『법화경』의 일승 사상은 이 불성의 자각을 분명히 드러내고 있다고 할 수 있다.[17]

이와 같이 살펴본 대로 『법화경』은 일승만을 지양하지만 중생들의 근기에 맞춰 방편(성문·연각·보살)을 시설해 놓은 것이다. 누구나 성불할 수 있는 근기를 가지고 있기 때문에 일승인 것이다. 그 각각의 방편을 부정하는 것이 아닌 긍정하면서 포용하고 있는 일승의 참 의미를 밝히기 위해 이 경전에서는 삼계 화택(三界 火宅), 장자 궁자(長子 窮子), 보소 화성(寶所 化城)을 비유로 들었다.

(2) 일승과 제법실상

제법실상(諸法實相)이란 일체 모든 존재의 있는 그대로의 모습, 진실한 상태라는 뜻이다. 여기서 모든 존재[諸法]라고 할 때의 법이란 우리가 인식하는 모든 일체를 말한다. 실상의 의미에 대해 사전적 해설로 본다면, 공·본체·실체·진상(眞相)·본성 등으로 풀이할 수 있다. 곧 제법실상은 현상적으로 존재하는 일체 모든 것에는 근본적으로 참된 실재, 본 모습이 있다는 뜻이다. 『대품반야경』(大品般若經) 17권에서는 "현상으로서 모든 존재는 그대로 진실의 나툼이며, 존재하는 모두가 진실상이다."라고 언급하고 있다. 그러면 『법화경』에서 언급한 제법실상에 대해 살펴보기로 하자.

「방편품」 서두에 부처님께서 삼매에서 일어나 사리불에게 '여래가 얻은 지견은 한량없고, 최상승의 미증유법을 모두 성취하여 중생들이 이해하기 어려운 법'이라고 하면서 이렇게 언급하고 있다.

> 사리불아, 오직 부처님과 부처님만이 모든 존재의 있는 그대로의 모습[諸法實相]을 알기 때문이다. 즉 모든 존재의 이와 같은 상(相), 이와 같은 성(性), 이와 같은 체(体), 이와 같은 힘[力], 이와 같은 작용[作], 이와 같은 직접적 원인[因], 이와 같은 간접적 원인[緣], 이와 같은 일차적 과보[果], 이와 같은 이차적 과보[報], 이와 같은 본말(本末)을 궁극적으로 갖추었다.[18]

이것을 현 존재의 실상과 모습을 있는 그대로 (열 가지로) 표현한 것이라고 하여 불교학에서는 10여시(十如是)라고 명명한다. 10여시를 네 부분으로 정리하면 이러하다.

상(相) / 성(性) / 체(体)	외형적인 모양이나 성질
역(力) / 작(作)	역량과 작용
인(因) / 연(緣) / 과(果) / 보(報)	원인과 결과
본말 구경(本末 究竟)	앞의 아홉 가지가 평등

즉 모든 존재의 참모습은 외형인 모양과 내면의 속성, 그리고 형체로 이루어져 있다. 이들은 역량과 작용을 가지고 있으며, 직접적인 원인과 간접적인 인연으로 결과가 생긴다. 이 아홉 가지가 모두 구경(究竟)에 차별 없이 평등하다는 것이다.

이 10여시는 원전이나 다른 번역본 등에서는 10여시 중 5개 또는 그것의 반복으로 나타나며, 표현도 모호하다. 그런데 구마라집이 그것을 토대로 하여 더 수집하고 보충, 정리한 것이기 때문에, 구마라집이 어느 정도 윤색했다고 볼 수 있다.[19] 구마라집 역 『법화경』 전체 28품의 의미가 10여시에 함축되어 있다고 하여 '약법화'(略法華)라고도 한다. 천태 지의는 이 10여시에서 '일념삼천'(一念三千)이라는 교학을 수립하였다.

다음에서는 제법실상의 의미를 좀 더 살펴보고, 대승 불교적인 차원에서 어떻게 발전되었으며, 중국 선종에서 어떻게 활용하였는지를 살펴보기로 하자.

범본의 '사르바 다르마'(sarvadharma)가 연기를 뜻하는데, 구마라집은 이를 정확히 간파하고 제법실상이라고 독자적인 해석을 하였다. 「방편품」에서는 제법실상을 일체법(一切法)·무상(無相)·무원(無顯)·법성(法性)·공(空)·진여(眞如) 등과 함께 여러 유사어를 쓰고 있는데, 모두 연기의 이법을 가리킨다. 이외에도『법화경』과 초기 경전의 내용들을 비교 검토해 보면 제법실상이 바로 연기의 이법을 의미하고 있음을 뚜렷이 알 수 있다.[20)

곧 실상은 초기 불교에서 언급하는 연기 사상이요, 대승 불교에 와서는 공 사상의 연장선에서 볼 수 있으며, 대승 경전에서는 실상으로 표현되었던 것이다. 초기 불교 학자인 일본의 미즈노 고겐(水野弘元)은 "대승에 와서 시간적인 선후가 있는 인과 관계에서만 연기라고 해석하는데, 좁은 의미이다. 시간에 관계 없는 논리적인 상호 의존의 인과 관계는 연기라고 부르지 않고 실상이라고 부르고 있다. 용수 보살도『중론』에서 공의 의미로서 제법의 논리 관계를 설한 것은 바로 연기설을 밝히고자 했기 때문이다."라고 하였다.[21)

초기 대승 경전『유마힐소설경』(維摩詰所說經) 「제자품」(弟子品)에서도 이렇게 언급하고 있다. 부처님의 십대 제자 중 가전연 존자가 비구들에게 무상(無常)·고(苦)·공(空)·무아(無我)·적멸(寂滅)의 도리에 대해 설하고 있을 때, 유마 거사가 나타나 가전연에게 이렇게 말했다.

> 가전연 존자님, 생멸심(生滅心)으로 실상의 법을 실해서는 안 됩니다.[22)

이 경에서 4법인(四法印, 무상·고·무아·적멸)을 실상이라는 의미로 해석하고 있다. 앞 경전 인용문을 더 보기로 하자.

제법은 생멸이 없는 것이 무상의 도리요, 5온을 사무쳐 보면 공하기 때문에 고라는 것이 존재하지 않는 것이요, 제법이 마침내 아무 것도 없는 것이 공의 뜻이며, 아와 무아가 둘이 아닌 것이 무아의 뜻이며, 존재들이 본래 생겨난 일이 없으므로 지금 멸할 것도 없는 것이 적멸의 뜻이다.[23)]

실상을 공이라는 차원에서 볼 때, 초기 불교에서는 연기 사상이라고 볼 수 있는데, 존재해 보이는 것 같지만 존재하지 않음이요, 존재하지 않는 것 같지만 엄연히 존재한다. 바로 존재의 이면에는 유와 무를 초월한 공이요, 공이 곧 색이며, 색이 곧 공인 진공 묘유(眞空 妙有)를 뜻한다. 현상적인 존재에 집착하거나 구애받지 않는 무집착·무주·무일물의 참된 상〔實相〕인 것이요, 바로 제법실상, 실상 무상(實相 無相)인 것이다.

실상에 대해 『법화경』 「안락행품」(安樂行品)에 이렇게 언급하고 있다.

또한 산림 중에서 선법(善法)을 수습하여 모든 실상을 증득하고 깊은 선정에 들어 부처를 본다.[24)]

선법이란 수행 정진과 관련해 뛰어난 수행 방법들을 말한다. 이렇게 수행 정진한 결과로 얻은 모습을 실상으로 표현하고 있다. 이렇게 『법화경』에서 언급하고 있는 이 실상이란 단어가 깨달은 상태나 모습을 상징하는데, 이 단어를 중국 선종에서 사용하였다.

제법실상은 선종에서는 불조(佛祖)가 깨달음의 세계를 나타낼 때, 본래의 면목으로 하고 있다. 언어로 분별하거나 사량을 떠난 경지이며, 전도된 범부의 지혜로는 알 수 없는 부처의 세계인 것이다.

중국 초기 선종의 한 종파를 남천축일승종(南天竺一乘宗)이라고 하는데, 이 선종은 용수(龍樹, 150~250년) 보살의 대승 사상에 연원을 두고 있다. 남천축 출신의 구나발타라와 보리 달마에 의해 전승된 것으로 자임한 능가종(楞伽宗)을 말한다. 선종에서도 일승이라는 용어는 일심의 다른 용어로 사용할 만큼 널리 쓰이고 있다.[25] 곧 일승은 불성이나 여래장·자성·본성의 의미로 해석될 수 있으며, 일승의 언어적 활용은 깨달음의 세계에 들도록 인도하는 수레라는 말이다.

다시 앞의 원문으로 돌아가 보자. 모든 존재의 있는 그대로의 모습〔諸法實相〕을 『법화경』의 전체적인 의미로 볼 때, 제법실상은 『법화경』의 전체적인 대의인 일승과 상통함이요, 일승의 이(理)로 표현할 수 있다.

제법실상·불지혜·법화경·일승·제법본정(諸法本淨)·불종(佛種)·연기(緣起) 등은 모두 일승의 다른 이름이라는 것을 알 수 있다. 일승에 해당하는 말이 「방편품」에 나오는 불지혜이고, 이를 받는 말이 묘법화의 제법실상이며, 이 제법실상은 다시 『법화경』을 가리키는 말로 이행되고, 결국 이 경전(특히 「방편품」)의 목적은 일승을 설하는 것이므로 이 일승은 제법실상의 새로운 말인 동시에 『법화경』이전까지 망라된 모든 이법(理法)의 다른 말들이 일승에 귀일되었다고 볼 수 있다.[26]

이와 같이 살펴본 대로 열 가지로 그 형체와 성질을 표현한 10여시가 제법실상이요, 이 제법실상은 일승의 의미이며, 일승이란 최상승의 깨달은 경지라고 추론해 볼 수 있다. 이러한 의미를 함축하고 있는 제법실상을 선사들은 깨달음의 세계를 표현하는 수식어로 활용했던 것으로 사료된다.

(3) 일대사 인연(一大事 因緣)과 서원(誓願)

초기 불교와 대승 불교의 차이점은 자리(自利)와 이타(利他)라기보다 서원(誓願)·행원(行願)이 대승 불교에 있다는 점이다. 대승 경전에는 초기 불교의 아라한이 아닌 보살로서 원(願)을 가지고 수행하는 점이 부각되어 있다. 서원에도 총원(總願)과 별원(別願)이 있다. 총원은 모든 불보살에게 공통되는 서원을 말하고, 별원은 개별적으로 세운 서원을 말한다. 즉 총원은 4홍서원(四弘誓願)에 해당되고, 별원이란 아촉불(阿閦佛)의 12원(願), 『무량수경』(無量壽經)에서 아미타불의 전신인 법장 비구의 48원(願), 『화엄경』에서 설하고 있는 보현 보살의 10대원(十大願), 『약사유리광여래본원공덕경』(藥師瑠璃光如來本願功德經)에서 설하고 있는 약사 여래의 12원, 『승만경』에서 승만 부인이 세운 10대수(十大受) 등이다.

『법화경』은 다른 경전처럼 특별한 서원을 설하지 않으나 「안락행품」의 서원 안락(誓願 安樂)과 「방편품」 등 여러 곳에 서원이 등장한다. 한편 20품 「상불경보살품」(常不輕菩薩品)에 상불경 보살의 행이 있는데, 서원이라는 단어는 등장하지 않지만, 이 또한 서원행이라고 볼 수 있다. 이 장에서는 『법화경』에 등장하는 일승〔成佛〕 사상과 관런한 서원행에 대해 살펴보기로 한다.

「안락행품」의 서원 안락도『법화경』의 일승의 가르침을 듣지도 알지도 못하며, 믿지도 이해하지도 못하는 중생을 인도하여『법화경』의 일승을 깨닫게 할 것을 서원하는 내용으로 서술되어 있다.[27] 앞에서 논한 대로『법화경』에서 설하는 일승은 일체 모든 중생이 성불한다는 것이 주된 사상이다. 이 점은 필자가 이 글에서 일관되게 주장하는 바이다. 「방편품」에 의하면 부처님께서 사리불에게 이런 말씀을 하신다.

> 반드시 이렇게 알아야 한다. 내가 본래 세운 서원은 일체 중생들로 하여금 "나와 다름없이 평등하다."는 것을 알게 하는 것이다. 내가 세운 옛날의 서원을 오늘 이미 만족하여 모든 중생들을 교화하여 불도(佛道)에 들게 하기 위해서이다.[28]

이렇게 부처님은 중생들이 부처와 똑같은 성품을 가진 존재라는 것을 알게 하는 것을 서원으로 삼았다. 바로 이 점은 부처님께서 세상에 출현하신 일대사 인연이기도 하다. 「방편품」에서는 이에 대해 이렇게 설하고 있다.

> 부처님은 오직 일대사 인연(一大事 因緣)으로 이 세상에 출현하셨다. 부처님께서 불지견(佛知見)을 열어서〔開〕 중생들을 청정케 하기 위해 세상에 출현하셨으며, 중생들에게 불지견을 보여 주기〔示〕 위해 세상에 출현하였다. 또한 불지견을 깨닫도록〔悟〕 하기

위해 세상에 출현하였으며, 중생들로 하여금 불지견의 길에 들어 가게(入) 하기 위해 세상에 출현하였다. 이와 같이 네 가지〔開示悟 入〕 일대사 인연으로 중생들을 제도하기 위해 여래가 이 세상에 출현한 것이다.[29)]

앞의 원문에서 표현한 대로 '모든 중생이 나와 다름없이 평등하다' 는 것, 즉 불지견을 열어 보여 주고, 깨달아 적멸 세계로 들어갈 수 있음을 알려 주기 위한 붓다의 서원이라고 볼 수 있다. 이 부분에서 알 수 있는 것은 중생도 똑같은 여래의 성품을 가진 존재라는 점이다. 그리하여 부처님은 중생들을 만나는 대로 불도를 가르치지만 지혜가 부족한 사람들이 알아듣지 못하고 어리석어 교화를 받지 않음을 한탄하고 있다. 이렇게 『법화경』과 유사한 내용이 『화엄경』에서는 이렇게 설해지고 있다.

기이하고 기이하다. 모든 중생이 여래의 지혜를 갖추고 있으면 서도 어리석고 미혹하여 알지 못하고 보지 못하고 있구나. 내가 마땅히 성인의 진리로서 그 허망한 생각과 집착을 여의게 하고 자기의 몸 속에 있는 여래의 광대한 지혜가 부처와 다름이 없다는 것을 가르쳐야 하리라.[30)]

『법화경』에서는 중생들이 자신의 참 성품을 알지 못하고, 인식하지 못함을 개탄하며 방편으로 성문과 연각을 설하고, 일곱 가지 비유를 들어 중생을 불도에 이끌고자 하였다. 이렇게 모든 중생이 이승〔성문과 연각〕이 아닌 참 불성을 지닌 일불승을 언급하고 있는 것이다. 부처님은 중생이 어리석어 제도하기 어려운 이들을 위해 방편을 시설하여 열반으로 가르쳐 보였지만, 이는 참된 대승의 열반이 아니었다는 것을 언급하였다. 그러면서 이 품 말미에 부처님께서 사리불에게 이렇게 말씀하신다.

> 모든 법의 실상은 본래부터 적멸한 상이다. 불자가 이와 같이 도를 행한다면 내세에 반드시 부처를 이루리라.[31]

부처님은 단지 방편력으로 삼승을 설했을 뿐이며, 모두 일승도를 설하고 있다는 것을 강조한다. 진실한 열반의 덕을 모든 중생이 갖고 있으므로 스스로의 수행으로 해탈 열반을 성취할 것을 중생들에게 제시하고 있다.

> 모든 여래들이 한량없는 방편으로 중생들을 제도하여 무루지(無漏智)에 들게 하므로 부처님의 가르침을 들으면 한 사람도 성불하지 않는 자가 없을 것이다. 이것은 모든 부처님들의 근본 서원으로서, 친히 닦은 불도를 널리 중생들로 하여금 닦게 하여 부처님이 얻은 것과 똑같은 도를 얻게 하는 것이다.[32]

부처님은 중생들에게 깨달음의 안목을 주어 '성불하지 못한 중생이 한 사람도 없을 것'을 서원으로 하고 있다. 이 서원은 『법화경』의 두드러진 사상이기도 하다. 중생들이 부처가 될 것을 서원하는 부분이 「화성유품」에 그대로 전한다.

> 내가 이제까지 수행한 공덕이 모든 중생들에게 두루 미치어, 나
> 와 모든 중생들이 다 함께 성불하기를 원한다.[33]

> 내가 이제 그대들에게 마지막으로 진실을 말하노라. 모든 성문
> 대중들은 다 진짜 열반을 얻은 것이 아니다. 그대들이 행해야 할
> 수행은 바로 보살도이니, 점점 닦고 배워 나간다면 모두 마땅히 성
> 불할 것이다.[34]

이렇게 어리석은 중생도 성문도 연각도 모두 참 불성을 가진 존
재이므로 수행해 나간다면 반드시 성불할 것이라는 점을 확신하고
있다. 모든 중생이 성불할 수 있으며, 모든 중생이 성불하기를 서원하
는 분이 등장하는데, 상불경 보살이다. 「상불경보살품」에 등장하는
상불경 보살이 다른 사람을 존경하는 마음으로 말하고 행동했던 서
원행은 부처님이 과거 전생에 수행하면서 세웠던 서원이기도 하다.
부처님은 전생 위음왕불(威音王佛) 시절에 비구였다. 위음왕불이
열반하고 상법 시대에 그 나라의 비구들은 증상만이 가득하고 큰 세
력을 가진 비구가 많았다. 그때 상불경 비구는 비구와 비구니, 우바
새와 우바이, 그 어떤 사람을 만나든 간에 그들에게 예배하고 찬탄하
면서 이렇게 말했다.

> 나는 그대들을 깊이 공경하고 감히 경멸하지 않습니다. 왜냐하

면 그대들은 다 보살도를 행하여 장차 마땅히 성불할 것이기 때문입니다.[35]

사람들은 이러한 그를 보고 모두 경멸하며 욕하였고, 심지어 돌을 던지기도 하였으며, 막대기로 때리기도 하였다. 하지만 상불경 보살은 어떠한 박해에도 굴하지 않고 달아나면서 큰소리로 "그대들은 보살도를 행하여 마땅히 성불할 것입니다."라고 하였다. 이것은 바로 상불경 보살의 서원이다.

위대한 부처나 위대한 성자만이 아니라, 지금 우리 앞에 있는 모든 중생들이 숭배받을 대상이라는 것이다. 즉 상불경 보살은 우리 모든 중생에게 본래 청정한 불성이 내재되어 있다는 것을 알고 있고, 그들에게 그것을 자각시키고자 했던 것이다. 이 상불경 보살의 이야기는 단적으로 불성, 참 여래에 대한 자각을 드러내고 있는 예라고 할 수 있다.

이와 같이 살펴본 대로 부처님께서 세상에 출현한 것은 중생들에게 불지견을 알려 주기 위한 것이다. 중생들이 부처와 똑같은 성품을 가지고 있다는 것을 알려 주고자 하며, 일체 모든 중생이 성불할 것을 서원하는 붓다의 본원이 담겨 있다.

(4) 수기와 불자

경전의 서술 방식이나 내용 형식을 12가지로 분류한 12분교(分敎) 가운데 기별(記別, Vyākaraṇa)이 있다. 기별은 서로 묻고 대답하는 가운데 법의 진리를 아는 것인데, 후대에 부처님께서 제자에게 부처가 될 것이라고 말을 해 주는 수기(授記)로 변하였다. 수기 이야기는 초기 불교 경전이나 율장에 등장하는데, 요지는 미래세에 모두 성불할 것이라는 뜻을 담고 있다.

널리 알려진 수기설은 석가모니 부처님께서 과거세에 연등불로부터 받은 수기와 미륵이 석가모니불로부터 받은 수기이다. 석존이 연등불로부터 받은 수기 이야기는 이러하다.

석가모니 부처님이 과거세에 브라만 청년이었는데, 연등불을 보고 보리심을 내어 다섯 송이의 꽃을 뿌리고 머리카락으로 진흙을 덮으면서 부처가 될 것을 서원하였다. 이에 연등불이 석존에게 '미래세에 석가모니라는 부처가 될 것'이라는 수기를 주었다.

연등불 수기설은 대승 불교에서도 중요시하였다. 바로『반야경』에서도 석가 보살이 연등 여래로부터 '장차 성불할 것'이라는 수기 받음을 반복해 설하고 있다.[36]『법화경』의 수기설은 성문승을 비롯해 모든 중생이 미래세에 성불할 것이라는 수기로 확대되어 있다. 그러면『법화경』에서 설하는 수기설에 대해 살펴보기로 하자.

「방편품」에 의하면 사리불은 예전에 '보살들은 수기를 받아 성불할 것'이라는 말을 들었다. 그러다가 사리불이 '모든 이가 부처님의 가르침을 들으면 한 사람도 성불하지 않는 자가 없을 것'이라는 말을 듣고, 자신들(성문승)도 수기를 받아 성불할 수 있을 것이라는 희망을 품고 기뻐하면서 말했다.

모든 의혹이 사라지고 몸과 마음이 태연하여 편안함을 얻었으니, 오늘에서야 참으로 부처님의 아들로서 부처님의 입으로 태어

났으며[37] 법으로부터 화생하여 불법의 분(分)을 얻은 것을 알았습니다.[38]

사리불이 '부처님의 아들'이라는 확신을 하고 환희심에 차 있을 때, 부처님께서 사리불에게 미래세에 성불할 것을 예언한다.

　사리불이여, 너는 오는 세상에 한량없고 그지없는 불사의한 겁을 지나면서 수많은 천만억 부처님께 공양하고 바른 법을 받아 지니며 보살의 행하는 바를 구족하여 마땅히 성불하리니 이름은 화광 여래(華光 如來)·응공(應供)·정변지(正遍知)·명행족(明行足)·선서(善逝)·세간해(世間解)·무상사(無上士)·조어장부(調御丈夫)·천인사(天人師)·불 세존(佛 世尊)이라 하리라.[39]

불자(佛子)라는 이름으로 경이 서술되고 있다는 점은 부처님의 중생을 향한 연민심보다는 중생도 부처를 이룰 수 있는 성품, 즉 청정한 본성을 똑같이 가지고 있다는 혈연적인 친근감으로 다가선다. 초기 경전에서도 부처님께서 제자들을 부를 때, '아들'이라는 호칭을 쓰고 있다.[40]

『법화경』에서 서술되고 있는 '아들'이라는 발상은 부처님의 아들로서 아버지와 똑같은 성품을 지녔다는 것을 표현한 것으로 볼 수 있다. 『법화경』에서 아들이라는 발상은 일곱 가지 비유 가운데 세 가지 비유로 등장한다.

제3 「비유품」(譬喩品)의 삼계 화택 비유, 제4 「신해품」(信解品)의 장자 궁자 비유, 제16 「여래수량품」(如來壽量品)의 의사의 비유이다. 세 번째 의사의 비유는 아버지가 병든 아들들을 구제하기 위해 일부러 멀리 세상을 떠났다가 병든 아들들이 약을 먹자 다시 돌아온다는 내용이다. 물론 이 비유는 구원 실성의 부처님이 영취산에 상주하면서 법을 설하고 있는데, 중생들을 제도하기 위해 '석가모니'라는 이름으로 세상에 출현했다가 방편으로 열반을 보였다는 내용이다.[41]

「비유품」의 삼계 화택 비유에서는 부처님께서 성문승을 비롯한 중생들을 직접 아들이라고 부르면서 그 아들들에게 최고의 보배를 주면서 이렇게 말하는 장면이 있다.

> 이 아이들은 모두 나의 아들들이니 누구를 치우치게 사랑할 것이 아니며, 크고 흰 수레(大車, 白牛車)가 매우 많으니 마땅히 〔나의 아들들에게〕 평등하게 골고루 나누어 줄 것이다.[42]

사리불이 부처님의 이 비유를 듣고, 환희로운 마음에 부처님께 찬탄을 하자, 부처님께서는 또 이런 말씀을 하셨다. "사리불아, 여래도 이와 같아서 일체 세간의 아버지로서 …… 중생들을 이롭게 한다."[43] 또 이어서 부처님의 설법이 이어진다.

> 나는 중생의 아버지이니, 마땅히 중생을 고통에서 건져내고 한량없는 부처님 지혜를 주어서 중생들로 하여금 유희케 한다.[44]

다음은 「신해품」에 설해진 장자 궁자 비유를 보기로 하자. 이 품에서는 수보리·가전연·가섭·목련 등이 부처님으로부터 "성문과 연각 승도 모두 성불할 수 있다."는 수기를 받은 것에 기쁨을 느끼고 환희로운 마음으로 부처님께 이렇게 말했다.

> 저희들도 성불할 수 있다는 희유한 법을 듣고 보니, 매우 다행스런 일이며 큰 이익을 얻음으로써 한량없는 보배를 얻은 기분입니다. 저절로 얻은 보배와 같은 것으로서 저희들이 이러한 내용을 비유로 말해 보겠습니다.[45]

제자들이 부처님께 장자 궁자 이야기를 들려 준 뒤, 부처님께 이렇게 말했다.

> 세존이시여, 큰 재물을 가진 장자는 바로 여래이시고, 거지 아들은 저희들을 비롯한 모든 중생들입니다. 여래께서는 언제나 저희들을 '나의 아들'이라고 말씀하셨습니다.[46]

이와 같이 『법화경』에는 아들이라는 비유가 등장하는데, 「비유품」의 삼계 화택은 부처님께서 사리불에게 설해준 비유이고, 「신해품」의 장자 궁자는 수보리·가섭·가전연·목련이 부처님께 말하는 것으로 설정되어 있다.

「비유품」의 삼계 화택 비유에서는 장자가 아들에게 백우거(白牛車)를 주는 것으로 묘사하고 있고, 「신해품」의 비유에서는 장자가 아들에게 일체 재물을 상속하는 것으로 묘사하고 있다. 이 모두는 성불할 수 있다는 수기를 말한다.

또한 「오백제자수기품」(五百弟子授記品)에서는 부루나 등 500명의 성문에게 성불할 수 있다는 수기를 하며,[47] 「수학무학인기품」(授學無學人記品)에서는 아난·라홀라·학(學)·무학(無學)의 2,000명에게 수기를 주었다.[48] 여기서 2,000명이라는 숫자는 정확한 숫자가 아닌 다수(一切)의 사람들이라는 의미로 모든 이들이 성불할 수 있다는 것으로 볼 수 있다.

그리고 「제바달다품」에서는 불교에서 악인으로 여기는 제바달다[49]에게도 미래세에 반드시 부처가 될 것이라는 수기를 한다.[50] 또한 이 품에 여인성불이 등장한다. 부파 불교에서 여자는 다섯 가지 장애(女人五障)가 있어, 성불할 수 없다고 하는데,[51] 「제바달다품」에 8살인 용녀(龍女)가 성불한다는 수기가 있다.[52] 여기서 주목해야 할 점은 용녀가 여인이기도 하지만, 축생으로서 축생에 대한 존중이 내포되어 있다는 점이다.[53] 그리고 13품 「권지품」(勸持品)에서는 최초의 비구니인 마하파자파티와 야쇼다라 등 비구니 권속들에게도 미래에 부처가 될 수 있다는 수기를 하였다.[54]

이와 같이 살펴본 대로 부처님께서는 성문과 중생들을 아들이라는 호칭으로 부르고 있는데, 이런 혈연적인 용어는 이 경에서 부처와 똑같은 성품을 가지고 있다는 것을 상징적으로 내포하고 있다고 본다. 마치 아버지가 아들에게 일체 재물을 상속하듯이 부처님은 중생들에게 성불할 수 있다는 수기를 하고 있다. 이 수기는 보살에 한정되는 것이 아닌 성문, 악인, 여인에게까지 평등하게 주고 있다는 일승 사상을 드러내는 것이다.

(5) 작불 사상에서 본 『법화경』

앞 절에서는 수기에 대해 살펴보았다. 수기는 장래에 '부처가 된다'
고 하는 성불 사상이다. 이 절에서는 작불(作佛)과 관련해 다른 경전
과의 연계를 살펴보고, 『법화경』만의 독특한 점을 살펴보기로 하자.

『법화경』에서는 부처님이 성문들에게 수기하는 데에서 한 단계 더
나아가 모든 중생들의 선법행(善法行)에 수기를 한다. 「법사품」(法師
品)에 다음과 같은 구절이 있다.

> 불도를 구하는 자가 이 경전의 일게(一偈) 일구(一句)를 듣거나
> 한 생각만이라도 기뻐하는 사람에게는 내 모두 수기를 하리라. 마
> 땅히 아누다라삼막삼보리를 얻으리라.[55]

『법화경』에서는 장래 작불(將來 作佛) 수기에 관해 경전 숭배 등 여
러 실천 방법을 설하고 있는데, 바로 이 점은 모든 사람이 성불할 수
있다는 일승 사상 차원에서 사유해 볼 수 있다.

3절 (1)에서 언급한 대로, 대승 초기 경전들은 성문승에 대해 신랄
하게 비판하는데, 같은 대승 초기 경전인 『법화경』은 수기라는 형식
으로 부처님께서 성문승에게도 성불할 수 있다는 포용과 관용성을
보여주고 있다. 특히 『유마경』에서는 성문승에게 지나치게 질타를
하는 반면에, 『법화경』에서는 성문과 연각승을 끌어안는 방식을 취
했다고 볼 수 있다. 즉 이전 기성 교단에 대한 견제 의식이 없이 일관
되게 자비 사상으로 경전이 구성되어 있다는 점이다.

3절 (4)에서 악인(제바달다)과 여인, 축생도 부처님으로부터 수기를 받아 미래세에 성불할 수 있다고 하였다. 즉 어떤 중생이든지 보리심을 발한 사람이라면 성불할 수 있다는 대승 차원의 경지이다. 바로 이 점이 참다운 일승 사상이다. 이에 부합되는 구절을 보기로 하자. 「방편품」에 이러한 구절이 있다.

> 만약 이 법을 듣는다면, 한 사람도 성불하지 않는 자가 없을 것이다.[56]

『법화경』에서 바로 "한 사람도 성불하지 않는 사람이 없다."라고 한 사상은 『열반경』의 일체 중생(一切 衆生) 실유불성(悉有佛性) 사상이라고 할 수 있다. "누구나 깨달을 수 있는 진여(眞如) 자성(自性)을 가지고 있다."는 실유불성의 사상은 『법화경』에서는 등장하지 않는다. 그러나 「방편품」에 일승과 제법 본성 청정(諸法 本性 淸淨)이 동격으로 나타나 있으며, 또한 불성이란 말에 가까운 불종(佛種)이라는 용어가 이 경전에 표현되어 있다.

> 양족존(兩足尊) 부처님께서 법은 늘 본 성품이 없으므로〔無性〕부처님의 종자〔佛種〕는 인연으로 쫓아 일어남을 알고, 일승으로 설한다.[57]

여기서 불종은 『열반경』의 불성이나 『승만경』의 여래장이라는 표현으로 볼 수 있으며, 넓게는 일승의 또 다른 표현이라고 할 수 있다.

히라가와 아키라(平川 彰)는 『법화경』에는 아직 불성이란 표현은 없지만 이와 동일한 것이 '제법의 본성(prakṛti)은 항상 청정(prabhāsvara)하다(「방편품」, 102게)'라고 표현되어 있다. 제법 본성 청정이란 말은 『반야경』 등에 나오며, 심성 본정(心性 本淨)과 같은 의미이다. 이 심성 본정설이 실유불성이나 여래장설로 발전한 것이다.” 라고 주장하였다.[58]

또한 히라가와 아키라는 논문집에서 이렇게 서술하고 있다.

“일승의 가르침이 『법화경』에서 강력히 주장되고 있으나 『도행반야경』 제6권(一道라고 함. 대정장 8 p. 454 상)에도 나타나고, 『대집경』(大集經)이나 『보적경』(寶積經), 『화엄경』 등의 여러 경전에도 설해져 있다. 이 일승의 사상이 자성 청정심이나 여래장 사상으로 발전한 것이다.”[59]

이 장의 주제이자 앞 절에서부터 줄곧 필자가 언급하고 있는 일승과 관련한 작불 사상에 대해 대승 경전군들을 정리해 보면 다음과 같다.

> 초기 대승 『반야경』의 심성 본정(자성 청정심)
> 『화엄경』의 일체 중생이 지혜덕상(智慧 德相)을 갖추고 있음
> ↓
> 초기 대승 『법화경』의 철저한 일불승 사상으로 회삼귀일(會三歸一)
> ↓
> 중기 대승 『열반경』의 일체 중생 실유불성
> 『승만경』의 여래장
> ↓
> 후대 경전 『원각경』의 중생 본래 성불(衆生 本來 成佛)

실은『열반경』의 실유불성이나『법화경』의 일승 사상은 중국 선종의 돈오(頓悟) 사상의 근간이 되었다. 선학에서 불성 사상을 대표하는 경전이『열반경』이다. 물론 여래장도 불성과 함께 거론할 수 있지만 중국 선종에서는 불성이라는 용어를 더 선호했기 때문에 불성이라는 말이 보편화되었다.

앞에서 살펴본『법화경』과『열반경』의 성불론에 대해 비교 정리해 보면 다음과 같다.

『법화경』	『열반경』
오래전에 성불한 영원한〔久遠實成〕부처님	법신 상주(法身常住)
모든 중생을 차별 없이 깨닫게 한다〔一佛乘〕. 한 사람도 성불하지 않는 자가 없다〔無一不成佛〕.	모든 중생이 불성을 가지고 있다〔一切衆生 悉有佛性〕.
악인(제바달다)과 여인, 축생에게 수기(授記)	일천제까지도 성불한다.
삼계의 중생은 모두 나의 아들들이다.	일체 중생을 아들처럼 여긴다.

이와 같이 초기 대승 경전에서 줄곧 성문과 연각승을 배척하고 부정적인 반면 같은 초기 대승 경전인『법화경』은 성문·연각승을 포용하면서 이들도 모두 성불할 수 있다는 내용을 설하고 있다. 이러한 일승 사상, 즉 모든 중생이 차별 없이 깨달을 수 있다는 것은 중기 대승 경전인『열반경』과『승만경』에 영향을 준 것으로 사료된다. 한편 이 일승 사상은 중국 선종이 형성되는 중요한 근거가 되었다는 것을 알 수 있다.

4. 중국 선사들의『법화경』수용

『법화경』은 대승 초기 경전으로 구마라집이 한역한 이래 수많은 연구자들이 있었고, 경전의 주석서들도 다양하다. 이 절에서는 중국 선사들이『법화경』을 선 사상적 측면에서 어떻게 받아들였고, 경전 어구를 선적(禪的)으로 어떻게 활용했는지를 살펴보고자 한다.

먼저 달마가 활동했던 전후 무렵의 천태종 천태 지의(538~597년)에 대해 살펴보려고 한다. 지의는 천태종의 개조(開祖)이지만 지의의 사상은 중국 선 사상의 한 단면이기도 하다.

중국은 67년 후한 명제 때 불교를 받아들였다. 불교가 전래된 직후부터 역경 사업이 이루어졌으며 한역된 경전을 중심으로 종파 불교가 성립되었는데, 대표적으로 8종(天台宗·法相宗·眞言宗·律宗·三論宗·華嚴宗·淨土宗·禪宗)이 형성되었다. 보리달마가 인도에서 중국에 들어오기 이전, 중국인들은 선을 신선 방술적(神仙 方術的)이고 초현실적인 것으로 인식하고 있었다. 이러한 신선 방술적인 면이 제거된 것은 달마가 도래한(520년) 이후이며 보리달마로부터 중국 선종의 역사가 시작되었다고 볼 수 있다.[60]

보리달마계의 3조 승찬과 4조 도신이 활농하던 무렵, 천태종은 당시 중국에서 실행되고 있던 소승·대승 등 각종의 선법(禪法)을 집대성하여 중국인의 종교로 조직한 것이다.[61] 지의의 사상은 인도의 선적(禪的)인 기둥에 중국의 선적인 색채가 결합된 선이라고 볼 수 있다.

천태 지의는『법화경』과『무량수경』(無量壽經)을 읽고, 법화 삼매

(法華三昧)를 증득해 활연히 초선 다라니(初旋 陀羅尼)를 얻어 스승의 인가를 받았다. 지의가 강의한 『법화경』에 대한 해설서인 『법화문구』(法華文句)와 『법화현의』(法華玄義), 선 수행 지침서인 『마하지관』(摩訶止觀)은 '천태 3대부'라고 부른다.[62] 지의는 『법화경』의 방편 사상을 근거로 독자적인 실천 철학을 전개하였다. 『천태지자대사선문구결』(天台智者大師禪門口訣)에서 수행자의 4심(四心 ; 深信師·師法·精勤·方便) 가운데 방편을 강조하였으며, 『마하지관』 권 4의 상(上)에 4종 방편을 논하고 있는데, 25방편을 원방편(遠方便)으로 칭하고, 10승선법(十乘觀法)을 근방편(近方便)으로 설하고 있다.[63] 이렇게 지의가 근본으로 삼았던 경전은 『법화경』으로, 이 경을 중심으로 천태종을 개종(開宗)하였으며, 이 경의 일승 사상을 수행 방편으로 삼았다는 것을 알 수 있다.

다음은 대통 신수의 『법화경』 수용에 대해 살펴보기로 한다.

신수는 5조 홍인의 상수(上首) 제자로서 그의 문하를 선종사에서는 북종선(北宗禪)이라고 한다. 북종선 신수와 그 문하의 중심 사상은 방편과 좌선의 실천인데, 신수는 5종의 대승 경전에 의거하여 선의 본질을 밝혔다.[64] 이를 "대승무생방편문"(大乘無生方便門)이라고 하는데, 이 가운데 제2 방편문은 『법화경』에서 설하고 있는 부처님의 일대사 인연에 의거하였다. 즉 앞의 3절 (3)에서 인용했던 "부처님께서 불지견을 중생들에게 개시오입(開示悟入)하기 위해 이 세상에 출현하셨다."는 일대사 인연을 북종선 사상의 근간으로 삼았다.[65] 또한 북종선에서는 섭심(攝心)을 강조하고 있는데, 이 섭심은 『법화경』에서 언급하고 있는 좌선 수도의 기본을 응용한 것이라고 볼 수 있다.

바로 『법화경』 「안락행품」의 다음과 같은 구절이다.

한적한 곳에 고요히 앉아 마음을 집중하여 닦으면서 안주해 동
하지 않는 것을 마치 수미산과 같이 한다.[66]

또한 앞의 인용문은 송대 자각 종색(慈覺 宗賾)의 『좌선의』(坐禪儀)
에서도 좌선의 기본적인 근거로 응용되었다.[67]

북종선의 대통 신수나 그 문하의 의복(義福)과 보적(普寂)은 당대
불교사적 위치로나 선종사적으로도 주요 인물이었다. 그런데 북종선
을 정면으로 공격한 선사가 있는데, 하택 신회이다. 하택 신회는 북
종선을 공격하며 6조 혜능을 현창하여 자신은 남종의 정통이라고 주
장하였다. 일본 선학자 야나기다 세이잔(柳田聖山, 1921~2006년)은
신회에 대해 "신회의 남종은 중국 불교의 새로운 총괄이라고 봐도
좋다."라고 했을 정도로 신회의 남종선 돈오설은 후대 선 사상에 큰
영향을 끼쳤다.[68]

신회가 주장한 사상은 돈오 견성설(頓悟 見性說)이다. 신회는 "경전
에 오직 돈문(頓門)만을 말하고 있으며, 일념상응(一念相應)이 있을
뿐 단계적인 점문(漸門)을 의지하지 않아야 한다."라고 강조하면서
돈오설의 실천 논리로 경전을 근간으로 삼았다. 즉 『유마경』,[69] 『열
반경』,[70] 『화엄경』,[71] 『법화경』이다. 특히 신회는 『열반경』의 불성과
『법화경』의 「제바달다품」에서 나오는 용녀의 찰나 성불을 인용해 돈
오설을 증명하였다. 이렇게 경전에서 드러난 돈오설을 증명할 뿐만
아니라 대승 경전의 독송을 권장하였다. 그러면서 신회는 경전을 독

송하는 일이 돈오인 견성성불의 중요한 의미를 갖는다고 하였다.[72]

이 신회의 사상을 이어 받은 선사가 있는데, 대주 혜해(大珠 慧海)이다. 대주는 마조(馬祖, 709~788년)의 법을 받은 제자인데, 그의『돈오입도요문론』(頓悟入道要門論)은 신회의 사상〔見性 · 頓悟〕에 영향을 받았다고 하는 설이 학자들의 보편적인 주장이다.[73]『돈오입도요문론』에서 혜해는 여러 경전들을 인용하고 있는데,『법화경』도 그 가운데 하나이다.

다음은『법화경』에 나오는 순일무잡(純一無雜)과 선사들의 인연을 살펴보기로 하자.

『법화경』에 부처님의 지혜와 덕상을 표현하고 있는 순일무잡이란 단어가 있다. 이 말은 중국 선사들에게도 똑같은 표현으로 활용되었다. 즉 혜능 · 마조 · 황벽 · 임제 등 선사들의 지혜와 덕상을 나타내는 말로,『법화경』의 문구인 '순일무잡'이라는 용어가 자주 쓰이고 있다. 원래 순일무잡은『율장』에서 부처님의 전도 선언에 나타나는 말인데,『능엄경』4권에서 정금(精金)으로 응용되고 있기도 하다.[74]

『법화경』「서품」에 전하는 순일무잡을 보기로 하자.

> 불세존의 설법은 처음도 선(善)하고, 중간도 선하며, 나중도 선하다. 의미가 심원하며, 말씀은 교묘하고, 순일무잡하며, 청정한 범행(梵行)의 상(相)을 구족하고 있다.[75]

이렇게『법화경』에서는 부처님의 진리나 위의를 순일무잡이라는 용어로 함축하고 있다. 이 용어를 중국의 선사들은 승려로서 지혜와 청정 범행의 모습을 갖춘 완전한 인격자로 표현하였다. 『마조어록』(馬祖語錄)에서는 이렇게 사용하고 있다.

> 모든 법은 마음으로부터 유래하며, 모든 명칭 또한 마음의 다른 이름이다. 모든 것들이 마음으로부터 생겨나니 이 마음이야말로 모든 법의 근본이다. 경에서는 이렇게 말하고 있다. "마음을 알아 근원에 통달한 사람을 사문(沙門)이라고 한다." 따라서 이름도 같고, 뜻도 같으며, 모든 것들이 전부 같아서 잡스러운 것이 하나도 없는 순수 그대로이다[純一無雜].[76]

또한 임제 의현(臨濟 義玄, ?~866년)은 『임제어록』에서 마조 도일에 대해 이렇게 말하였다.

> 도일 화상은 순일무잡한 분으로, 설사 그 문하에 300명, 500명이 있다고 해도 마조의 뜻을 아는 자가 없었다.[77]

임제는 마조의 청정하고 순일한 수행 경지를 순일무잡으로 표현하고 있다는 것을 알 수 있다.

다음은 『법화경』을 매우 중시한 선사에 대해 살펴보자.

『육조단경』(六祖壇經) 「기연품」(機緣品)에 6조 혜능의 제자인 법달(法達)은 법화 행자였다는 기록이 있으며,[78] 임제 의현의 증조뻘 선사인 풍혈 연소(風穴 延沼, 896~973년)의 법맥을 이은 수산 성념(首山 省念, 926~993년)도 염법화(念法華)라는 별명이 있을 정도로 『법화경』

연구자였다고 한다. 이렇게 선사로서 법맥을 이은 제자 가운데 스승을 만나기 전『법화경』연구자들이 있었고, 선사들과 법거량한 재가자들 가운데도 법화 행자가 매우 많았다.

또한 중국 현대의 유명한 한학자 난화이진(南懷瑾, 1918~2012)은 "『법화경』과『능엄경』은 선종의 양대 경전이다."라고 하였으며, "『법화경』은 남북조 이래 중국 문화에 끼친 영향이 지대하다.『신승전』(神僧傳)이나『신니전』(神尼傳)에 승려들의 수행법은『법화경』과 밀접한 관계가 있어 선종과 매우 밀접하다."라고 언급하고 있다.[79] 이렇게『법화경』은 선종 승려뿐만 아니라 불법을 배우고 공부하는 사람들에게 보편적으로 수지(受持)되었던 경전으로 추론된다.

중국의 3대 석굴 중 하나인 낙양(洛陽) 용문 석굴(龍門 石窟)의 고양동(古陽洞)에 모셔진 불상들은 석가모니불과 미륵불인데,『법화경』에 근거하고 있다. 그만큼『법화경』은 중국인들의 문화와 생활에도 적지 않은 영향을 끼쳤다.

지금까지 살펴본 바와 같이 천태 지의는『법화경』을 천태종의 대의로 삼았으며, 대통 신수는『법화경』「방편품」의 일대사 인연을 북종선의 수행 방편문 가운데 하나로 수용하였다. 용녀의 찰나 성불과 악인까지도 성불하는 일체개성불(一切皆成佛) 사상은 하택 신회뿐만 아니라 중국 선사들의 돈오 견성설의 근간이 되었다. 후대로 나아가서는 무자(無字) 화두인 간화선(看話禪)의 배경이 되었다는 것을 감안할 때 중국의 선종이 형성되는 데『법화경』의 영향은 결코 적지 않다고 본다.

5. 일승과 작불 사상

『법화경』에서 설하는 일승은 모든 중생이 평등하게 성불할 수 있는 근기를 가지고 있다는 것이 주된 사상이며, 여기서는 일승을 근거로 작불 사상에 중점을 두었다.

전반적으로 초기 대승 불교는 보살 사상을 강조하면서 성문·연각은 깨달을 수 없다고 하였지만 『법화경』은 성문·연각도 부처가 될 수 있다고 하였다. 즉 『법화경』은 중생을 제도하기 위해 삼승 방편을 시설하였지만, 일불승을 지향하는 가르침이다. 그러면서도 성문과 연각을 비판하는 것이 아닌 각각을 인정해 주는 관용적인 일승을 보이고 있다.

이 경전에서는 일승의 또 다른 의미를 제법실상이라고 표현하였다. 존재의 실상과 있는 그대로의 모습인 실상은 초기 불교에서는 연기로, 대승 불교에 와서는 공 사상으로 표현되었고, 『법화경』에서는 불조(佛祖)의 깨달은 상태나 모습을 상징하는 용어로 활용되었다. 곧 제법실상은 불지견이요, 불지혜로서 『법화경』의 사상이 함축되어 있다.

이렇게 『법화경』에 의하면 일승, 즉 모든 이들이 똑같이 부처가 될 수 있는 본성을 가지고 있는데, 중생들은 이 점을 자각하지 못하기 때문에 중생들에게 알려 주고자 부처님께서 세상에 출현한 일대사인연이다.

부처님께서는 성문과 중생들을 '아들'이라는 호칭으로 부르고 있다. 이러한 증명으로 이 경에서는 부처님이 성문승을 비롯해 모든 중생에게 '미래세에 부처가 될 것'이라고 수기를 한다. 그러면서 동시에 모든 중생이 다 같이 성불하기를 바라는 서원이 담겨 있다. 아버지와 아들이라는 용어 속에는 중생이 부처와 똑같은 성품이 구족되어 있으며, 서원에도 부처와 다르지 않은 참된 성품이 구족되어 있음을 상징적으로 내포하는 것이다.

보편적으로 쓰이고 있는 불성(佛性)이라는 용어는 이 경에 언급되어 있지 않지만, 부처가 될 성품을 가지고 있다는 제법 본성 청정이나 불종(佛種)이란 용어가 언급되어 있다. 이 또한 『법화경』에서 모든 이들이 성불할 수 있다는 일승에 연원을 두고 있는데, 성문과 연각승을 넘어 악인과 여인 성불이 긍정적으로 그려져 있다.

중국 초기 선종의 대통 신수는 『법화경』에서 설하는 일대사 인연을, 하택 신회는 용녀의 찰나 성불을 자파의 선 사상을 확립하는 근간으로 삼았다. 또한 중국적인 선을 최초로 시도했던 천태 지의는 『법화경』을 근간으로 선관을 정립하였다. 이렇게 『열반경』의 불성과 『법화경』의 일승은 중국 선사들이 선 사상을 확립하는 근간이 되었다.

제3장

『유마경』의 선관

1.『유마경』의 비판 정신

『유마경』(維摩經)은 초기 대승 불교 경전으로, 반야부 경전류에 속한다. 이 경전은 부처님의 설법이 아니라 유마(維摩)라는 거사와 부처님 제자들을 중심으로 대화하는 형식으로 설정되어 있다.『유마경』은 경전 성립 이래 많은 불자들이 애독해 오던 경전 중의 하나로 학자들에 의해 꾸준히 연구되었고, 중국으로 유입된 이후 교종보다는 선종과 밀접한 연관을 가지고 있다. 그러다 보니 선종의 경전으로 수행자의 지남(指南)이 되었고, 유마 거사는 이미 선자(禪者)로서 일반화되어 왔다.

이 글에서는『유마경』의 선관을 중심 논제로 한다. 이에 경전에 드러난 선관이 무엇이며, 이 선관을 선사들이 어떻게 수용하였고,『유마경』이 후대에 어떤 영향을 끼쳤으며, 어떻게 전개되었는지를 중심 테마로 한다.

먼저『유마경』의 특징은 초기 불교의 어떤 대승 경전보다 기존의 부파 교단에 반기를 들고 대승 사상을 정립하였다는 데 있다. 이에 대승 교도들이 기존 교단을 비판한 내용이 무엇이며, 그 원인은 무엇이었는지 살펴보려고 한다. 비판한 원인을 살펴보면 경전의 핵심 사상이 도출되는데, 이에 따라『유마경』의 밑바닥에 흐르는 사상을 살펴보려고 한다.

다음으로 이 장의 주제가 되는『유마경』의 선관을 고찰하려고 한다. 이 경전에 흐르는 일관된 사상은 불이 사상(不二 思想)이다. 정토(淨土)와 예토(穢土)에서 어떤 마음가짐을 가져야 정토를 건립할 수 있는지, 번뇌와 깨달음에서 깨달음을 추구하는 데 어떤 사유가 필요한지, 진리를 드러내는 데는 필수불가결한 것이 방편(方便, 언어 문자)인데 방편과 진리는 어떤 연관점이 있는지를 불이 사상 차원에서 살펴보고자 한다. 더불어 불이 법문은 이 경전의 주제로서 불이 법문이 도출되는 경전 내용을 자세히 살펴보고자 한다.

마지막으로 『유마경』은 교종보다는 선종 선사들의 관심을 많이 받았다. 이에 경전의 선관을 토대로 선사들이 어떻게 수용해 자파의 선사상으로 구현했는지를 살펴보고자 한다.

2. 『유마경』의 해제와 불교사적 위치

(1) 『유마경』 해제

『유마경』은 상업 도시였던 바이샬리(Vaiśālī)를 중심으로 재가 신자인 유마와 성문승을 비롯한 4부 대중의 대화를 중심으로 이루어져 있다. 중인도의 바이샬리는 릿차비(Licchavi)족이 건설한 도시로 제2차 결집이 이루어진 곳이기도 하며, 진취적이고 자유로운 기풍을 지닌 지역이었다.[1]

이 경전은 산스크리트어로 『비말라키르티 니르데샤 수트라』(*Vimalakīrti-nirdeśa-sūtra*)이다. 비말라키르티(Vimalakīrti, 維摩)는 무구칭(無垢稱) 혹은 이구칭(離垢稱), 정명(淨名)으로 번역하며 '때 묻지 않은', '명성이 자자한'이라는 뜻이다. 니르데샤(nirdeśa)는 '설법이나 법문'이라는 뜻이 담겨 있고, 수트라(sūtra)는 경전이라는 뜻이다. 그러므로 『유마경』은 '청정한 유마 거사의 법문'이라고 할 수 있다.

『유마경』의 성립 연대는 확실하지 않으나, 반야 계통으로 『법화경』보다는 경전 성립이 조금 이르다. 처음으로 한역된 것이 기원후 188년이라고 하니, 인도에서 대략 1~2세기 무렵에 성립되었을 것으로 학계에서는 추측하고 있다.

이 경전은 대승 불교의 전파로 인해 중앙 아시아의 여러 나라 말로 번역되었고, 중국에 처음으로 한역된 것이 기원후 188년으로 전해지고 있으나 초역본은 현재 전하지 않는다. 이후 일곱 번 정도 한역되었으나 원형인 산스크리트 본은 남아 있지 않다.

일반적으로 유통되고 있는 경전은 지겸 역 『유마힐경』(維摩詰經) 2권(223~253년), 구마라집 역 『유마힐소설경』(維摩詰所說經) 3권(406년), 현장의 『설무구칭경』(說無垢稱經) 6권(650년)인 세 역본이 있으며, 이외 티베트 역도 있다.

여러 본을 비교해 보면 그 구성에 큰 차이가 없고 장(章)을 구분하는 방법도 일치하므로 유포 과정에서도 큰 변화가 없었던 것으로 보인다. 한역본 가운데 티베트 역에 가장 일치하는 것은 현장 역이며, 티베트 역은 산스크리트 원문에 가장 가까운 것으로 추정된다.

구마라집 역은 미혹과 깨달음의 동일성 강조, 번뇌에 오염되어 있는 인간의 현실을 긍정하는 내용이 종종 발견되는데, 티베트 역과 비교해 본 결과 역자의 의역이라는 점이 학자들에 의해 지적되었다.

본 글의 전거인 구마라집 역 『유마힐소설경』은 3회 14품으로 구성되어 있다. 서분은 바이샬리 부처님 법회로서 1품~4품, 정종분은 유마 거사 방장에서의 법문회 5품~10품, 유통분은 다시 바이샬리 부처님 법회인 11품~14품이다. 이 가운데 제6 「불사의품」(不思議品)~제9 「입불이법문품」은 불이 법문을 배경으로 이 경전의 중심이 된다.

『유마경』은 뛰어난 문학 작품성을 띠고 있으며 주인공인 유마가 실제 인물이었는지는 알 수 없다. 그러나 『서역기』(西域記)에 의하면, 현장 법사(602~664년)가 인도를 여행했을 당시에 유마가 거주했다는 집이 바이샬리의 망고 밭에서 동북쪽으로 3리쯤 되는 곳에 있었으며, 불이 법문으로 화제가 된 병실도 남아 있었다고 전한다. 또 서역에는 도상화된 유마변상도(維摩變相圖)가 많았다고 한다.[2]

이 경전은 초기 대승의 반야 사상을 담고 있는 반야부 경전류에 속한다. 『반야경』이 반야·공 사상의 철학적이고 학문적인 체계로 이루어졌다면, 『유마경』은 반야 사상의 마지막 완성 단계로서 현실적·실천적 측면에서의 공 사상을 천명한다고 볼 수 있다.

『유마경』의 주요 내용은 반야·공 사상을 강조하는 것이며, 공 사상에 입각한 번뇌 즉 보리(煩惱 卽 菩提), 생사 즉 열반(生死 卽 涅槃)인 불이 사상(不二 思想), 유심 정토(唯心 淨土) 사상이 담겨 있다. 또한 출가와 재가라는 이분법적인 사상이 배제된 이타적 불이 사상이 언급되어 있으며, 언설에 대한 무집착을 강조하고, 좌선만이 아닌 일상에서의 수행 방법 등이 드러나 있다.

(2) 『유마경』의 성립 배경

부처님 열반하신 지 100년 정도가 되자 계율이 점차 해이해지기 시작했다. 서쪽 지역 출신인 야사(Yaśa) 장로가 바이샬리(Vaiśālī)에 왔다가 그 지역 비구들이 계율에 철저하지 못함을 목격하였다. 이에 계율을 바로 잡기 위해 700명의 장로가 모여 열 가지 계율이 그르다〔十事非法〕라고 주장하며 결집을 하였는데, 이것이 제2차 결집이다.

이 열 가지 계율 제정에 대해 찬성하는 비구들을 상좌부(上座部)라고 하였고, 계율에 융통성이 없다며 반대하는 비구들을 대중부(大衆部)라고 하였다. 이 계율 문제로 인해 최초로 승단이 분열하였다. 이렇게 교단이 분열되다가 아쇼카 왕(재위 기원전 268~232년) 치세 말엽에는 교단이 상좌부계 11부파, 대중부계 9부파로 나뉘었다. 이 시대를 부파 불교라고 한다.

부파 불교가 300여 년 지속되던 기원전 100년 무렵, 대승 불교가 일어났다. 그러나 이 대승 교단을 이끈 인물들이 대중부 사람들이라고 단언하기는 어려우며, 또한 상좌부계 승려 가운데 일부분이라고도 볼 수 있다. 한편 재가자들에 의해 대승 불교가 일어났다고 주장하는 것도 타당하지 않다. 즉 역사적인 견지에서 보았을 때 어떤 인물들에 의해 대승 불교가 싹 텄다고 정확히 단언하기 어렵다는 뜻이다.

하여튼 부파 불교 승려(성문승)들에 대한 반발로 대승불교가 일어난 원인이나 양상은 여러 가지이다. 대략 필자가 보는 점은 세 가지이다. 먼저 승려들이 교리만을 집착해 연구에 몰두할 뿐 중생의 안일이나 구제를 돌보지 않은 점이요, 두 번째는 지나친 출가 지향주의로 성문승만이 해탈한다는 것에 대한 반발이다. 세 번째는 출가 집단만이 아닌 악인이나 소외받은 사람들을 포함한 일반 재가자들 어느 누구나 해탈 열반을 성취할 수 있다는 보편 평등 사상이었다.

이런 운동을 대승 불교라고 하며, 이 대승 불교를 일으킨 사람들은 스스로를 보살(菩薩, Bodhisattva)이라 칭했고, 그 이전 부파 불교 교단의 승려들을 성문(聲聞, śrāvaka)이나 연각(緣覺, pratyeka-buddha)이라고 불렀다. 즉 보살이라고 칭했던 교단 사람들을 스스로 대승(大乘)이라고 하였고, 이전 부파 불교 교단의 성문승·연각승을 소승(小乘)이라고 폄하하였다.

이와 같이 전개한 대로 대승교도 입장에서 이전의 교단을 편협되고 그릇된 소승이라고 질타하며 성립된 대표적인 경전이 『유마경』이다. 『유마경』 내용 곳곳에도 이 점이 언급되어 있다. 「불사의품」에 유마 거사가 불사의 해탈(不思議 解脫) 경계를 설하자, 가섭이 다음과 같이 말한다.

> 마치 장님이 여러 가지 빛깔과 형상을 나타내어도 보지 못하는 것처럼, 수많은 성문들은 불가사의한 해탈 법문을 듣고도 능히 알지 못한다.[3]

또한 부처님께서 유마 거사가 병이 났음을 알고 제자들에게 문병을 가라고 하자, 제자들(성문승)은 모두 문병 가기를 꺼려 한다. 제자들은 이전에 유마(대승)에게 혹독한 비판을 당했음을 부처님께 고하면서 과거를 회상하는 장면이 연출되고 있는데, 바로 「제자품」(弟子

品)의 내용이다. 「제자품」에서 출가에 대한 설명 뒤에, 유마가 성문승을 비판하는 내용이 다음과 같이 전개된다.

> 62견을 여의고 열반에 머물러 있으니 지혜 있는 이가 수용하는 길이고, 성인이 나아갈 곳이다. 모든 마군을 항복받고 5도(道) 중생을 구제하라.[4]

이전의 상좌부의 자리(自利)에 대한 비판을 한 뒤 절대적 무위(無爲)의 깨달음을 추구하는 동시에 중생을 구제해야 한다는 대승의 이타를 내포하고 있다. 또한 「제자품」에서는 "중생의 근본도 알지 못하면서 소승법으로 인도해서는 아니 된다."라고 하였다.[5] 그만큼 대승교도들은 이전 교단이 자신들의 수행에만 국집하는 풍조와 사상의 편협성을 비판하고 있다. 그리하여 「문수사리문질품」(文殊師利問疾品)에서는 다음과 같이 말한다.

> 일체 중생이 병이 들었으므로 나도 병이 들었다. 만일 일체 중생의 병이 없어진다면 내 병도 없어질 것이다. 왜냐하면 보살은 중생을 위하여 생사(生死)에 들어가는 것이다. …… 만일 중생이 병을 여의면 보살도 병이 없어진다.[6]

마치 아버지가 외아들을 사랑하는 것처럼, 중생이 병에서 회복하면 보살도 병이 낫는 것과 같다고 하였다. 대승의 수행자인 보살이 자신의 해탈을 완성할 뿐만 아니라 중생을 구제하는 데 있어 차토(此

土)를 버리고 피토(彼土)에서 구제하는 것이 아니라 차토, 그 자리에서 구제한다는 의미이다. 이것은 차토 즉 피토, 차안 즉 피안이라는 말로 표현될 수 있다. 바로 이와 똑같은 원리가 번뇌 즉 보리, 생사 즉 열반이다. 대승의 이타인 동시에 번뇌를 버리고서 열반을 구하는 것이 아닌 번뇌가 일어난 그 자리에서 해탈을 구하는 선적(禪的) 수행 체계라고 볼 수 있다.

지금까지 살펴본 대로『유마경』의 성립 배경은 성문승이 자신만의 해탈 완성을 추구할 뿐 중생 구제 정신이 결여되어 있음을 비판하는 데 있다. 또한 발보리심으로 모든 이가 부처가 될 수 있다는 성불 사상을 강조하며, 대승적 실천성을 주장하고 있다. 이렇게『유마경』은 기성 교단에 대한 견제 의식으로 '유마'라는 인물을 설정하고, 공 사상의 실천을 바탕으로 하여 성립된 것이다.

3.『유마경』의 선관

(1) 유심 정토

불교의 정토 사상은 크게 두 가지로 나뉜다. 현재 살고 있는 이 세계에서 마음을 청정히 하고 깨달은 그 자리가 극락이라는 유심 정토설과 현재 머물고 있는 이 세계를 벗어나 아미타불이 있는 저 세계에 간다는 타방(他方) 정토설이다.[7]

먼저 타방 정토설부터 살펴보자. 아미타불과 극락 세계가 마음 밖에 실재한다고 보고, 오로지 아미타불 명호를 칭념(稱念)함으로써 아미타불의 래영(來迎)에 힘입어 극락에 왕생할 수 있다는 실재론적 정토관이다. 이 정토관은 내 몸 밖에 실재하는 아미타불에 대한 절대적인 의존과 귀의를 정서적인 차원에서 요구하게 된다. 이 타방 정토설은 정토종의 사상으로 받아들여지고 있다.

반면 유심 정토설은 정토종의 타방 정토설과 반대로 선종에서 내세우고 있는 사상이다. 타방이 아닌 현세 현실 세계가 극락이라는 것이다. 그러나 현 자리가 정토임을 알기 위해서는 어떤 행을 필요로 하는데, 그것은 마음을 청정히 하여 깨달음을 이루었을 때, 바로 서 있는 자리가 정토라는 유심 정토이다. 이 글에서는 유심 정토만을 논하기로 한다.[8]

마음을 청정하게 만든[淨心] 사람이란 바로 보살을 말한다. 이 보살이 머무는 경지가 『유마경』에 의하면, 불가사의 해탈 경지이고, 그 법문을 배우고 수행하는 것이 바로 선학의 기본적인 의미이다. 심 청정(心 淸淨) 국토 청정(國土 淸淨)은 마음과 국토가 서로 상응한다는 심토 상즉설(心土 相卽說)이고, 그것이 가장 근원적인 의미의 선적 유심설(禪的 唯心說)이다. 따라서 선종을 불심종(佛心宗)이라고도 한다. 심토 상즉(心土 相卽)이란 정예 불이(淨穢 不二)의 이론을 포함하는 것이지만 어디까지나 형이상학적 희론에 빠지는 것을 극복하고 실제 생활 속에서 그것을 구현하려는 것이 『유마경』의 진면목이다.[9]

「불국품」(佛國品)에서 장자의 아들 보적이 "어떻게 하면 불국토가 청정해질 수 있습니까?"라고 묻자 부처님께서는 다음의 세 가지로 답변하셨다.

첫째 '정토란 어떤 곳인가'라는 점, 둘째 '어떻게 하여야 정토에 태어날 수 있는가'라는 점, 셋째 '어떻게 하여야 정토가 건설되느냐'라는 점이다.[10) 이 세 가지를 자세하게 살펴보자.

첫째, 정토에 대해서는 다음과 같이 정의하였다.

> 모든 중생들이 사는 곳이 그대로 보살의 불국토이다.[11)

곧 현재 우리가 사는 예토인 이 현실 세계가 그대로 정토라는 것이다.

둘째 "어떻게 해야 정토에 태어날 수 있는가?"에 대한 답은 직심(直心)·심심(深心)·보리심(菩提心)·6바라밀(六波羅蜜)·4무량심(四無量心)·4섭법(四攝法)·37조도품(三十七助道品)을 닦은 중생이라야 정토에 태어날 수 있다고 하였다.

셋째 "어떻게 정토를 건설할 수 있는가?"에 대해서는 『유마경』에서 설하기를, 직심·심심·보리심을 가졌을 때 그때서야 비로소 국토가 청정해진다고 한다.

> 마음이 곧으므로[直心] 좋은 일을 하게 되고, 좋은 일을 행하므로 깊은 마음[深心]을 얻으며, 깊은 마음을 따라 망상과 망념이 조복되므로 말대로 행하고, 말대로 행하므로 지어 놓은 모든 공덕을 잘 회향한다. 회향하는 마음으로 방편이 생기고, 방편을 따라 중생들이 청정해지며, 중생들이 청정하므로 불국토가 청정하다. 국토가 청정하므로 설법하는 것도 청정하고, 설법이 청정하므로 지혜

가 청정하며, 지혜가 청정하므로 그 마음이 청정하고, 마음이 청정하므로 온갖 공덕이 청정해진다. 그러므로 보적아, 청정한 국토를 얻으려거든 먼저 그 마음을 청정히 해야 한다. 즉 마음이 청정하면 국토가 청정하다.[12]

곧 중생들의 세계가 바로 보살의 불국토이며, 번뇌로 가득 찬 마음에서 벗어나 직심·심심·보리심을 가졌을 때, 바로 그 자리가 정토라는 것이다.

이때 사리불 존자가 "세존께서 보살행을 하실 때 마음이 청정했을 터인데, 어찌하여 이 사바 세계는 청정하지 못할까?"라는 의구심을 갖는다. 이에 부처님께서 사리불의 마음을 간파하고 다음과 같이 말씀하셨다.

"너는 어떻게 생각하느냐? 해와 달이 청정치 못해 눈먼 장님이 그것을 보지 못한다고 생각하느냐?"
"그렇지 않습니다. 세존이시여, 그것은 장님의 허물이지 해와 달의 허물이 아닙니다."
"사리불아, 중생이 죄업 때문에 여래의 국토가 청정함을 보지 못하는 것이다. 나의 허물이 아니다. 사리불아! 나의 이 국토는 청정하지만 네가 보지 못할 뿐이다."[13]

여래의 불국토는 청정하지만 중생이 청정한 불국토를 보지 못하는 것은 여래의 잘못이 아니라 중생의 허물 때문인 것이다.

부처님께서는 중생들에게 일음(一音, 일승)으로 가르침을 펼쳐 보이건만 중생들은 자신의 그릇대로 받아들인다. 중생의 마음이 청정치 못하여 부처님의 청정한 국토를 보지 못하는 것이다. 그러니 만일 그 청정한 것을 보지 못하는 번뇌에 싸인 마음 자리를 청정하게 하면 지혜가 발현되고, 국토가 청정하며, 극락 세계로 장엄된 모습을 보게 되는 것이다. 결국 자신의 지혜롭지 못한 번뇌가 문제인 것이다. 따라서 자신의 마음이 청정하면 모든 이들의 청정함을 볼 수 있는 것이요, 바로 청정한 불국토에 머무는 것이다.

이와 같이 살펴본 대로 청정한 정토란 지금 있는 자리에서 다른 곳으로 옮겨 가야 하는 것이 아니라 마음을 청정히 한 그 자리가 바로 유심(唯心) 정토이다. 즉 차토 즉 피토, 예토 즉 정토인 불이 사상의 한 측면이라고 볼 수 있다.

(2) 번뇌 즉 보리

중생의 구체적인 현실 사회에서 정토가 존재해야 한다는 유심 정토설은 마음 자리를 청정히 하는 자리, 즉 깨달음에 근거한다. 그렇다면 이 깨닫고자 일으키는 보리심은 어디에 근원을 두고 있는가?

『보림전』(寶林傳)에는 "땅에서 넘어진 자는 땅을 짚고 일어나야 하며, 땅을 떠나서 일어나려 하면 결코 일어날 수 없다."라고 하였다.[14] 보조 지눌(普照 知訥, 1158~1210년) 국사의 「정혜결사문」(定慧結社文) 첫머리에도 다음과 같이 『보림전』의 내용을 인용하고 있다.

땅에서 넘어진 사람은 그 땅을 딛고 일어나야 한다. 땅을 떠나서는 일어날 수 없다. 일심(一心)이 미혹하여 번뇌를 끝없이 일으키는 자는 중생이며, 일심을 깨달아 신묘한 능력을 일으키는 자도 바로 부처이다. 미혹과 깨달음은 비록 다르지만, 이들은 모두 일심에서 비롯되는 것이니 절대 이 마음을 떠나서 부처를 구하는 것은 있을 수 없다.[15)]

여기서 땅은 일심이요, 넘어진 사람은 번뇌를 일으킨 것이다. 일어나는 사람은 곧 보리심을 발한 것을 말한다. 결국 이 한마음을 통해 번뇌를 일으키기도 하고, 번뇌를 제거하기도 하며, 보리심을 발하기도 한다. 그리하여 『화엄경』에서 언급한 '심불급중생 시삼무차별(心佛及衆生 是三無差別)'이라고 하는 원리와 같은 것이요,[16)] 『유마경』에서 설하는 예토 즉 정토, 번뇌 즉 보리, 생사 즉 열반인 것이다. 그 번뇌와 보리는 한 바탕에서 이루어진 것이요, 보리는 번뇌를 근거로 하기 때문에 번뇌의 자리에서 보리가 완성되는 것이다. 「불사의품」에서 다음과 같이 언급하고 있다.

고통을 당하여 번뇌를 끊고 열반을 이루고자 도를 닦는다면 이는 희론(戱論)이며, 법을 구하는 것이 아니다.[17)]

즉 번뇌를 끊고 열반을 얻는 것이 아니라, 번뇌가 일어난 그 자리에서 열반을 구하는 것이다. 이 사상을 단적으로 보여준 예가 보리달마의 안심 문답이다.

달마의 제자 혜가(慧可)가 달마에게 "마음이 불안하니 어떻게 하면 편안한 마음을 구할 수 있습니까?" 라고 묻자, 달마는 "그대의 불안한 마음을 가지고 오너라."라고 하였다.[18] 이것은 번뇌 속에 열반이 내재하고 있기 때문이며, 본래의 마음(청정한 자성이나 본성)으로 돌아가는 것이 참다운 안심이요, 불안한 마음 이외에 안심할 마음도 없는 것이다. 바로 이러한 데서 착안해 경전이나 어록에서는 번뇌를 객진(客塵)이라고 표현한다. 즉 번뇌를 원래 주인이 아닌 곧 떠날 손님에 비유한 것이다. 번뇌와 악을 지닌 인간의 현실이 곧 해탈을 달성하고 성불을 실현하는 단초가 된다. 「관중생품」(觀衆生品)에서는 3독(三毒)의 자리가 바로 해탈이라고 하였다.

> 만일 증상만이 없는 사람이라면 부처님께서 "탐·진·치 3독이 곧 해탈이다."라고 하셨다.[19]

즉 인간의 근본 번뇌인 탐욕과 성냄, 어리석음 속에 해탈할 근거가 있음을 시사하고 있다. 『화엄경』의 유심게(唯心偈)에서 "삼계는 다만 탐심(貪心)으로 쫓아 일어나나니, 12인연이 오직 일심 가운데 있는 줄 알아야 한다(三界唯心). 이와 같이 생사도 또한 우리의 마음에서 일으킨 것(萬法唯識)이니, 그 마음을 멸한다면 생사조차 있을 수 없다."[20]라고 하였다. 곧 우리가 인식하고 있는 세계는 자신의 마음에서 만든 것인데, 이 모든 것은 번뇌가 만들어 낸 현상들이다. 그러니 번뇌를 일으키지만 않는다면 그 자리가 청정 해탈의 경지인 것이다.

「불도품」(佛道品)에서는 "열반을 나타내면서도 생사를 끊지 않는다."라고 하였다.[21] 생사를 돌이킨 그 자리가 열반의 경지이기 때문에 굳이 생사〔번뇌〕를 끊으려고 노력하지 않아도 된다는 뜻이다. 이어서 유마가 문수 보살에게 "어떤 것이 여래의 종자입니까?"라고 묻자, 문수 보살이 다음과 같이 답변하였다.

> 62견과 일체 모든 번뇌가 부처가 되는 종자입니다.[22]

유마가 "어찌하여 그렇습니까?"라고 다시 묻자, 문수 보살이 답하였다.

> 만일 출세간법으로 정위(正位)에 들어간 사람이라면 다시는 아누다라삼먁삼보리심을 내지 못합니다. 비유하면 마치 높은 육지에서는 연꽃이 피지 못하고 낮고 질척한 진흙탕에서만 연꽃이 피어나는 것과 같습니다. …… 번뇌가 여래의 종자인 줄을 알아야 합니다. 마치 큰 바다에 들어가지 않고는 훌륭한 보배와 진주를 얻지 못하는 것처럼, 번뇌 바다에 들어가지 않고는 지혜 보배를 얻을 수 없습니다.[23]

인간의 좋지 못한 사견과 모든 번뇌가 부처가 될 종자라고 보는 것이다. 또한 「문수사리문질품」에서도 "불(佛)의 해탈 가운데서 62견[24]을 구할 수 있고, 불의 해탈은 일체 중생심의 행 가운데서 구할 수 있다."라고 하였다.[25] 즉 더러운 흙탕물 속에서 아름다운 연꽃이 피어나는 것처럼, 여래의 종자도 인간의 번뇌 속에서 피울 수 있다는 것이다. 그리하여 번뇌 속에 보리가 있고, 생사 속에 열반이 있다고 하여 번뇌 즉 보리, 생사 즉 열반이라고 한다. 이 또한 불이 사상에 연원을 두고 있다.

(3) 막착언설(莫着言說), 불립문자(不立文字)

『능가경』에 의하면, 부처님께서 대혜에게 "나는 정각을 이룬 그날부터 열반에 드는 49년 동안 한 마디도 설하지 않았다."라고 하셨다.[26] 그렇다면 경이 전하는 대로 부처님께서 한 마디도 설하지 않았다(不說一字)고 한다면 어찌하여 팔만 사천 법문이 존재하는가? 그것은 부처가 이 세상에 출현하거나 출현하지 않거나에 상관없이 모든 중생들이 자성 청정한 불성을 갖추고 있다는 것을 시사한다.

이에 부처님이 설법하신 목적은 수행자들의 마음을 깨닫도록 하기 위한 방편에 불과한 것이지 언설 그 자체에 목적을 둔 것이 아니다.

『금강경』에서는 "나의 가르침을 뗏목과 같이 여겨라.(강을 건넌 뒤에는 쓸모없는 것이니 강을 건넌 뒤에는 뗏목을 버려라.)"라고 하였고,[27] 『원각경』에서는 "경전의 가르침은 달(月)을 가리키는 손가락과 같다. 달을 본 뒤에는 손가락은 궁극적으로 달이 아님을 알게 된다."[28] 또한 도교에서도 도가 언어로써 표현될 수 있다면 그것은 이미 도가 아니라고 하였다. 언설에 치우쳐 그 언설을 금과옥조로 삼는 수행자들을 경계하기 위하여 부처와 조사들은 막착언설을 강조한다. 또한 근본을 잃고 부수적인 것에 매달리는 수행자들에게 일침을 주기 위하여 역대의 선사들은 "나의 말을 기록하지 말라."라고 하였다.

이와 같이 언어에 대한 경계가 『유마경』 곳곳에 전하고 있다. 이를 막착언설이나 불립문자라고 표현할 수 있는데, 『유마경』에서는 막착언설이 공 사상을 배경으로 한 실천행으로 강조되어 있다.

「제자품」에 의하면, 유마가 수보리에게 "모든 일체 법에 평등한 마음을 가지고 탁발 공양을 받아야 합니다. 일체의 모든 모습과 성품이 허깨비와 같은 것입니다."라고 하면서 다음과 같이 말한다.

> 일체 모든 모습과 성품이 모두 허깨비와 같은 것이니, 조금도 두려워할 것이 없습니다. 일체의 언설도 이와 같습니다. 그러므로 지혜가 있는 사람은 말과 문자에 집착하지 않고, 두려워하지도 않는 것입니다. 왜냐하면 문자의 본 바탕이 본래 공한 것이니, 문자가 없는 것이 곧 해탈이며, 해탈의 모양이 곧 모든 법이기 때문입니다.[29]

유마는 일체 모든 법이 허깨비와 같을 줄 알고 공을 관하라고 하면서 진리를 전하고자 하는 방편인 문자도 결국 공한 것임을 알라는 것이다. 그것은 문자 자체도 공한 것이며, 해탈을 방편으로 표현하는 문자조차 공하기 때문에 언설에 집착하지 말 것을 강조하고 있다.

또한 「견아촉불품」(見阿閦佛品)에서, 부처님이 유마에게 "여래를 보고자 할 때, 어떻게 여래를 보는가?"라고 묻는다. 이에 유마는 "몸의 실상을 보는 것처럼 부처는 감히 눈에 보이는 것도 아니며, 말로도 할 수 없고, 지혜로도 알지 못하며, 망식(妄識)으로도 분별할 수 없습니다."라고 답하였다. 그러면서 여래에 대해 『유마경』에서 이렇게 말하고 있다.

> 여래는 …… 진실한 것도 아니고, 속이는 것도 아니며, 오는 것도 아니고, 가는 것도 아니며, 출입이 있는 것도 아니고, 온갖 언어·문자가 끊어진 것입니다. …… 진여와 같고, 법의 성품과 같으며, 말로 할 수도 없고, 헤아려 알 수도 없으며 …… 과거에 있었던 것도 아니고, 미래에 있을 것도 아니며, 지금 있는 것도 아니므로 온갖 언어·문자로 분별해 보일 수 있는 것이 아닙니다.[30]

앞 경전 구절에서 표현한 여래·부처는 색신(色身, rūpa-kāya) 부처가 아닌 법신(法身, dharma-kāya) 부처를 말하는 것으로, 바로 진리를 의미한다.[31] 『금강경』에서도 "만약 색신으로써 나를 보려 하거나 음성으로써 나를 구하고자 한다면 이 사람은 사도(邪道)를 행하는 것이니, 능히 여래를 보지 못한다."라고 하였듯이 육신 부처가 아닌 진리인 여래를 보라고 하였다.[32] 『열반경』에서 여래 상주(如來 常住) 무유변역(無有變易)이라고 하는 설과 같은 것이다.

이와 같이 문자의 허상을 전개했지만, 문자는 진리를 전달하는 방편으로 꼭 필요한 존재이다. 『유마경』에서는 이 점에 대해 "언설문자가 다 해탈의 상이다."라고 하여 문자를 떠나서는 해탈을 말할 수 없다고 하였다.[33] 따라서 『유마경』은 언어와 문자를 철저히 배격하는 것이 아니라 문자와 언어라는 방편을 통해 진리를 구현하는 자교오종(藉敎悟宗)을 내포한다고 볼 수 있다.

다음 절에서 언급할 내용은 「입불이법문품」의 불이 법문인데, 이 품의 내용 구조상 문수 보살을 포함한 32보살의 설이 모두 문자의 표현〔敎〕이라면, 유마의 침묵은 곧 언설을 떠난 자리인 불립문자, 즉 선을 강조한 것이라고 추론해 볼 수 있다. 불립문자를 실천적인 차원에서 전개하고 있는 내용이 불이 법문인데, 다음 절에서 살펴보기로 한다.

(4) 불이 법문

앞의 3절 (1), (2), (3)에서 논했던 내용들을 하나의 단어로 표현한다면 불이 사상이라고 할 수 있다. 유심 차원에서 정토(차토와 피토), 일심에서 일어난 번뇌와 보리, 언설과 진리 등은 이분법적 사유가 아닌 바로 불이가 담겨 있다. 불이 법문은 불가사의한 해탈 경지가 아니면 표현할 수 없는 지혜의 위대성을 보여 주기 때문이다.

불이 사상을 구체적으로 언급하고 있는 품이 「입불이법문품」이다. 불교 주석가와 학자들은 한결같이 『유마경』의 주제가 「입불이법문품」에 있다고 주장하였다. 이 품의 내용인 불이 법문은 이 경 전체를 일관하는 핵심이라고 할 수 있기 때문이다. 먼저 불이에 대한 어구 해석부터 살펴보기로 하자.

불이(不二)는 산스크리트어로 아드바야(advaya)라고 하며, 중성 명사로 쓰일 때는 통일성(unity)이라든지 동일성(identity), 또는 궁극적 진리(ultimate truth)라는 뜻이 된다. 불교에서 깨달음의 뜻인 절대적인 평등을 나타내는 개념으로 사용한다. 여기서는 상대적인 차별에 얽매이는 것을 이(二)라는 상(相)이라 하고, 절대적인 무차별 평등에 집착하는 것을 불이의 상이라고 말한다. 이 두 가지 집착은 다 공의 뜻을 모르는 태도이므로 함께 버려야 한다는 사실을 나타내려고 한 것이다.

그러나 「입불이법문품」에서 유마가 불이라고 한 것은 상대적인 차별과 편견을 여읜 절대적인 무차별이 아니라 오히려 그 상대 관계를 넘어선 절대 무차별의 평등을 말한다. 즉 대립을 떠난 불이이다.[34] 일체 차별을 떠난 절대 평등을 나타내고 있어서 진여나 법성, 또는 법신 등 사물의 있는 그대로의 진실한 모습을 나타내려는 표현이다. 『법화경』에서 언급하는 "참된 본성 그대로를 드러내고 있다."는 제법실상의 진리인 것이다.

본 경전에서 언급하고 있는 불이 법문을 살펴보기로 한다. 「입불이법문품」 첫머리에 유마 거사가 여러 보살에게 말했다. "어떻게 해서 둘 아닌 법문에 들어가는 것입니까? 각각 생각나는 대로 말해 보십시오."라고 질문하였다.

법자재(法自在) 보살을 비롯한 31명의 보살들이 차례차례로 생·멸, 정(淨)·예(穢), 아(我)·아소(我所), 수(受)·불수(不受), 동(動)·정(靜), 일상(一相)·무상(無相), 보살심·성문심, 선·불선, 죄악·복덕, 유루(有漏)·무루(無漏), 세간·출세간, 유위(有爲)·무위(無爲), 생사·열반, 진(盡)·무진(無盡), 무명(無明)·명(明), 색·공, 6바라밀·회향, 공(空)·무상(無相)·무작(無作), 선행·악행, 자아·타자, 암(暗)·명(明), 정도·사도, 실(實)·허(虛) 등 각각 대립되는 개념들을 나열하며 불이에 대한 소견을 피력하였다. 마지막으로 문수 보살이 불이에 대한 견해를 다음과 같이 말했다.

> 내 생각에는 일체법에 대해 언어도 없고, 말할 것도 없으며, 드
> 러낼 것도 없고, 인식할 것도 없어 일체 모든 문답을 여읜 것이 절
> 대 평등인 불이 법문에 들어가는 것입니다.[35)]

문수 보살은 깨달음의 경지인 불이 경계는 감히 말로도 드러낼 수
없고, 문자로도 표현할 수 없으며, 일체의 묻고 답하는 것조차 떠난
절대 무위의 경지라고 말로 표현하였다. 이어서 문수 보살은 유마 거
사에게 물었다.

> "우리들은 제각기 다 말했습니다. 거사님은 어떤 것을 불이 법
> 문이라고 생각하는지 말씀해 보십시오."
> 그러나 유마는 묵연히 한 마디도 하지 않았다.[36)]

위의 문구대로 유마는 아무 말도 하지 않는다. 유마가 침묵한 것은
단순한 침묵이 아니다. 절대적 경지는 어떤 언구로서 표현될 수도,
어떤 말로도 드러낼 수 없는 절대 평등의 경지임을 시사하는 것이다.
경전 인용문에서 드러난 유마의 일묵(一黙)을 선종에서는 '우레와
같은 침묵'이라고 표현하며, 유마의 침묵이 불립문자의 세계를 상징
하는 것으로 전승되고 있다. 선종에서 『유마경』을 선경(禪經)이라 칭
하는데, 그것은 「입불이법문품」에 유마의 침묵이 담겨 있기 때문이다.
한편 앞의 3절 (3)에서 언급한 대로 유마에 앞서서 발언한 32보

살의 불이에 대한 언급은 진리[禪]를 표현하기 위한 방편[敎]에 해당한다고 볼 수 있다. 선종이 후대로 발달해 오면서 유마의 일묵을 32보살의 설보다 지나치게 강조하고 찬탄한 면도 부인할 수 없다. 다시 경전 구절을 보기로 하자.

이윽고 문수 보살이 유마 거사를 찬탄하며 말했다.

> 훌륭하십니다. 거사님, 참으로 훌륭하십니다. 문자도 없고 언어 까지도 없는 그 자리가 참된 불이 법문에 들어가는 것입니다.[37]

이 말을 듣고, 그때 함께 있던 대중 오천인이 무생법인(無生法忍)[38]을 얻었다고 이 품은 끝맺고 있다. 「입불이법문품」을 통해서 알 수 있는 것은 공성에 대한 실상의 자각이다. 이는 초기 대승 불교에 일관적으로 흐르는 반야 사상이기도 하다. 모든 법의 실상에는 생·사, 예·정, 아·아소, 세간·출세간, 유위·무위, 무명·명, 색·공, 복과 죄라는 분별도 없고, 무분별이라고 정의하는 것조차 없는 공성이 저변에 흐르고 있다. 한 발 더 나아가 이러한 법의 실상을 언설로도 표현할 수 없는 경지가 불이 법문의 참다운 의미이다.

4.『유마경』과 선종

(1) 선경으로 저변화된『유마경』

『유마경』은 인도의 용수(150~250년)와 세친(4~5세기)의 논서에 거듭 인용되었고, 세친은『유마경론』(維摩經論)이라는 논을 저술하기도 하였다.[39]『유마경』연구가 하시모토 호케이(橋本芳契)는『유마경』이 중국의 선사들에게 호평을 받기 이전에 이미 인도에서부터 유마는 전설상의 인물로 호평 받았다고 서술하고 있다.

중국에『유마경』이 유입된 이래,『유마경』연구는 꾸준히 이어졌다. 승조(僧肇, 384~413년)는 구마라집 역의『주유마힐경』(註維摩詰經)에 깊은 감화를 받아『유마경』주역(註譯)에 힘썼으며[40] 길장(吉藏, 549~623년)에 의한「삼론의」(三論義), 혜원(慧遠, 335~417년)의「사론」(四論)과「지론의」(地論義), 지의 및 담연(湛然)의「천태의」(天台義), 현장(622~664년) 및 규기(632~682년)의「법상유론의」(法相唯論義) 등이 대표적인 사상 교학의 입장으로부터 지속되어 보편적인 의의가 탐구되었다. 이러한 일련의『유마경』연구는 한국·일본의 불교문화에도 커다란 영향을 끼쳤다.[41] 중국에서『유마경』은 교종보다도 선종이 형성되는 데 영향을 끼쳤을 뿐만 아니라 중국 선 사상 확립에도 영향을 미쳤다.

보리 달마(520년 중국 도래)는『유마경』을『능가경』이상으로 중시하였는데, 달마의『이입사행론』(二入四行論)은『유마경』에 의한 반야의 논리가 배후에 담겨 있다. 특히 달마의 사행(四行) 법문 중 무소구행(無所求行)은 일체개공(一切皆空)의 진리를 깨달은 무집착의 실천행을 담고 있다.[42] 달마로부터 비롯된 대승 선의 반야 사상적인 입장을 뒷받침하고 있어 선사들은 『유마경』을 선경이라고 부른다. 무소구행은 『유마경』「불사의품」에 '약구법자(若求法者) 어일체법(於一切法) 응무소구(應無所求)' 사상에서 영향을 받았으며,[43] 후대 마조 도일의 '부구법자(夫求法者) 응무소구(應無所求)'라는 사상으로 이어지고 있음을 추론해 볼 수 있다.[44]

대통 신수계의 북종선은 다섯 종류의 대승 경전에 의거하여 선의 본질을 밝혔는데, 이를 '대승무생방편문'(大乘無生方便門)이라고 한다.[45] 이 방편문 가운데 3번째인 현불사의문(顯不思議門)은 불사의한 해탈 방편을 현시하고 깨달음의 세계를 보인 것인데, 『유마경』「불사의품」에 의거하였다.[46] 이 「불사의품」은 독립적으로 『불사의해탈경』(不思議解脫經)이라고도 하는데, 이 품이 해탈의 방편을 현시하는 경이라고 하여 이 경전 명에 의거해 초기 선종을 해탈종이라고도 하였다.[47]

달마·마조 이후의 선사들에게 『유마경』은 유마라는 인물로든, 경전의 문구로든 선사들의 어록에 자주 인용되었다. 즉 대주 혜해의 『돈오요문』(頓悟要門), 황벽 희운(?~850년)의 『전심법요』(傳心法要), 임제 의현(?~867년)의 『임제록』(臨濟錄), 원오 극근(1063~1125년)의 『벽암록』(碧巖錄), 무문 혜개(1183~1260년)의 『무문관』(無門關) 등에 인용되었다.[48]

이와 같이 살펴본 대로 선종이 형성되고 후대로 오면서 『유마경』은 선종의 경전으로, 유마 거사는 이미 선 수행자로서 일반화되어 홀러 왔음을 알 수 있다.

(2) 좌선 배격에 따른 일상성의 종교화

좌선은 인도의 모든 종교가 수행 방법으로 사용하였다. 인도 6파 철학중 하나인 요가 학파의 『요가수트라』에서도 요가의 8지칙(支則) 가운데 세 번째로 좌법(坐法)을 제시하고 있다.[49] 3~4세기에 『요가 수트라』가 완전한 형태로 형성되었지만, 『요가 수트라』 주석서에 여러 가지 좌법에 대해 소개하고 있는 점으로 보아 좌선은 고대 인도 수행자들의 일반적인 수행법이었다는 것을 알 수 있다.

석존은 당시 유행하던 여러 가지 고행을 섭렵하고 최후로 안착한 것이 좌선 사유였다. 물론 고행을 통해서도 좌선을 하지 않은 것은 아니었지만 고행을 버리고 선정 수행에서 채택한 근본이 좌선 수행이다. 석존의 좌선 수행은 4위의(四威儀) 가운데 하나로서의 좌선이 아니라 수행 전체로서의 좌선이었다.[50]

초기 경전을 비롯한 여러 논장과 율장에 수행자의 결가부좌나 반가부좌하는 좌법, 발의 형태나 수인(手印) 등에 대해 언급하고 있다. 이렇게 불교에서는 해탈을 구하는 최고의 실천 수행 방법이 좌선이라고 하지만, 석존으로 거슬러 올라가면 석존의 일상 생활은 그 자체가 수행이었다. 이러한 사상을 계승하고 있는 것이 초기 불교 경전 가운데 『유마경』이라고 할 수 있다.

인도 선과는 달리 일상성의 선으로 변형되어 전개된 중국 선은 『유마경』의 영향을 받은 것이라고 생각한다.[51] 일상성의 선에 대해 살펴보기 전에 먼저 좌선을 국집하지 않는 『유마경』의 내용부터 보기로 하자.

『유마경』에서는 좌선 형태를 취해야만 해탈을 구할 수 있는 것이 아니라고 하였는데, 좌선에 집착하는 성문승을 유마가 질타하고 있다. 『유마경』 「보살행품」에 "부처님의 위의와 동작, 행하는 일마다 불사(佛事) 아닌 것이 없다."라고 하는 구절에 주목해 보자.[52]

즉 일상 행위인 행(行)·주(住)·좌(坐)·와(臥) 일체 동작이 법계가 되며, 신(身)·구(口)·의(意) 3업의 행위가 전부 부처의 행이라는 것이다. 이 사상을 제일 먼저 수용한 선사가 하택 신회이다. 신회는 중국 선종사상(禪宗史上) 돈오를 수립하였고, 이 돈오 사상은 신회 이후 중국 선 사상의 근간이 되었다.

신회가 저술한 『보리달마남종정시비론』(菩提達摩南宗定是非論)에 의하면, 북종계 숭원 법사가 신회에게 "선사는 수행자에게 좌선을 권하지 않고 북종의 교설을 비방하는데 도대체 무엇을 좌선이라 하는가?"라고 묻는다. 이에 신회는 "좌(坐)라고 하는 것은 한 순간에도 망념이 일어나지 않는 것이며, 선(禪)이라 함은 본래의 자성을 보는 것이다. 그러므로 사람들에게 몸을 앉히게 하고, 마음을 안정시켜 선정(禪定)에 들어가는 일을 하지 않는다. 만일 그런 좌선이 옳다면 유마는 사리불의 좌선을 꾸짖지 않았을 것이다."라고 답한다. 도대체 사리불이 어떤 좌선을 하였기에 유마가 꾸짖고 있는 것인가? 이에 대해 「제자품」에서 그 원문을 살펴보면 다음과 같다.

사리불이여, 앉아 있는 것만이 좌선이 아닙니다. 무릇 좌선이란

삼계에 몸과 뜻을 나타내지 않는 것이며, 멸진정(滅盡定)에서 일어
나지 아니하면서도 온갖 위의를 드러내는 것이며, 부처님의 도법
을 버리지 않고 범부의 일을 나타내는 것이며, 마음이 안에도 머물
지 않고 밖에도 머물지 않는 것이며 …… 번뇌를 끊지 않고 열반
에 드는 것이니, 이렇게 좌선하는 사람에게 부처님께서 인가하실
것입니다.[53]

사리불은 좌선 수행을 통해서 번뇌를 끊고 그 번뇌가 끊어진 다음
열반에 드는 것이라고 생각한 반면, 유마는 번뇌를 지닌 그대로 열반
에 드는 것이며 번뇌를 떠나서 열반을 구할 수 있는 것이 아니라고
하였다. 즉 좌선의 참 의미는 번뇌를 지닌 채 보리를 얻는 번뇌 즉 보
리, 생사 즉 열반을 의미한다. 신회는 『유마경』의 이러한 좌선의 배격
을 가지고 남종 선양의 근거로 삼은 것이다.[54]

일본 선학자 야나기다 세이잔(柳田聖山)은 앞의 경전 인용문 가
운데, "부처님의 도법을 버리지 않고 범부의 일을 나타내는 것이 좌
선이며, 마음이 안에도 머물지 않고 밖에도 머물지 않는 것이 좌선
이다."라는 구절이 "중국 선종 성립의 중요한 주제가 되었으며 『유마
경』을 대승의 선경이라고 부르는 것도 이 문장과 관련이 깊다."라고
강조하였다.[55]

신회 이후 연이어 등장한 선사가 조사선의 개조인 마조 도일이다.
마조가 깨달은 기연이 마전작경(磨塼作鏡)인데, 『유마경』의 탈좌선
(脫坐禪) 사상과 관련이 깊다. 그 내용을 『전등록』(傳燈錄)에서 보기로
하자.

마조가 전법원에서 좌선하고 있을 때였다. 회양이 기왓장을 하나 들고 와서 마조 앞에서 갈기 시작했다. 마조가 "무엇을 하십니까?"라고 묻자 회양이 답했다.

"기와를 갈아서 거울을 만들려고 한다."

"기와를 갈아서 어떻게 거울을 만듭니까?"

"그렇다면 어떻게 좌선만으로 부처가 될 수 있겠는가?"

"스승님, 그러면 어떻게 해야 합니까?"

"소가 수레를 끌고 가는데 수레가 만일 나가지 않으면 그대는 수레를 채찍질해야 하는가? 아니면 소를 채찍질해야 하는가?"

마조가 아무 말도 못하자 회양이 다시 물었다.

"자네가 지금 좌선(坐禪)을 익히고 있는 것인지, 좌불(坐佛)을 익히고 있는 것인지 알 수가 없군. 만일 좌선을 익히고 있는 중이라면 선이란 결코 앉아 있는 것이 아니며, 혹시 그대가 좌불을 익히고 있는 중이라면, 부처는 원래 정해진 모양새가 없다는 사실을 명심하게. 머무르지 않는 법을 놓고 취사 선택을 해서는 아니 되네. 그대가 혹 좌불을 흉내내려 한다면 그것은 곧 부처를 죽이는 행위와 다름없고, 보잘것없는 앉음새에 집착하면 정작 깊은 이치에 이를 수가 없는 법이라네."[56]

이러한 회양의 대답에도 나타나 있듯이 부처란 어떤 정해진 형제가 없으며, 반드시 좌선을 해야 깨닫는다고 하는 것은 그릇된 수행 개념인 것이다. 곧 좌선을 해야 깨달음을 이룬다는 공식이 아니라 눕고, 서 있고, 앉아 있는 일상 생활 전반에서 수행하는 방식을 강조한 것이다. 바로 이렇게 일상 생활 속에서 수행이 가능하다는 것은 8세기 이후 발전한 조사선의 수행 방편으로 일반화되었다. 이렇게 좌선만을 중시하는 것이 아닌 일상성의 선으로 전개되었다고 볼 수 있다.

한편 선사들이 일상성의 선으로 전개시키는 데 단적으로 활용되는 문구가 있다. 「보살품」에 나오는 직심시도량(直心是道場)이다. 3절 (1)의 "유심 정토"에서도 직심에 대해 언급한 바 있다. 선사들이 이 말을 어떻게 수용했는지를 살펴보기 전에 『유마경』에 전하는 내용을 먼저 보기로 하자.

「보살품」의 직심시도량은 현실의 구체적인 일상 생활 속에서 선 수행이 가능함을 극단적으로 보여 준다. 「보살품」에 의하면, 광엄 동자가 바이샬리 성문을 나가려고 하는데, 마침 그곳으로부터 들어오고 있는 유마를 만난다. 광엄 동자가 유마에게 "도량을 찾아 성문을 나가려고 합니다."라고 하자, 유마는 '자신은 지금 도량으로부터 오는 것'이라고 하였다. 동자가 유마에게 "도량이란 어떤 곳입니까?"라고 묻자 유마가 이렇게 답한다.

곧은 마음이 도량이니 거짓이 없는 까닭이며, 행을 닦아 가는 것이 도량이니 능히 일을 판단할 수 있기 때문이며, 깊은 마음이 도량이니 공덕을 증진하기 때문이며, 보리심이 도량이니 그릇됨이 없기 때문입니다.[57]

이 도량이라는 말을 승조는 '한가롭고 편안하게 수도하는 장소'라고 주석하고 고요히 마음 편안하게 도를 닦는 장소, 즉 깨달음의 장소라고 하였다. 그러니 굳이 고요한 숲속에서 머물러야 도를 구할 수 있는 것이 아니며, 수행하기에 적합한 조건이 갖추어진 장소에서만 도를 찾을 수 있는 것이 아니다. 자신이 머무는 일상의 장소에서, 일 상적인 자신의 행 하나 하나를 참된 마음으로 수행할 때, 바로 그 마음이 도량인 것이다.

인간의 일상행위인 행·주·좌·와 일체 동작이 법계가 되며, 신· 구·의 3업의 행위가 부처의 행(行)이라는 것이다. 이렇게 일상 속에 서 수행이 가능하다고 하는 것은 바로 행위 하나 하나가 수행이요, 그 자체가 부처의 행위로서 행 즉 불(行 卽 佛)이라고 볼 수 있다.「보 살품」에서 유마는 광엄 동자에게 또 이렇게 말하고 있다.

> 보살이 만일 모든 바라밀로써 중생을 교화하면, 온갖 행위 즉 일거수 일투족이 모두 도량으로부터 와서 불법에 머무는 것입 니다.[58]

앞의 「보살품」 인용문은 일상의 행위에서도 선 수행이 가능하다는 선의 기본 입장을 간명하게 표현한 말이라고 할 수 있다. 「보살품」의 4위의(四威儀)가 도량이며 3업(三業)이 불사(佛事)라는 말을 적극 활 용하여 좌선과 노동, 인간의 일상 생활 모두를 불사로 보고 있는 점 에서 새로운 의미를 부여한다는 점이다.

달마의 『이입사행론』에도 "보살은 일체의 장소를 버리지 않고, 일 체의 장소에 얽매이지 않으며, 일체의 장소를 가리는 일 없이 모두 불행(佛行)으로 삼으며, 생사 그 자체가 부처의 일이다."라고 하였는

데, 달마가 말한 이 언구도『유마경』에 연원을 두고 있다고 본다.[59)]

또한『유마경』은 마조 도일의 대표 사상인 평상심시도(平常心是道)의 모티브를 제공하였다고 본다.『전등록』28권에 실린 마조의 평상심을 보기로 하자.

> 평상심이란 어떠한 것인가? 조작, 시·비, 취사가 없고 단멸(斷滅)·상주(常住)가 없으며 범부라 할 것도 없고 성인이라 할 것도 없느니라. 경에서 "범부의 행도 아니요, 성현의 행도 아닌 이것이 보살의 행이다."라고 하였다. 다만 지금과 같이 행주좌와와 형편에 따라 움직이고 사물에 접하는 모든 것이 도인 것이다.[60)]

인용문에서 경이란『유마경』을 말한다.[61)] 마지막 문구에서 '행주좌와와 형편에 따라 움직이고 사물에 접하는 모든 것이 도'라고 하였는데, 마조는 자신의 사상을 체계화시키는데,「문수사리문질품」에 근거를 들어 일상적인 생활 속에서 불성 보기를 주장하였다. 3절 (1)에서 전개했던 현실 사회에 정토가 있다고 하는 유심 정토설이나 3절 (2)의 번뇌 즉 보리의 사상 차원에서도 같은 선상에 있음을 엿볼 수 있다.

이와 같이 살펴본 대로『유마경』은 좌선만을 국집하는 것이 아니라 일상 생활 모두를 불사로 보고 있는데, 바로 이 점을 중국 선종에서 일상성의 선으로 변형·수용한 것이라고 생각한다. 이렇게 수용된 일상성의 선은 한발 더 나아가 좌선과 노동을 동일시함으로써 청규가 제정되었으니,『유마경』은 중국 선종 전반에 영향을 미쳤다고 추론된다.

(3) 『유마경』과 재가 불교

『유마경』의 영향으로 빼놓을 수 없는 것은 재가자들의 수행 참여 의식을 높여 주었다는 점이다. 대승의 보살은 자신도 구제하며 차안 의 모든 사람을 피안으로 건너게 해 주는 것을 서원으로 한다. 그런 데 『유마경』에서의 보살은 차안을 버리고 피안으로 건너가는 것이 아닌 차안이라는 장소가 곧 피안인 자리에서이다. 곧 차안 즉 피안, 차토 즉 피토라는 말로 표현될 수 있다.

대승 불교 특징 중의 하나가 재가자의 수행 참여 의식이다. 특히 『유마경』은 이전 출가자 집단인 기성 교단을 질타하며, 수행 차원에 서 출·재가를 구분하지 않는 독특함을 가지고 있다.

재가와 출가라는 이원적 대립 중 어느 한쪽에 서는 것이 아니라 그 차원을 넘어선 입장으로서 출·재가를 불문에 붙이는 입장이다. 이것 은 생사 즉 열반이라는 대승의 근본적 입장에서 당연히 도출되는 것 이다.[62] 이렇게 대승 불교가 발생하기 전, 출가자 중심 교단에서 볼 수 없었던 재가자에 대한 배려가 『유마경』에 담겨 있다. 바로 이 점을 단적으로 보여 주는 내용이 출가(出家)이다. 「제자품」에서는 출가에 대해 이렇게 정의하고 있다.

> 장자의 아들이 유마 거사에게 물었다
> "부처님 말씀에 '부모가 허락하지 않으면 출가할 수 없다.'라고

하는데, 어떤 것이 참다운 출가입니까?"

"꼭 삭발 염의(削髮 染衣)를 해야 출가하는 것은 아닙니다. 만일 아누다라삼막삼보리심을 발한다면 그것이 곧 출가하는 것이요, 그것이 바로 구족계(具足戒)를 받는 것입니다."[63]

그러니 굳이 삭발 염의하고 계를 받아서만이 아니라 재가자라도 깨닫고자 하는 보리심을 발하면 그것이 곧 진정한 출가요, 수행자라고 하였다. 『유마경』은 『반야경』의 공 사상을 이어받아 진공(眞空), 즉 일체개공을 주장하는 입장에서 한 걸음 더 나아가 보다 적극적으로 현실에서 묘유(妙有)를 전개하는 보살행의 입장을 강조하고 있다.

또한 「방편품」에 의하면, 유마 거사에 대해 다음과 같이 묘사하고 있다.

그는 비록 재가자로 살지만 사문의 청정한 계행을 지키며, 세속에 살면서도 삼계에 애착하지 않는다. 처자를 거느리고 있지만 항상 청정하게 살고, 친족이 있지만 거리를 두고 지내며, 보물로 장식된 옷을 입지만 공덕을 닦아 얻은 상호(相好)로 몸을 장엄하고, 온갖 맛있는 음식을 먹지만 선열(禪悅)로 맛을 본다.[64]

유마는 비록 재가자이지만 출가 수행자와 똑같은 이미지를 연출하고 있다. 「불도품」(佛道品)에서 "연꽃이 청정한 물에 피지 않고 더러운 흙탕물 속에서 핀다."라고 한 것처럼, 비록 재가자로 세속에 살면서도 출가 사문만큼 청정 수행을 할 수 있음을 드러내고 있다.

『유마경』은 반야 사상에 기초한 불이 법문의 내용이나 그 이외 경전 곳곳에 공의 실천성이 드러나 있다. 이러한 반야 사상은 대승을 표방한 재가 신자를 중심으로 성립되었다는 점이다. 즉 『유마경』은 반야 사상을 재가 신자라는 자각에 서서 "생활의 실제적인 면과 조화시키면서 어떻게 실천 수행하느냐?" 하는 문제를 밝히기 위해 재가 신자인 유마를 등장시키고 있다. 이 경전은 유마라는 인물을 중심으로 생활 속에 공 실천을 드러냄으로써, 대승 불교 운동이 지향하는 목표가 무엇인가를 설정한 면이 두드러진다.[65]

유마는 중국 불교에서 거사 이상의 인물로 추앙되었고, 『유마경』의 영향으로 중국의 거사들도 수행하는 풍토가 형성되었다. 『유마경』에 영향을 받은 사람을 시대별로 살펴보기로 한다.

『유마경』을 읽고 승려가 된 인물이 있는데, 구마라집의 제자인 승조(僧肇, 374~414년)이다. 승조는 집안이 매우 가난하여 책을 필사하는 직업으로 생업을 삼았다. 필사 일을 하다 보니 고전과 역사에 지식이 풍부했고, 노장 사상에 깊이 심취되어 있었다. 그러다 우연히 『유마경』을 접한 뒤 환희심을 얻어 승려가 되었다. 승조가 지은 『조론』(肇論)은 공 사상에 대한 깊은 이해를 보여 준 것으로서, 훗날 불교 발전에 큰 영향을 미친 논이다. 또한 「불진공론」(不眞空論)에 들어 있는 내용 중 입처즉진(立處卽眞)과 촉사이진(觸事而眞)은 『유마경』의 사상에 영향을 받아 승조가 내세운 이론인데, 후대 선사들이 이 문구를 수용하여 현실에서 참됨을 구하는 일상성의 선으로 활용하였다. 그 대표되는 선사가 마조 도일과 임제 의현이다.[66]

다음 당나라 때의 시인 왕유(王維, 700~761년)가 있다. 그는 자연을 주제로 한 서정 시인이요, 화가로 한 시대 이름을 드날린 거사였다. 그의 어머니는 대통 신수와 의복(義福)을 30여 년 모신 신심 깊은 불자였고, 왕유는 선사들과 교류하며 선사들의 비문을 써 주었다. 그는 자신의 성 왕(王) 씨에 유마힐의 '마힐'을 따 스스로 왕마힐이라고 자청하며, 이 경을 독송하고 문학 작품 속에 경의 내용을 적용시켰다. 그의 작품에 무생(無生)·도심(道心)·공문(空門)·야선(夜禪) 등 선 사상과 부합되는 용어들이 많이 나와 후대에 그를 시불(詩佛)이라고 불렀다.

또한 당나라 때 방거사(龐居士, 740~808년)는 마조의 제자로서, 재가인이지만 요사범부(了事凡夫)한 인물이다. 당시 뛰어난 선승들과 논쟁을 펴면서 '중국의 유마'라고 불리었고, 그 자신뿐만 아니라 가족들도 수행의 경지에 올랐다.

송나라 때, 장상영(張商英, 1043~1121년, 無盡居士)은 유학자로서 처음에 불교를 비판하며, 『무불론』(無佛論)을 지으려고 하였다. 그런데 우연히 친구 집에 방문했다가 책상 위에 놓인 『유마경』을 읽게 되었다. 그는 "유마 거사의 병은 지대(地大)로부터 온 것이 아니고, 또한 지대를 여읜 것도 아니다."라는 구절에 탄식하고 불자가 되었다. 그는 이후에 『무불론』이 아닌 『호법론』(護法論)을 지었는데, 『호법론』은 대장경에 입장(入藏)되었고, 유·불·도, 3교 합일을 토대로 불교를 변호한 송대의 논서로서 높이 평가받았다. 장상영은 당대의 원오 극근(圓悟 克勤, 1063~1135년)과 대혜 종고(大慧 宗杲, 1089~1163년)의 제자로서 간화선 수행자였다.

이렇게 발전되어 온 재가 불교는 중국에서 청나라 말기 불교학이 쇠퇴할 무렵 재가자들에 의해 부흥하였다. 대표 거사로서는 팽소승(彭紹升, 1740~1796년) · 양문회(楊文會, 1837~1911년) · 강유위(康有爲, 1858~1927년) · 담사동(譚嗣同, 1865~1898년) · 양계초(梁啓超, 1873~1929년) · 구양경무(歐陽竟無(1871~1943) · 여징(呂澂, 1896~1989) 등이 있다. 재가자에 의한 불교학 발전은 중국 불교의 특징 중 하나이다. 한편 유마 거사는 재가자로서 수행하였다는 이미지로 중국에서 불자가 아닌 유학자들에게도 삶의 롤 모델이 되었다.

『유마경』은 불교가 초기의 출가자 중심에서 대승의 재가자 중심으로 변모하는 역할을 보여 준 경전이다. 이 경은 『승만경』과 함께 재가 불교를 대표하는 대승 경전으로 재가자도 출가 수행자처럼 출가하지 않아도 부처님께 수기를 받고 성불할 수 있다는 대승 불교 사상이 부각되어 있다. 이와 같은 『유마경』의 재가 불교 사상은 후대 북방 불교에서 재가자의 수행 참여를 높이는 데 큰 역할을 하였다.

5. 공의 실천과 불이 법문

불교는 논(論) · 비론(非論), 선(禪) · 교(敎), 출가(出家) · 재가(在家)의 이원적 대립으로 맞물려 시간과 공간이라는 톱니바퀴 속에서 불교학이 발전되고 진화되었다. 『유마경』은 기성 교단에 대한 비판과 새로운 사상을 도출시키고자 하는 대승 교도에 의해 편찬되었다. 이러한 시점과 관점에 있는 『유마경』은 이론적으로는 초기 불교 사상인 무상(無常) · 무아(無我) · 무상(無相) · 자성 청정 등 실상(實相)을 드러내고 있으며, 실천적으로는 대승적인 공 사상으로 구성되어 있다. 곧 『유마경』은 불교학과 선학을 두루 겸비하고 있으며, 경전의 큰 물줄기는 반야(공)의 실천적인 차원에서 전개되어 있다.

『유마경』에 일관하는 사상은 불이 법문이다. 즉 세간·출세간, 진리·방편, 정(淨)·예(穢), 색·공, 미(迷)·오(悟) …… 등이 색즉시공, 차안 즉 피안, 번뇌 즉 보리, 행 즉 불 등으로 도출되어 있다.

진흙 속에서 연꽃이 피어나듯 여래의 종자도 인간의 번뇌 속에서 피울 수 있다고 하는 생사 즉 열반이다. 번뇌 가운데서 부처를 구할 수 있는 것이다. 이에 번뇌를 끊지 않고 열반에 들지도 않는 연좌(宴坐)이니 좌선만이 수행의 전부가 아니라 일상 행위가 수행의 완성이요, 부처의 행위인 것이다. 이렇게 『유마경』은 일체 행위가 불사요, 부처의 행이므로 행주좌와(行住坐臥)·어묵동정(語默動靜) 속에서 부처를 구하는 일상성의 선을 형성하게 하는 근간이 되었다.

또한 보살이 자신의 해탈 완성을 추구할 뿐만 아니라 중생을 구제하는데, 차토를 버리고 피토에서 구제하는 것이 아니라 차토에서 구제한다는 대비심(大悲心)이 강조되어 있다. 그것은 차안 즉 피안이라는 말로 표현되고 있으며, 더 나아가 『유마경』은 깨달음에서 출·재가의 이분법적 사유조차 버린 재가 불교를 발전시키는 모태가 되었다. 재가의 삶에서 청정한 구도심을 구현하고 있는 『유마경』은 거사들뿐만 아니라 유학자들에게도 관심이 되었던 경전이요, 유마는 삶의 모델이 되었다.

중국으로 『유마경』이 유입된 이래 교종보다는 선종에서 관심을 가졌고, 선경으로 칭할 만큼 선사들의 애독서였으며, 유마는 선자(禪

者)로 인식되었다. 특히 보리 달마·하택 신회·마조·대주 혜해·황벽·임제 등 선사들은 『유마경』을 수용하여 자파의 선 사상을 정립하였다.

이 글은 『유마경』의 전체적인 사상 가운데 선 사상과 관련된 부분만 발췌한 것이다. 이 글의 선관이 『유마경』 전체를 드러낸다고 할 수는 없다. 앞으로 미진한 부분을 연구하여 일면(一面)을 넘어 원면적(圓面的)인 연구를 해 나갈 것을 발원한다.

제4장

『화엄경』의 선관

1. 깨달음의 토대

천태종의 천태 지의는 경전 및 교리를 분석·판단해 부처님의 49년 설법을 다섯 시기로 나누었는데, 이를 오시팔교(五時八敎)라고 한다. 이에 따르면 부처님께서 깨달으신 뒤 제일 먼저 설한 경전이 『화엄경』(華嚴經)이다. 부처님께서 중생들에게 21일간에 걸쳐 진리를 설했지만, 중생들이 알아듣지 못하여 그 방편으로 아함부(12년)에서 방등경(8년)으로, 다시 반야부 경전(21년)에서 『법화경』(8년)을 설하였다.

이러한 학설이 나오게 된 원인을 살펴보면 『화엄경』의 이면에는 인간의 청정한 본성과 수행관, 깨달음의 세계가 펼쳐져 있기 때문이라고 본다. 즉 수행 체계(信解行證)를 통해 깨달을 수 있는 수행론과 그 이론에 따라 실제로 증득(證得)하는 긴밀한 구조로 경전이 구성되어 있다.

모든 대승 경전이 깨달음의 세계를 설하지만 특히 『화엄경』은 깨달음의 토대가 되는 사상을 전개하고 있다. 이에 필자는 선 사상과 관련된 『화엄경』의 사상을 세 가지 측면에서 살펴보고자 한다.

곧 논문의 중심 주제가 되는 선관인데, 정각을 이룰 가능성에 근거를 둔 사상으로 주된 내용은 성기(性起)·일심(一心)·법계 연기(法界緣起)이다.

첫째, 성기 사상에서는 「여래성기품」(如來性起品)에 설해져 있는 내용을 토대로 전개한다. 중생의 마음속에 그대로 현재 현기(現起)해 있는 여래의 성기라고 하는 사상에 관해 살펴보고자 한다.

둘째, 청정한 마음의 본성으로, 이 마음은 모든 것을 만들어 내는 그 마음자리이다. 하지만 이 마음은 고정 불변한 마음이 아닌 연기(緣起)하는 마음이다. 마음의 활동과 연기를 통해 유심(唯心) 사상을 살펴보고자 한다.

셋째, 우주 만상의 총칭을 법계라고 하는데, 우주 만상은 서로 인(因)과 연(緣)을 이루면서 중중무진(重重無盡) 연기를 하는 법계 연기이다. 법계 연기에 어떤 종류가 있으며, 그 종류에 드러난 깨달음의 세계에 대해 서술하고자 한다.

『화엄경』의 선관이 발달하게 된 이유는 화엄종 승려들이 이론과 수행을 결부해 체계를 세웠기 때문이다. 이들이 어떻게 학문적으로 화엄과 선의 일치를 이끌었는지에 대해 알아보기로 한다. 또한 선종 승려들이 『화엄경』의 사상을 어떻게 응용해 선 사상을 성립하였으며, 제자들을 지도하기 위해 어떤 방편으로 이 경전을 활용했는가에 대해 살펴보기로 한다.

『화엄경』은 방대한 경전이다. 특히 어떤 경전보다도 이 경전은 무수한 진리를 내포하고 있다. 이 방대한 경전에 담긴 사상 몇 가지만 추려 『화엄경』의 선관이라고 정의 내리는 자체가 우를 범하는 일이기도 하다. 하지만 잘못될 깃을 두려워하고 사람들의 질책을 의식한다면 학문의 진척도 없을 것이라고 본다. 이에 오류를 범할지라도 『화엄경』의 선관을 정립하고자 한다.

2. 『화엄경』의 의의

(1) 『화엄경』의 해제

『화엄경』의 온전한 이름은 『대방광불화엄경』(大方廣佛華嚴經)으로, 산스크리트어 『마하 바이풀리야 붓다 아바탐사카 수트라』(Mahā-vaipulya-buddha-avataṃsaka-sūtra)이다. 마하(mahā, 大)는 상대적이 아닌 절대적인 '대'를 의미하며, 바이풀리야(vaipulya, 方等)는 방등(方等)과 마찬가지로 대승 경전의 별칭이다. 곧 마하바이풀리야(mahāvaipulya, 大方廣)란 크고 바르며 넓은 방대함을 뜻하는데, '광대한 부처님'을 형용하는 의미이다.

아바탐사카(avataṃsaka, 華嚴)는 다양한 의미를 포괄하고 있다. 첫째, 화(華)는 잡화(雜華)로서 아름다운 화환(花環)이란 뜻이며, 우주 질서를 나타내는 수많은 꽃을 의미한다. 곧 잡화로 장엄하게 꾸며진 세계는 바로 불국토를 말한다. 둘째, "아름다운 꽃으로 장식한다."라는 비유로서 보살이 만행(萬行)의 꽃을 가지고 부처의 세계를 장식한다는 의미이다. 셋째, 불화엄(佛華嚴, Buddhā-avataṃsaka)이라고도 할 수 있는데, 불화(佛華)를 가지고 국토와 중생 모두를 장엄하게 한다는 뜻이다. 이와 같이 『대방광불화엄경』은 '부처의 화엄이라고 부르는 넓고 방대한 경'이라는 뜻이다.

이 경전은 대승 초기 경전으로 예로부터 성립되었던 여러 경전들이 화엄 사상이라는 중심 기점을 두고 『화엄경』이라는 이름 아래 모아졌고, 시대를 흘러오며 내용들이 조금씩 증광되었다. 즉 2세기 초부터 시작되어 4세기 중엽 이전에 완성되었고, 중국에 전해진 것은 5세기 초 무렵이다. 한역에 세 역본이 있으며 권에 따라 40권 본·60권 본·80권 본으로 나뉜다.

60권 본 『대방광불화엄경』은 불타발타라(佛馱跋陀羅, Buddhab-hadra, 覺賢)가 번역하여 418~420년에 역출되었다. 보통 구역(舊譯)이라고 하며, 34품으로 구성되어 있다.

80권 본 『대방광불화엄경』은 실차난타(實叉難陀, Śikṣānanda)가 번역하여 695~699년에 역출되었다. 보통 신역(新譯)이라고 하며, 39품으로 구성되어 있다.

40권 본 『대방광불화엄경』은 반야(般若, Prajñā)가 795~798년에 번역하였다. 이 40권 본은 구역과 신역에 모두 있는 「입법계품」만 해당한다.

티베트 본은 『대방광경』(大方廣經)이라고 하며 45품으로 구성되어 있다. 이 티베트 본의 산스크리트 원본은 모두 산실되어 현재 전하지 않는다.

(2) 『화엄경』의 구성과 특징

60권 본 『화엄경』에 의하면 이 경이 설해진 곳은 7처(處) 8회(會)로서 긴밀하게 짜여진 방대한 경전이다. 60권 본 『화엄경』의 경우, 설법 장소는 ① 적멸도량, ② 보광법당, ③ 도리천궁, ④ 야마천궁, ⑤ 도솔천궁, ⑥ 타화자재천궁, ⑦ 보광법당, ⑧ 중각강당 순서이다.

① 적멸도량회는 믿음(信)을 강조하고, 다음의 5회(② 보광법당~⑥

타화자재천궁)는 해(解)를 설하며, ⑦ 보광법당회는 행(行)을 말하고, ⑧ 중각강당회「입법계품」은 증(證)을 설한다.

이렇게 이 경전은 총 34품으로, 신해행증(信解行證)의 긴밀한 구도로 짜여 있다. 1품~33품까지가 성불할 수 있는 이론적인 배경이라면, 마지막 34품「입법계품」은 그 이론에 따라 선재라는 한 중생이 실제로 성불하는 것을 보여 주는 것으로 내용이 구성되어 있다.『화엄경』의 특이한 점은 다른 경전이 부처가 설하고 있는 불설(佛說)인 반면, 이 경전은 보살이 부처를 설하는 설불(說佛)이라는 점이다.[1] 그러므로 이 경전의 각 회의 설주(說主)는 모두 보살이다.

『화엄경』의 세계관은 무한한 시간 속에서 무한한 공간이 서로 관계하며 끝없이 펼쳐진 장엄 세계이다.『화엄경』을 '정각(正覺)의 개현경(開顯經)'이라고도 하는데, 부처의 깨달은 내용을 그대로 밝힌 경전이기 때문이다. 그리하여 해인삼매(海印三昧) 일시병현(一時炳現)의 법문이라고 한다. 이 때문에 성문들은 귀머거리처럼 알아듣지 못했다고 한다.

『화엄경』은 부처의 깨달음의 세계를 비로자나불(Vairocana, 光明遍照)의 세계로 상징적으로 표현하고 있다. 비로자나불은 무량한 공덕을 완성하고, 제불(諸佛)에게 공양하며, 수많은 중생들을 교화하여 정각을 이루고, 전신의 모공에서 화신의 구름을 나투어 중생을 개화(開化)한다고 하는 웅대한 부처이다. 이 부처의 지혜의 대해(大海)는 광명이 골고루 비추고 있으며 무한하다.

또한『화엄경』은 깨달음을 목표로 하여 보살이 수행하여 깨달음의 단계를 순차적으로 올라가는 경과를 설하고 있다. 즉 10신(十

信)·10주(十住)·10행(十行)·10회향(十廻向)·10지(十地)라는 보살의 수행 단계와 거기서 얻는 지혜를 설하고 있다.[2]

한편 다른 대승 경전에서도 유사하게 설하고 있는 인간의 성불 가능성을『화엄경』에서는 성기(性起)와 일심(一心)으로 설하고 있다.

일심은 대승 경전에서 주로 설하고 있는 자성 청정심이나 본성 청정 등의 설과 같다. 범부가 가지고 있는 본성이 원래 청정하므로 정각을 이룰 수 있는 마음자리를 말한다.

성기는「여래출현품」(如來出現品)에 설해져 있는 내용으로서 깨달음이란 법계가 여래로 되어 출현하는 것, 즉 중생심 가운데 현재 현기(現起)해 있는 그대로가 바로 여래의 성기라고 하는 내용이다.

앞에서 여러 경전들이 화엄 사상이라는 이름 아래 하나의 경전으로 모아졌다고 언급하였다. 중요한 몇 품을 살펴보기로 한다.

「십지품」(十地品)은 10지를 순차적으로 닦아 정각을 이루는 과정을 상세히 설해 놓은 품으로, 10지는 보살의 독자적인 수행 단계이다. 이 품은『십지경』으로도 알려져 있다.

『화엄경』에서 말하는 깨달음의 수행 계위는 바로 이 10지에서부터 시작된다. 그래서 경전에서는 각각 10지의 수행 덕목을 서술하고 있으며, 각각 10지에 10바라밀을 배내하고, 또한 초지~제4지에 4섭법〔布施·愛語·利行·同事〕을 배대하기도 한다.

「보왕여래성기품」(寶王如來性起品)도 예전에는『여래성기경』(如來性起經)이라는 독립된 경전이었는데『화엄경』의 일부분으로 편입되었다.

「보현행원품」(普賢行願品)은『화엄경』의 실천 체계와 해탈을 총체적으로 함축하고 있는 품이다. 이 품에는 보리심을 일으켜 수행해 나가는 가운데 자리와 이타의 서원이 함께 드러나 있다. 이 품은 『화엄경』의 일부분이지만 고래로부터 현재까지 독송용으로 따로 발행되고 있으며 불자들이 수행의 근본으로 삼는 대표적인 품이다.

「입법계품」(入法界品)은 간다뷰하(gaṇḍavyūha, 雜華)라 부르며, 40권 본 『화엄경』으로 편역되기도 하였다. 이 품은 경전 전체의 3분의 1에 해당될 만큼 방대한 양이다. 「입법계품」은 처음에 부처의 깨달음의 경계인 불가사의한 해탈 경계를 보이고, 이어서 그 깨달음의 경계에 들어가기 위한 보현의 행원을 밝히고 있다. 선재 동자가 문수보살에 의해 보리심을 발하고, 53선지식을 방문하여 마침내 보현 보살 도량에 이르러 깨달음을 얻는 것으로 구성되어 있다.

3. 『화엄경』의 선관

(1) 성기 사상

『화엄경』의 대표적인 테마 가운데 하나가 성기(性起, tathāgata-gotra-saṃbhava) 사상이다. 이 성기 사상은 60권 본 『화엄경』에서는 「여래성기품」(如來性起品), 80권 본에서는 「여래출현품」(如來出現品)에 설해져 있으며, 성기와 출현은 같은 말로서 두 품의 내용이 같다.

성기란 불성현기(佛性現起) 혹은 체성현기(體性現起)가 줄어든 말로서 성(性)의 기(起), 즉 성의 현현(顯現)이다. 성이란 여래의 본질로서

계(界) · 진여(眞如) · 법계(法界)를 말하고, 여래의 작용은 진여 · 법계의 현현이다.[3] 한편 『화엄경』에서 성기 사상만큼 중요시되는 주제가 연기 사상이다.

연기와 성기는 본질적으로 다르지 않다. 의상(義湘, 625~702년) 대사의 「법성게」(法性偈)에 의하면, "진성(眞性)이 매우 깊고 지극히 미묘하나 자성을 지키지 않고 인연 따라 이루네."[4]라고 하였다. 연기의 주체는 법성 · 진성인데, 이 법성은 무자성이요, 공성이다.

성기의 주체는 마음이다. 이 마음 이외에 어떤 것(法)도 존재할 수 없다. 따라서 일심의 마음이 곧 법이며, 마음 밖에 법이 따로 있을 수 없으므로 연기가 곧 성기이고, 성기가 곧 연기이다. 삼라만상 법, 그 자체가 중생심에 현기해 있는 그대로가 여래의 성기이기 때문이다. 또한 연기와 법성이 모두 공이므로 연기와 성기는 상즉하는 것으로 성기가 곧 연기이고, 연기가 곧 성기이다.[5]

「여래성기품」에서 말하는 성기란 원래 여래의 지혜인 여래의 성품이 그대로 드러난 존재인 것이다.[6] 김호성은 "여래장 사상이나 화엄 사상 모두 다 인간 존재의 바탕(dhātu)은 성(性, gotra)이다."라고 피력하고 있다.[7]

「여래성기품」에서 드러나듯이 성기는 여래의 종성(種姓)에 태어났다는 의미이다. 여래 종성에 태어났다는 의미를 『법화경』에서는 불자(佛子), 『유마경』에서는 여래종(如來種) · 불종(佛種) · 여래성(如來性), 『열반경』에서는 불성, 『승만경』에서는 여래장, 『보성론』에서는 여래계 · 여래성이라고 표현하고 있다. 이 점은 우리 중생들이 여래의 성품인 종자를 가지고 있다는 뜻인데, 대승 경전의 보편적인 사상이기도 하다.

성기란 본유(本有, 중생에게는 누구나 깨달음의 본성이 갖추어져 있음)[8] 인 체가 중생심에 나타나 있는 것이다. 즉 번뇌가 전혀 없는 부처가 중생에 현재하는 것이다. 깨달음이란 법계가 여래로 되어 출현하는 것, 즉 중생의 마음 가운데 지금 바로 일어나고 있는(現起) 그대로가 바로 여래의 성기라는 것이다. 이는 수행에 의해 부처가 되는 것이 아니라 본래 부처를 이루고 있다는 뜻이다.[9] 부처의 본 성품을 가지고 있기 때문에 원래 부처인 것이다. 바로 이 점은 후대 선종에서 돈오 사상을 확립하는 중요한 기반이 되었다.

보현 보살이 "부처님의 지혜는 한량이 없어 어느 곳에나 두루 가득 차 있지만, 중생이 어리석어 부처님의 지혜를 알지 못하고 있다. 부처님의 지혜·형상이 없는 지혜·걸림 없는 지혜가 모두 중생의 몸 속에 갖추어져 있지만 어리석은 중생들은 알지 못하고 보지 못해 믿음을 내지 못하고 있구나."라고 탄식을 하자, 부처님께서 천안(天眼)으로 일체 중생을 관찰하고 이런 말씀을 하셨다.

기이하고 기이하다. 모든 중생이 여래의 지혜를 갖추고 있으면서도 어리석고 미혹하여 알지 못하고 보지 못하고 있구나. 내가 마땅히 성인의 진리로서 그 허망한 생각과 집착을 여의게 하고 자기의 몸 속에 있는 여래의 광대한 지혜가 부처와 다름이 없다는 것을 가르쳐야 하리라.[10]

『화엄경』에서 드러나는 세계는 부처의 눈으로 본 세계이다. 부처의 눈으로 볼 때 우리 한 사람 한 사람 각자에게서 법계의 빛이 비치고 있으며, 우리들 하나 하나가 부처와 똑같은 지혜와 덕상을 구족하고 있는 것으로 보이는 것이다. 이렇게 일체 초목 국토 중생이 여래의 지혜와 덕상을 본래 갖추고 있는데, 중생들이 이를 알지 못하고 있는 것을 부처님이 한탄하고 있다.

여래의 작용은 신·구·의 3업에 의한 작용으로 대별된다. 그 각각의 작용을 고찰하면 신체에 의한 여래의 작용은 인간의 모습뿐만 아니라 다른 일체의 모습으로 응화되어 나타나고 있다. 마음에 의한 여래의 작용은 지혜의 작용을 말한다.

「여래성기품」에서 "거대한 삼천 대천 세계가 일미진(一微塵) 속에다 들어간다(一微塵中含十方 一切塵中亦如是)."라고 하였다. 여래의 지혜가 한 사람 한 사람의 중생들 마음속에 스며들어 있다는 것을 말한다. 이러한 사실을 가지고 부처님께서는 "기이하고 기이하다. 일체의 초목 국토 중생이 여래의 지혜와 덕상을 본래 갖추고 있다."라고 한 것이다.[11]

즉 진리의 세계는 우주 전체로서 그 우주 가운데 한 사람 한 사람이 들어 있다는 비유이다. 현실 세계인 사바 세계와 법계가 같다면, 현실 세계에 살고 있는 우리들은 법계의 한 구성원이 되는 셈이다. 한 사람 한 사람의 티끌 속에 각각 삼천 대천 세계와 진리 그 자체인 부처의 법신이 들어 있다.

이와 같이 살펴본 대로 『화엄경』에서 여래 성기를 설한 것은 바로 중생, 한 사람 한 사람에게 여래의 지혜가 행화되어 그 결과 중생도 여래의 본질과 같다는 뜻이다. 곧 중생 모두가 여래 성기의 결과라는 것이다.

또한 여래와 본질이 같기 때문에 모든 중생 한 사람 한 사람에게 성불할 수 있는 가능성을 보여 준다. 다만 중생에게는 여래와 같은 본질이 번뇌에 가려져 있어서〔如來藏〕여래와 같은 작용을 나타내지는 못하지만, 기연(機緣)이 숙성되면 여래가 될 수 있는 것이다. 이러한 여래의 모습을「여래출현품」에서는 허공에 비유하였다.

정각자는 일체법에 있어 둘도 없고 둘을 여윈 것도 아닌 평등함을 본다. 자성이 청정해 허공과 같고, 아와 무아를 분별하지 않는다. 바다에 중생의 몸이 나타나듯이 이로써 대해라고 설하느니라. 보리에 마음과 행, 모두가 나타나므로 정각이라고 한다. 비유하자면 세계에는 일어났다 사라짐은 있지만 허공은 늘어났다 줄어듦이 없는 것처럼, 일체 제불(一切 諸佛)이 세간에 출현해도 보리는 한 모양이며, 늘 한 모양도 없느니라.[12]

여기서 말하는 보리는 바로 성기를 말하며, 몸이라는 것은 성(性)을 가리키는 것으로 성 가운데에 이미 보리가 이루어져 있는 것이다. 이렇게 한 중생, 한 중생이 정각을 이루는 경지는 상대성이 끊어진 자리이고, 불이(不二)의 경지이며, 무성·공성의 자리이다. 허공이 어느 세계에 존재하지 않는 곳이 없고 어디에나 머물 듯이 법신의 본연적인 모습도 이와 같다.

"여래 법신이 모든 곳, 모든 세계, 일체 법, 모든 중생에게 두루 두루하지만, 법신은 가는 바가 없다. 모든 여래의 법신은 어떤 일정한 실체(정해진 모양새)가 없기 때문이며, 다만 중생이 원하는 바에 따라서 시현(示現)하기 때문이다."[13] 그러나 그 광명이 두루 두루 비추지만, 광명이 미치지 않는 곳이 있다.

"해와 달의 광명이 세간과 심산 유곡 어느 곳에나 다 비치지 않는 곳이 없는 것처럼, 여래의 지혜 광명도 또한 두루 일체 중생에게 비치지만, 중생들의 선근이 같지 않기 때문에 그 광명도 조금씩 다르다."라고 하였다.[14] 일월의 광명이 세간 어느 곳이나 다 비추는 것처럼, 법신도 모든 중생에게 다 비치지만 중생들의 근기가 같지 않기 때문에 그 광명도 조금씩 다른 것이다.[15] 그래서 중생들은 여래의 지혜와 덕상을 본래 갖추고 있지만 중생들은 이를 잘 알지 못하기 때문에 여래의 작용이 필요하다. 그것이 바로 자비인 것이다.

화엄 교학의 성기설은 그 바탕에 본성과 자성의 청정을 전제로 하면서도 결론에서는 『화엄경』의 입장 즉 깨달은 부처의 시각, 보살의 해인삼매 선정, 사사무애의 종합적 입장에서 전개되고 있다. 필자는 자성·본성·여래장·불성 차원에서만 이 장을 장식하고 있다.

이와 같이 초기 대승 경전인 『화엄경』의 성기 사상은 중기 대승 불교에 등장하는 불성과 여래장 사상의 연원이 되어 그때 성립된 『여래장경』이나 『보성론』·『대반열반경』·『승만경』으로 계승되었다. 또한 성기 사상은 중국 선종의 선사들에게 수행 풍토의 근간이 되었다. 특히 마조계(馬祖系) 선사들로부터 성기 사상은 더욱 빛을 발하였다. 이 점에 대해서는 뒤에서 전개하기로 한다.

초기 대승 경전 – 『화엄경』의 여래 성기(如來 性起)
(부처의 본질론)
↓
중기 대승 경전 – 『승만경』의 여래장(如來藏)
↓
후기 대승 경전 – 밀교의 대일여래(大日如來)
변법계신(遍法界身)으로서의 비로자나
↓
『원각경』의 '중생 본래 성불'[16]

(2) 유심 사상

유심 사상은 초기 불교에서는 심성 본정설로 드러나 있는 마음 사상이요, 불교 경전 전반에 걸쳐 있는 주제이기도 하다. 다른 대승 경전에 비해 특히 『화엄경』에서는 유심 사상이 강조되어 있다.

이 경의 「십지품」에서 제시하는 심은 인간의 근원적 마음 구조를 말한다. "원래 근본적인 마음과 동일하게 보는 부처란 어떤 것인가?"라는 물음에 대해 "정심(淨心)이야말로 제불(諸佛)을 본다."[17]라고 하였듯이 청정한 불심이 될 때 부처를 볼 수 있는 것이다. 그러나 청정한 본성인 마음이지만 연기(緣起)하는 마음이다. 「십지품」 제6 현전지(現前地) 유심게(唯心偈)에 전하는 마음에 관한 내용을 보기로 한다.

3계는 다만 탐심으로 쫓아 일어나나니, 12인연이 오직 일심 가운데 있는 줄 알아야 한다[三界唯心]. 이와 같이 생사도 또한 우리

의 마음에서 일으킨 것[萬法唯識]이니, 그 마음을 멸한다면 생사조
차 있을 수 없다.[18]

우리들의 경험은 모두 인식을 통해 성립하고 있으며, 인식과 경험
은 일심으로 귀착된다는 것을 의미한다. 일심은 대승 경전에 자성 청
정심이나 본성 청정 등으로 설하는 것과 같다. 범부도 자성이 청정함
을 가지고 있으므로 중생이 보리심을 일으킴으로써 정각을 이룬다고
하여 초발심변성정각(初發心便成正覺)이라고 한다.

욕계 · 색계 · 무색계인 3계라는 것도 어찌 보면 안으로부터 바깥에
투영된 세계이다. 실재하는 세계는 아니다. 그래서 삼계가 허망하다
고 하는 것이며, 그 허망한 세계는 마음이 만들었기 때문에 12인연
모두가 마음에 의존하는 것이다[三界虛妄 但是心作 十二緣分 是皆依心].
12인연의 생과 노사도 마음에서 떠오른 생이며, 마음에서 지어낸 노
사이다. 마음에서 연기한 망심[19]이기도 하다. 이처럼 12인연의 요소
모두가 마음이 지어 낸 것이다. 이어서 또 80권 본 『화엄경』「십지품」
에서는 이렇게 말하고 있다.

마음으로 3계가 생긴 것이고, 12인연도 또한 그런 것이다. 생과
사를 마음으로 짓는 것이니, 마음이 다한다면 생사도 없다.[20]

이렇게 이 세상 만유 일체가 마음에서 연기한 것임을 드러내고
있다. 60권 본 『화엄경』「야마천궁게찬품」(夜摩天宮偈讚品)에서 각림
(覺林) 보살이 이러한 게송을 읊었다.

마음은 화가와 같아서 모든 세간을 그려 낸다. 5온이 마음을 따라 생겨난 것이니, 이 세상 모든 것들은 이렇게 만들어지지 않은 것이 없다. 마음과 같이 부처도 또한 그러하고, 부처와 같이 중생도 또한 그러하다. 마음과 부처, 중생 이 셋은 차별이 없다.[21]

다음 장에서 전개하는 법계 연기 차원에서 볼 때, 색이 곧 공이요 공이 곧 색이듯이, 부처가 곧 중생이며 중생이 바로 부처인 것이다. 그런데 부처와 중생이 똑같다고 한다면, 그들에게 공통 분모가 있어야 할 것이다. 위의 게송에서 보듯이 부처와 중생에게 '유심'이라는 공통 분모가 있기 때문에 마음과 부처와 중생은 차별이 없는 것이다. 이에 대해 마음에 관한 주석에서 화엄종의 3조 현수 법장(賢首 法藏, 643~712년)은 "마음으로 부처를 이루는 것이므로 마음과 부처는 다르지 아니하다(謂心作佛 心佛無別)."라고 하였다. 이러한 견지에서 발달해 중국 당나라 때 마조 도일과 그 문하에서 수행의 근본으로 삼은 것이 바로 즉심시불(卽心是佛)이요, 평상심시도(平常心是道)이다. 이어서 게송에서 이렇게 설하고 있다.

만약 사람이 과거·현재·미래 3세의 부처를 알고자 한다면, 반드시 법계의 성품을 관하라. 오직 이 마음이 모든 것을 만든다.[22]

이와 같이 일체 모든 것을 오로지 마음이 만든다고 하였는데, 60권본『화엄경』에서는 "만약 사람이 과거·현재·미래 3세의 부처를 알고자 한다면, 마음이 모든 여래를 만든다는 것을 관해야 한다."고 하였다.[23] 곧 마음=부처=중생이라는 것을 드러낸 것이다. 화엄종의 4조 청량 징관(清涼 澄觀, 738~839년)은 이 교설에 의하여 여래장으로서의 심, 그 자체의 절대성·자재성에 바탕을 두고 일체 사물과 현상의 상즉·상입을 설하는 화엄 교학의 궁극성을 주장하고 있다.

마음에 깨달음을 두고 있는 부처님의 가르침은 연기의 진리이다. 마음은 법에 따라서 업(業)이 생기기도 하고 사라지기도 하는 연기의 당체이다. 즉 항상 불변하는 실체도 아니며 인연 없이 생겨나는 그(어떤) 것도 아니다. 본래성에서 공이며, 서로 다른 것들과 의지하여 생(生)하여 연기하게 되는 것이 바로 마음이다.

세간의 작용이 발생하는 것은 모두 자기 집착인 아집과 아상으로 인해 생겨나는 것이다. 아집만 없다면 작용도 발생하지 않는다. 12인연에 모이는 것이 있을 수 없고, 흩어지는 것 또한 있을 수 없다. 인연이 합하면 존재하고, 인연이 흩어지면 사라지는 것이다.[24] 그러므로 유심은 연기를 그 내용으로 하는데, 바로 이것이 법계 연기이다.[25] 법계 연기에 대해서는 다음 장에서 살펴보기로 한다.

이와 같이 전개한 『화엄경』의 유심은 후대 무착(無着, 310~390년)과 세친(世親, 320~420년) 보살에 의해 유식학으로 체계를 잡으면서 진심(眞心)으로 자리 잡는다.

(3) 법계 연기

만유 제법(萬有 諸法)은 모두 법에 의해 현상된 것이므로 이를 법이라 말하고, 그 법에 의해 나타난 만유 제법은 또 각기 그 본성을 지켜 잡란하지 않기 때문에 이를 계라고 한다. 법계란 이(理)의 입장에서 말하면 일심 진여를 가리키는 것으로 우주 만유의 본체이지만, 사(事)의 측면에서 바라보면 우리 눈앞에 펼쳐진 삼라만상 일월성신 및 산하 대지 어떤 것 하나도 법계 아닌 것이 없다. 한 마디로 법계(法界)란 우주 만유의 총칭이라고 할 수 있다.

계(界, dhātu)라는 말은 『화엄경』에 자주 등장한다. 비로자나불은 법계 자체이며 우주 전체가 법계이고, 부처님의 몸은 우주와 같은 크기이며, 우리들 모두는 우주만한 크기의 부처에 둘러싸여 있다고 설하고 있다. 또한 『화엄경』에서는 부처님을 단순히 깨달았기 때문에 '부처'라고 통칭하지 않는다. 우주 자체가 부처라고 보는 것이 『화엄경』의 입장이다. 이것이 법계로서의 부처님이다. 이러한 부처님을 다른 말로 법신(法身)이라고 부른다.[26]

그렇다면 법계 연기의 의미를 살펴보자. 앞에서 언급한 대로 깨달음 그 자체로 드러난 법신 연기, 즉 현재 눈앞에 벌어진 일체의 사물 현상 그대로인 연기의 모습을 법계 연기라고 한다. 그 연기는 어떤 실체성이나 고정성을 갖고 있지 않으며, 많은 거울이 서로 비추어 서로가 한없이 서로의 모습을 나타내듯이 중중무진하게 관련지어 있는 것이다. 모든 사물과 현상이 항상 무수한 것들과 서로 관련지어 있어 전체에 대한 하나로서 존재한다. 또한 그것이 진실 그 자체로 나타나 있는 것이 바로 법계 연기인 것이다.

『중아함경』에서 "연기를 보는 자는 법을 보고, 법을 보는 자는 연기를 보는 것이다〔若見緣起 便見法 若見法 便見緣起〕."라고 하였고, "연기를 보는 자는 법을 보고, 법을 보는 자는 부처를 본다."라고 하였다.

곧 연기 사상은 부처님의 가르침을 이해하는 첫걸음이다.

연기는 팔리어로 파팃차-사뭇파다(paṭicca-samuppada)이다. 파 팃차(paṭicca)는 말미암아, 때문이라는 뜻이고 사뭇파다(samup-pada)는 일어나다, 생기하는 것을 말한다. 즉 연기는 인연하여 일어 나는 것을 뜻하며, 다른 것과 관계를 맺어 일어나는 현상계의 존재 법칙이다.

서정주 시인은 「국화 옆에서」라는 시 구절에서 "한 송이 국화꽃을 피우기 위해 봄부터 소쩍새는 그렇게 울었나 보다. 한 송이 국화꽃을 피우기 위해 천둥은 먹구름 속에서 또 그렇게 울었나 보다. ……"라 고 하였다. 곧 국화꽃 한 송이가 피는 데도, 봄의 소쩍새 울음 소리와 여름의 천둥 소리라는 시간적인 연기 법칙이 존재하며 물·공기·햇 빛·바람 등의 공간적인 연기 법칙이 있기에 꽃 한 송이를 피울 수 있 는 것이다.

이렇게 우주 법계의 어떤 사물, 어떤 존재이든 홀로 존재하는 것은 없다. 서로 서로의 시간적·공간적 인과관계 속에 존재하는 법이다. 우주의 삼라만상은 각기 서로 인이 되고, 연이 되면서 중중무진한 연 기를 하므로 이것을 법계 연기라고 한다.

법계 연기에 관한 해설에서 화엄종에서는 4조 징관 이래로 4종 법 계를 중시하였다. 일심(一心)을 기본으로 하여 이루어지는 일심 법계 를 네 가지 방식으로 나눈 것이 4법계이다.

사 법계(事 法界)는 인연으로 말미암아 있기도 하고 사라지기도 하 는 차별의 현상계이다. 즉 우리들 눈앞에 전개되는 사사물물 곧 높은 산, 흐르는 물, 움직이는 사람들, 날아다니는 조류, 헤엄치는 물고기,

축생 등 그들 각자 자성을 지켜 서로 섞임이 없이 질서 정연하게 조화를 이루는 법계이다.

이 법계(理 法界)는 우주 만유의 실성인 본체계를 말한다. 사 법계(事 法界) 입장에서 바라보면 사사물물 차별 그대로가 절대의 존재이다. 진여의 한 이치로부터 연기한 것으로 평등한 일심에 돌아가고, 진리의 일리(一理)에 돌아가 마음 밖에 법이 없으며, 진여 밖에 만법이 없다.

이사무애(理事無碍) 법계는 차별의 현상[事]과 평등한 이체(理體)가 서로 붙어 있어 떨어질 수 없는 불가분의 관계를 말한다. 사(事)는 형상 있는 만물의 차별적인 상대계이며, 이(理)는 형상 없는 일미(一味) 평등의 절대계이다. 이 상대와 절대, 차별과 평등, 즉 이와 사가 원융무애한 법계이다. 이렇게 이사의 관계는 원융무애한 것으로 현상이 곧 본체요 본체가 곧 현상인 것이다.

『반야경』(般若經)으로 본다면 색이 곧 공이요, 공이 곧 색이다. 또한 공에 즉(即)한 색이며 색에 즉한 공이다. 따라서 중생이 곧 부처요, 부처가 곧 중생이므로 중생 밖에 부처가 따로 존재하는 것이 아니고 부처를 떠나서 중생이 있는 것이 아니다. 중생 그 자체가 부처인 것이다. 또한 생사가 곧 열반이요, 열반이 곧 생사이다. 생사를 떠나서 열반이 있을 수 없음이요, 열반을 떠나서 생사가 있을 수 없다. 그러므로 중생과 부처, 번뇌와 보리, 생사와 열반이 서로 대립하는 것이 아닌 중생 즉 불, 번뇌 즉 보리, 생사 즉 열반으로서 만유는 원융무애한 것이다.

사사무애(事事無碍) 법계란 이(理)와 사(事)가 무애한 것처럼 사와

사가 무애함을 말한다. 일체 현상이 다 본체계에 상즉(相卽)하는 것이라고 한다면 그 현상들 각각이 서로 서로 상즉하는 것도 당연한 이치이다. 진리인 일리(一理) 평등한 일심에서 연기한 일체 만법의 낱낱 존재가 서로 관련해서 원융무애한 것을 말한다.

『화엄경』에서 구상하고 있는 세계는 시간적으로나 공간적으로 무한함을 말한다. "공간적으로는 일체 시방의 모든 국토는 부처의 일모(一毛)에 들어가 충만하다. 그 한 터럭의 구멍 중에서 모두 분별하여 일체 세계를 알며, 일체 세계 중에 모두 분별하여 일모공성(一毛孔性)을 안다. 시간적으로는 일념(一念)에 일체 세계를 알아 모두 남음이 없는 경지에 든다."라고 하였다.[27] "일체 제불은 일념 중에서 3세 일체 중생의 여러 가지 업보를 모두 다 분별한다."[28] "무량겁이 바로 이 일념임을 알며 일념이 곧 이 무량겁임을 안다."[29] 결국 앞에서 전개한 『화엄경』의 사항들은 '일(一)은 곧 다(多)이며 다는 곧 일'[30]인 일즉다(一卽多) 다즉일 사사무애 법계인 원융 사상이다.[31]

하나 하나의 사물이 각각 세계의 중심이 되고, 한 사물이 중심이 될 때는 그 이외는 주변이 된다는 상호 관계가 성립된다. 일즉일체(一卽一切) 일체즉일(一切卽一)은 이러한 사상을 전개한다. 사사무애 법계란 만물의 하나하나가 서로 세계의 중심이 된다는 주체성 있는 사상으로 볼 수 있다.

이 사사무애 법계를 구체적으로 설명하고 있는 것이 10현연기설(十玄緣起說)[32]과 6상원융설(六相圓融說)[33]이다. 6상원융은 연기의 제법은 모두 6상의 원리로 성립된다는 연기의 전체적 설명이요, 10현연기설은 10현문(十玄門)·일승10현문(一乘十玄門)·10현연기무법문(十

玄緣起無法門)이라고도 하며, 법계 연기를 체계적으로 설해 놓은 화엄의 대표적인 사상이다.

4. 선과 화엄 사상

(1) 화엄종과 선 사상

부처의 깨달은 세계와 화장 세계를 표현한 『화엄경』은 교학자들의 소의 경전이 되기도 하지만 화엄에 담긴 성기 사상과 유심 사상은 선종 수행자들의 근간이 되었다.

중국의 종파 불교 가운데 하나인 화엄종은 법상종·천태종과 함께 중국의 대표적인 종파이다. 화엄종 승려들은 여러 경전 가운데 『화엄경』을 수승한 경전으로 두고, 『화엄경』과 비견되는 사상으로 선을 배치하였다.

『화엄경』의 선적인 측면과 교학적인 측면을 염두에 두고, 『화엄경』과 선을 처음으로 결합시킨 사람이 화엄종의 4조 청량 징관이다.

징관은 출가하여 우두 법융(牛頭 法融, 594~657년)에게서 수행하였고, 하택종의 무명 선사(無名 禪師)에게 인가를 받았다. 징관은 선종을 5교 가운데 돈교에 해당하며,[34] 선 사상은 4법계에서는 이사무애 법계에 해당된다고 하였다.

소(疏)에 정진(情眞)하여 이(理)로 나타내면 곧 작불(作佛)이라

이름한다. 이를 선종으로 보면 이사무애문이요, 보현문(普賢門)으로 보면 화엄인 사사무애문이다.[35)]

이와 같이 징관은 선 사상을 이사무애 법계로 하고, 『화엄경』은 사사무애 법계로 한정지었다. 즉 화엄을 선 사상보다 수승한 것으로 보고, 선을 화엄 사상 아래에 두었다.

4조 징관의 법을 이은 화엄종의 5조는 규봉 종밀(圭峰 宗密, 780~841년)이다. 종밀은 출가하여 선종 가운데 한 파인 하택종의 수주 도원(遂州 道圓)에게서 수행하였고, 하택 신회의 법맥인 하택종의 5조이기도 하다.

이러한 종밀은 『선원제전집도서』(禪源諸詮集都序)에서 선의 3종과 교의 3교를 설한 뒤, 선과 교의 일치점을 논하였다.[36)] 다음은 종밀이 제시한 선 3종과 교의 3교를 대비한 내용이다.

〈 선종 〉	〈 교종 〉
	① 밀의의성설상교(密意依性說相教)
	ⓐ 인천인과교(人天因果教)
	ⓑ 단혹멸고교(斷惑滅苦教)
① 식망수심종(息妄修心宗) ┈┈┈	ⓒ 장식파경교(將識破境教)
➡ 북종	➡ (법상종 : 유식)
② 민절무기종(泯絶無寄宗) ┈┈┈	② 밀의파상현성교(密意破相顯性教)
➡ 우두종	➡ (삼론종 : 중관)
③ 직현심성종(直顯心性宗) ┈┈┈	③ 현시진심즉성교(顯示眞心卽性教)
➡ 홍주종·하택종	➡ (華嚴宗 : 華嚴經·圓覺經·起信論)

도표에서 보듯이 종밀은 교선 일치[37)]를 주장하였는데, 교종으로

③ 현시진심즉성교에는 『화엄경』을, 선종으로 ③ 직현심성종에는 마조계의 홍주종과 자파의 법맥인 하택종을 배대하였다.

4조 징관이 자기의 화엄 체계 가운데 선을 의식하고 있는 반면, 5조 종밀은 자신의 선의 위치 설정에 화엄을 활용하였다.[38]

이와 같이 화엄종 승려들은 화엄에 비견될 만한 사상을 선이라고 보았으며, 선과 화엄의 일치를 학문적으로 정립하였다.[39]

신라 말 고려 초, 9산 선문을 개산한 신라의 입당승들도 당나라에 들어가 수행하기 전에 『화엄경』을 연구하던 이들이 많았다.[40] 구법 승들에게 화엄과 선의 일여(一如)함은 부자연스럽지 않았던 것으로 사료된다. 또한 중국 선종 초기와 북종계·남종계 선사들의 어록에 화엄 사상이 여러 곳에 언급되어 있는 점으로 보아 선 속에 화엄이, 화엄 속에 선이 면면히 흐르고 있다는 것을 알 수 있다.

(2) 선종과 화엄 사상

선종 초기 선사인 3조 승찬의 작품에 『신심명』(信心銘)이 있다. 『신심명』에 의하면, "하나가 곧 일체요, 일체가 곧 하나이니 다만 능히 이렇게만 된다면 마치지 못할까 무엇을 근심하리오〔一卽一切 一切卽一 但能如是 何慮不畢)?"라는 구절이 나온다. 일즉일체 일체즉일은 개별적인 존재와 전체의 통일을 의미하는데, 이러한 수준에만 도달하면 이루지 못할 것이 없다는 뜻이다.

석두 희천(石頭 希遷, 700~791년)의 「참동계」(參同契)에는 이런 구절이 있다. "모든 〔법의〕 문은 일체 경계를 포함하니, 서로 어울리기도 하고 어울리지 않기도 하네. 어울리면 서로 섭(涉)하게 되나니, 한 곳의 머무름에 의지하지 않아야 한다〔門門一切境 回互不回互 回而更相涉 不爾依位住〕." 즉 6근(六根)의 일체 경계는 회호(回互)·불회호(不回互)한다. 회호하면 다시 서로 섭하고, 그렇지 않으면 제자리에 머물게 된다. 이 석두계의 법맥인 동산 양개(洞山 良价, 807~869년)의 「보경삼매가」(寶鏡三昧歌)에서도 정(正)의 평등과 본체〔理〕, 편(偏)의 차별과 현상세계〔事〕가 서로 정편회호(正偏回互)라는 것을 보이고 있다.

이와 같이 앞에서 3조 승찬, 석두 희천, 동산 양개의 사상을 보았을 때, 법계 연기 사상을 바탕으로 정각의 경지를 표현하였다는 것을 알 수 있다.

또한 5조 홍인이 지었다고 하는『수심요론』(守心要論)에 '십지론'이라는 이름으로『화엄경』의「십지품」이 인용되어 있다.

홍인의 제자 대통 신수는 경전에 의거해 방편문을 제시하였다. 방편문을 "대승무생방편문"(大乘無生方便門)[41]이라고 하는데, 방편문의 마지막인 요무의문(了無異門)은『화엄경』에 의거한 것이다. 즉 제법의 무애 원융과 해탈의 도를 밝혀서 마음에 일체의 상대적인 차별이 없는 무이(無異)의 법을 깨닫도록 한 방편문이다.[42] 또한 신수는『화엄경』을 주석해서『화엄경소』(華嚴經疏)를 편찬했으며,『묘리도성관』(妙理圖成觀)을 지어 화엄 사상을 단적으로 표현하였다.

신수의 제자 가운데 보적(普寂, 651~739년)은『화엄경』에 통달한 사람으로 알려져 있어 당시에 그를 '화엄 존자'라고 부를 정도로 선사이자 화엄 학자였다. 보적은 당시 세 황제(중종·예종·현종)의 스승으로 존경받았으며 덕을 갖춘 선사였다.

이렇게 살펴본 대로 5조 홍인을 비롯해 북종계의 신수, 신수의 제자 보적은 『화엄경』을 근간으로 선 사상의 체계를 정립하였으며, 제자들의 교육 방편에도 화엄 사상에 근거하였음을 알 수 있다.

앞에서 필자가 글을 전개하면서 몇 번이고 언급했던 마조 도일의 사상에도 화엄의 성기 사상이 드러나 있다. 『조당집』(祖堂集) 「마조어록」에 "정녕 그러할진댄, 어디에서든 항상 진실 그대로이다."라고 하였고,[43] 『사가어록』(四家語錄) 「마조어록」에도 "참됨을 여의고 입처(立處)가 있는 것이 아니며 입처가 곧 참됨이다. 모두가 자가(自家)의 본체이다."라고 하였다.[44]

마조의 이와 같은 발언이 어록 여러 부분에 전하는데, 일체개진(一切皆眞) 재재처처(在在處處) 즉위유불(卽爲有佛), 즉 서 있는 그 자리가 바로 진리의 땅이요, 행하는 행위 자체가 부처라는 것은 모두 성기 사상의 발로요, 성기 사상의 선적 수용이라고 볼 수 있다.[45] 이렇게 마조는 현실 그대로가 참됨이라는 선적인 표현을 하였는데, 성기 사상 역시 현실(事) 그대로가 곧 여래 법성의 출현이라고 절대시하기 때문이다.

이 마조 선사를 기점으로 인도 선풍을 벗어나 중국의 선풍이 확립되기 시작했다고 해도 과언이 아니다. 마조는 화엄의 현실 긍정적인 사상을 중국 문화적인 요소와 결합시켜 선을 전개함으로써 중국다운 선 사상을 정립시켰다고 사료된다.

마조의 손자에 해당하는 황벽 희운의 『전심법요』에도 화엄 사상이 드러나 있다. 즉 '일즉일체 일체즉일', "제불과 일체 중생, 오직 이것은 일심으로서 다시 다른 법이 없다."라는 부분이다.

황벽의 제자 임제 의현은 임제종의 종조로 '어록의 왕'이라고 불린다. 임제는 제자를 지도하는 접인(接引) 방법을 이론적으로 체계화한 선사이다. 이 가운데 4요간(四料揀)[46]은 화엄에서 제시하는 4법계관(四法界觀)과 관계가 있는데, 이는 화엄종의 3조인 현수 법장(賢首法藏, 643~712년)에게서 영향을 받았다고 한다. 또한 4종 무상경(無相境)[47]은 사상적인 면에서 화엄 철학의 법계 연기와 밀접해 있는데, 그의 가르침은 화엄 사상에 근거를 두고 있다.[48]

한편 법안종의 나한 계침(羅漢 桂琛, 867~928년)과 영명 연수(永明延壽, 904~975년)의 선 사상에도 『화엄경』의 유심 사상이 담겨 있는데, 이들 또한 화엄과 선의 일치를 주장했던 선사들이다.[49]

지금까지 살펴본 대로 『화엄경』의 선관은 화엄종 승려들뿐만 아니라 선종 선사들에게도 면면히 흐르고 있다. 특히 초기 선종 선사로부터 시작해 북종선·조동종·임제종·법안종 등 수많은 선사들이 『화엄경』의 성기와 유심 사상, 화엄의 세계관에서 영향을 받아 자신들의 선 사상 체계를 정립하였고, 제자들의 교육 방법에도 화엄 사상을 활용하였다는 것을 엿볼 수 있다.

5. 성기와 유심 사상

『화엄경』은 대승 불교 초기 경전으로, 당시 유사한 내용들이 하나씩 하나씩 『화엄경』이라는 이름 아래 모아지면서 내용들이 조금씩 첨가되고 확대되었다. 이 경전의 중국 전래는 5세기 초 무렵으로, 한

역은 권수에 따라 40권 본·60권 본·80권 본이 있다. 이 경전은 신해행증(信解行證)의 긴밀한 구조로 짜여 있으며, 이론을 바탕으로 수행하고 그 수행의 결과로 증득하는 체계를 보여 주는 경전이다.

『화엄경』의 세계관은 무한한 시간과 공간이 펼쳐진 장엄한 세계관이다. 이는 깨달음의 세계를 그대로 표현한 것이라고 볼 수 있다. 깨달음을 그대로 드러내면서 보살 행자가 깨달음을 얻는 계위도 함께 설하고 있다. 즉 이 경은 인간이 정각을 이룰 가능성과 이론 체계를 설하였다. 그것은 바로 성기와 유심 사상에 근거를 두기 때문이다. 바로 이 사상을 필자는 『화엄경』의 선관 사상으로 보았다.

첫째, 성기 사상이다. 이 성기란 어느 중생 누구나 깨달음의 본성을 갖추고 있는 본유(本有)인 체(体)가 중생심에 나타나 있는 것을 말한다. 즉 깨달음이란 법계가 여래로 되어 출현하는 것, 즉 중생의 마음 가운데 지금 바로 일어나고 있는[現起] 그대로가 바로 여래의 성기인 것이다. 이는 수행에 의해 부처가 되는 것이 아니라 본래 부처를 이루고 있다는 뜻이다. 이렇게 여래의 성기를 설하는 것은 바로 중생 한 사람 한 사람에게 여래의 지혜가 행화되어, 그 결과 중생도 여래의 본질과 같기 때문이다. 여래의 본질과 같기 때문에 모든 중생 한 사람 한 사람에게 성불할 가능성이 있는 것이다.

둘째, 유심 사상이다. 이 마음이란 화가가 마음대로 모든 것을 그리는 것과 같다. 이 세상 모든 만물이 마음을 따라 생겨나고 사라진다. 그런데 이 마음은 고정 불변한 마음이 아니다. 청정한 본성이지만 연기하는 본성인 것이다. 마음은 법에 따라서 업이 생기기도 하고 사라지기도 하는 연기의 당체이다. 곧 본래성에서 공이며 서로 다른 것과 의지함으로써 생하여 연기하는 마음인 것이다.

셋째, 법계 연기이다. 법계 연기는 『화엄경』의 세계관이자 깨달음의 세계를 이론화하는 근거가 된다. 법계 연기는 우주 법계의 어떤 사물이나 생명은 홀로 단독으로 존재할 수 없으며, 각기 서로 인이 되고, 연이 되어 인과 관계를 맺고 있다는 것으로, 바로 중중무진 연기를 말한다. 이 법계 연기를 이무애·사무애·이사무애·사사무애인 4종 법계로 전개하였다.

이와 같이 전개한 화엄 사상은 중국 화엄종 승려들에 의해 빛을 발하였다. 그들은 여러 경전 중에 『화엄경』을 수승한 경전으로 두고, 이 경에 비견할 만한 사상으로 선종을 두었으며, 선종 중에서도 마조 계통의 선과 연계시켰다. 한편 7세기 이후 선종이 발달하면서 수많은 선사들이 자신의 선 사상 체계를 확립하는 데 화엄 사상을 인용하였다.

제5장
『열반경』의 선관과 불성 사상

1. 일체 중생이 성불할 수 있는 근거

불교사에서 『열반경』에는 두 가지가 있는데, 『소승 열반경』과 『대
승 열반경』이다. 대체로 『대승 열반경』을 『열반경』이라고 하고, 『소
승 열반경』을 『대반열반경』이라고 칭하며, 전·후자 모두 『대반열반
경』으로 칭하기도 한다. 소승 계열이든 대승 계열이든 『열반경』은 석
존의 입멸(入滅)이라는 역사적 사실에 근거하여 그 마지막 교훈에 의
미를 부여한다.

『소승 열반경』은 주로 역사적 사실을 중심으로 부처가 열반에 들
기까지 몇 개월 동안의 입멸을 전후한 유행(遊行)과 발병(發病), 춘다
의 최후 공양, 쿠쉬나가라 성의 사라 쌍수(沙羅 雙樹) 숲에서 열반에
들며 행한 최후 설법, 입멸과 제자들의 비탄, 사리 분배 등을 서술하
고 있다. 이 『소승 열반경』은 팔리 대장경의 『디가니카야』(*Dīgha-
nikāya*, 長部) 34경 가운데 16번째 경전이다. 한역 대장경에서는 장아
함 2권~4권인 『유행경』(遊行經)에 해당되며, 『불반니원경』(佛般泥洹
經)이라고도 한다. 한글 대장경은 동국역경원에서 발행되었다.

반면 『대승 열반경』은 부처님께서 쿠쉬나가라 사라 쌍수 아래서
열반에 들기 직전, 만 하루 동안 설하신 최후의 설법으로 철학적이
고 종교적인 의미가 강조되어 있어 당시 불교 사상이 체계적이고 조
직적인 논리로 전개되었다는 것을 알 수 있다. 필자가 다루고자 하는
것은 『대승 열반경』으로, 앞으로 내용 전개에서 『열반경』으로 칭하
기로 한다.

『열반경』의 선관에서 중심 주제는 불성(佛性)으로, 불성은 불교사

에서 대표적으로 쓰이는 용어이다. 이 단어가 최초로 등장한 경전이 『열반경』이다. 필자는 『열반경』의 선관 중에서도 불성에 중점을 두고 크게 세 부분으로 나누어 살펴보려고 한다.

첫째, 법신 상주(法身 常住)와 불성 사상은 『열반경』만의 독특한 사상이 아니다. 법신 상주가 불교사적으로 어떻게 전개되었는지와 불교사적 위치에서 바라본 『열반경』의 법신 상주에 대해 살펴보고자 한다. 또한 누구에게나 동등하게 구유(具有)되어 있는 불성에 관해 초기 불교부터 대승 경전에 이르기까지 어떻게 흘러 왔으며, 대승의 차원에서 여러 경전들과의 참 본성(불성)의 유사점에 대해 맥락을 잡아 보려고 한다.

둘째, 이 글의 주제는 열반을 주제로 한 불신(佛身, 法身)의 상주(常住), 모든 중생이 부처가 될 수 있다는 불성 사상이다. 법신은 늘 상주하여 변함이 없건만 단지 중생을 교화하기 위해 색신(色身)의 생멸을 보인 것이다. 이에 시공간적 항존의 법신이 어떤 의미인지를 살펴본다. 이어서 일체 모든 중생이 성불할 수 있는 근거인 불성에 대해 살펴보고, 성불할 수 있는 존재의 범위와 수행의 필요성에 대해 살펴보고자 한다.

셋째, 불성은 중국 선 사상 확립에 근간을 이루었으며, 조사선과 간화선 수행의 중심 주제이기도 하다. 특히 중국 초기 선사들이 선 사상 체계를 세우는 데 『열반경』의 불성을 어떻게 수용해 활용했는지에 대해 살펴보려고 한다.

2.『열반경』해제

『열반경』한역본 가운데 최초의 것은 동진(東晉)의 법현(法顯)이 번역한『대반니원경』(大般泥洹經) 6권(418년)이다.

이어서 북량(北凉)의 담무참(曇無讖)에 의해『대반열반경』(大般涅槃經) 40권(414~421년)이 한역되었다. 그런데『대반열반경』40권 중 전반부 10권은 앞의 법현이 번역한『대반니원경』이 포함되며 이를 북본(北本)이라고 칭한다.

당시 5호16국 시대에서 위진남북조시대로 접어드는 혼란한 시기에『열반경』을 연구하는 학자들이 남쪽으로 옮겨갔다. 혜엄(慧嚴, 363~443년)과 혜관(慧觀) 등은 앞의 담무참이 번역한 것과 법현의 것을 대조하고 수정해서『대반니원경』36권을 펴 냈는데, 이것을 송나라 남본(南本)이라고 한다. 후대『열반경』에 대한 연구는 대개 이 남본을 기초로 하고 있다. 필자는 이 한역본을 전거로 논을 전개하려고 한다.

먼저『열반경』이라고 칭하는 경전 이름에 대한 의미를 살펴보기로 한다. 열반(涅槃)이란 범어 니르바나(nirvāṇa)를 음역한 말로 반열반(槃涅槃, parinirvāṇa)이라고도 하며 멸도(滅度)라고 번역한다. 또한 '열반에 든다'는 뜻으로 입멸(入滅)이라고도 하는데 이것은 부처님의 완전한 죽음을 뜻하기도 한다.

그러나『열반경』에서 말하는 열반은 죽음을 뜻하는 말이 아니라, '불어서 끈다'〔吹滅〕는 뜻으로서 번뇌의 뜨거운 불길이 꺼진 고요한 상태, 즉 궁극적인 최고의 경지를 체득한 것을 말한다. 또한 열반을 불멸(不滅)이라고 풀이하여 욕망이 소멸되는 의미를 뛰어넘어 법신·반야·해탈의 세 가지를 동시에 가지고 있는 깨달음 자체를 의미하기도 한다.

열반이 주제인 이 경전은 법신 상주와 실유불성(悉有佛性)이 중심 테마이다. 『열반경』「성행품」(聖行品)에서는 『열반경』의 주된 사상을 우유가 발효해 가는 과정에 비유해서 다음과 같이 설하고 있다.

> 비유컨대 마치 소(牛)로부터 우유가 나오고, 우유에서 낙(酪)이 나오며, 낙에서 생소(生蘇)가 생기고, 생소에서 숙소(熟蘇)가 나오며, 숙소에서 제호(醍醐)가 생겨난다. 이 제호는 가장 훌륭하여서 만약 먹기만 하면 모든 병이 소멸되고 모든 악이 다 그 속에 들어가는 것과 같다. 이러한 것처럼 부처님께서 말씀하신 12부경에서 수다라(修多羅)가 나오고, 수다라에서 방등경(方等經)이 나오며, 방등경에서 반야바라밀(般若波羅蜜)이 나오고 반야바라밀에서 대열반(大涅槃)이 나오나니 마치 제호와 같다. 제호는 불성에 비유한 것이며, 불성은 곧 여래이다.[1]

『열반경』은 대열반과 불성을 제호의 맛에 비유하여 앞의 어떤 경전보다도 가장 수승하고 궁극적인 경전으로 여러 대승 경전의 사상을 종합한 면이 있음을 강조하고 있다. 『열반경』의 주된 사상을 「가섭보살품」(迦葉菩薩品)에서 단적으로 드러내고 있는데, 이 점은 필자가 본론에서 전개하고자 하는 점과 같다.

여래는 늘 상주(常住)해 있어 변역(變易)이 없고, 상락아정(常樂我淨)하며, 열반에 들지 않는다. 일체 모든 중생은 다 불성을 가지고 있다. 설령 구제 불능의 일천체가 『방등경』을 비방하고 오역죄를 지으며, 네 가지 무거운 죄를 범했을지라도 반드시 보리의 도를 성취할 수 있다.

> ① 如來常住無有變易 常樂我淨 終不畢竟入於涅槃 ② 一切衆生悉有佛性
> ③ 一闡提人 謗方等經 作五逆罪 犯四重禁 必當得成 菩提之道.[2)]

첫째, ① 여래의 색신은 생멸이 있지만 법신은 늘 상주하여 변함이 없으며 단지 중생들을 교화하기 위한 방편으로 열반을 보였다.

둘째, ② 일체 모든 중생은 성불할 수 있는 본성, 즉 불성을 가지고 있다.

셋째, ③ 어떤 사악한 일천제(一闡提)일지라도 성불할 수 있다는 것이다.

3. 『열반경』의 불교사적 위치

(1) 법신 상주설의 사상적 흐름

불타관에 대해서는 불교사에서 여러 방향으로 논의되어 왔으나 초기 불교 이래 크게 두 가지로 나누어 볼 수 있다. 부처 중심적인 견해와 법 중심적인 견해이다. 부처와 법은 씨줄과 날줄처럼 엮어진 것으로 보이나 곧 하나인 것이다. 부처님 당시 왁칼리라는 제자가 부처님 뵙기를 간청하자 부처님께서 직접 왁칼리를 찾아와 말씀하셨다. "왁칼리여, 그대가 곧 썩어문드러질 이 몸을 봐서 무엇 하겠는가? 법을 보는 자는 나를 보고, 나를 보는 자는 법을 본다."라고 하였다.[3] 곧 역사적인 석존 자신이 법을 깨달아 부처가 되었으므로 법은 곧 부처요, 부처는 곧 법 그 자체이기 때문이다.

또 법에 의지할 것을 중시하여 부처님께서는 "내 멸후에는 내가 설한 법과 율을 그대들의 스승으로 삼으라."[4]라고 하셨다. 이는 부처님 입멸 후 제자들에게 수행의 표본이 될 당체는 법 이외에 다른 것이 없음을 보인 것이며 법이 곧 부처이기 때문이다. 열반하실 무렵 부처님께서는 제자들에게 '자등명(自燈明)·법등명(法燈明)·자귀의(自歸依)·법귀의(法歸依)'라고 하셨다. 자등명의 자기는 자각의 주체로서 『열반경』에서 제시하는 불성이라고 본다면, 법등명의 법은 부처님께서 말씀하신 가르침이요, 부처님께서 깨달으신 진리 그 당체이다. 그 진리, 즉 법을 인격화하여 법신이라고 한 것이다. 『증지부』(增支部) 경전에 법신에 관한 의미 있는 말씀이 전한다.

나 석가모니불의 육신은 멸도에 들지라도, 법신은 오랫동안 (세상에) 항존할 것이다.[5]

여기서 석가모니 부처님의 색신 부처는 열반에 들지라도 영원히 상주하는 법신은 영원함을 강조하고 있다. 이에 초기 불교 경전에서 부처는 역사적인 석존을 지칭하기도 하지만, 그 역사적인 석존을 벗어나 초역사적인 법의 영원성임을 알 수 있다.

법의 영원성은 초기 대승 불교에 와서는 법신의 편만성과 시간의 초월성으로 드러난다. 이에 『반야경』, 『법화경』, 『화엄경』 등 초기 대승 불교 경전을 통해 법신 상주 사상이 어떻게 전하고 있으며 『열반경』과의 어떤 사상적 교류성이 있는지를 살펴보기로 한다.

반야부 경전 가운데 577권에 해당하는 『금강반야바라밀경』에서는 "여래(如來)는 오는 바도 아니며 또 어디로부터 가는 바도 아닌 것을 여래라고 이름한다."라고 하였다.[6] 깨달음과 하나인 여래는 여법히 진실되게 오셨기 때문에 '여래'라고 하며 단지 언어상으로 여래라고 할 뿐 온 우주 허공에 늘 상주하기 때문에 여래이자, 여거(如去)라고 부른다.[7] 이러한 경지를 이 경에서는 여여부동(如如不動)이라고 한다. 또한 『금강경』에서 "만약 색신으로써 나를 보려 하거나 음성으로써 나를 구하고자 한다면 이 사람은 사도(邪道)를 행하는 것이니, 능히 여래를 보지 못한다."라고 하였다.[8] 색신 부처가 아닌 진리로써 영원히 상주하는 참된 법신을 보라는 것이다.

『법화경』 「여래수량품」(如來壽量品)에서는 법신 상주 사상을 구원실성의 부처로 묘사하고 있다.

> 나는 성불한 이래로 심대구원(甚大久遠)하여 수명이 무량하고
> 영원히 상주하며 불멸한다.[9]

즉 중생을 제도하고자 방편으로 열반을 보였을 뿐 실제는 멸도하지 않고 항상 영취산에 계시면서 설법하고 있다는 것이다. 『법화경』

에서는 깨달은 이법(理法)으로서의 법신이라기보다는 오래전부터 상주해 온 부처를 의미한다.

정토 경전의 주불인 아미타불은 아미타유스(Amitāyus)·아미타바(Amitābha), 즉 무량수(無量壽)·무량광(無量光)이라고 한역한다. 아미타불은 불생불멸이기 때문에 영원한 생명과 수명을 가지고 있으며 생멸이라고 하는 것조차 초월해 있기 때문에 무량수이다. 또한 아미타불의 지혜와 자비 광명은 시방 세계에 한량없이 두루하기 때문에 무량광인데, 생명의 빛이라는 뜻도 가지고 있다. 하나 더 붙인다면 무변광(無邊光)으로도 한역하는데, 끝없이 광대무변하게 온 우주를 포섭하는 공간성을 초월한 생명을 지칭한다.

『화엄경』에 등장하는 비로자나불(毘盧遮那佛)인 바이로차나(Vairocana)는 '광명이 널리 비친다'라는 뜻으로 광명 변조(光明 遍照), 편일체처(遍一切處)라고 한역한다. 광명의 불타 세계에 비로자나불은 시방(十方) 편만불(遍滿佛)로서 보편적이며 무한한 광명의 불타로 묘사되어 있다. 이리하여 『화엄경』「여래출현품」(如來出現品)에서는 "부처가 어디에 있는가?"라는 물음에 대해서 이렇게 말한다.

비로자나불의 대지혜 바다는 광명이 두루 비치는데 그 한량이 없다.[10]

여래의 법신은 허공과 같아서 일체처·일체법·일체 중생 어디든 이르지 않는 곳이 없어 법계에 가득 차 있으나 가는 곳이 없으니 여래는 교화할 곳을 따라 그 몸을 나타내 보이기 때문이다.[11] 이렇게

『화엄경』에서는 시간적인 의미보다는 공간적인 의미의 법신 상주성이 드러나 있다고 볼 수 있다.

즉 『법화경』에서는 시간적인 영원성의 여래 상주를 드러내고 있고, 『금강경』이나 『화엄경』에서는 어느 곳에서나 여래가 상주한다는 편만성(遍滿性)의 공간적 의미가 크다고 할 수 있으며, 정토계 경전에서는 시간의 영원성과 공간의 편만성을 모두 의미한다고 정리할 수 있다.

이렇게 초기 대승 불교 경전에서 드러난 법신 상주 사상은 『열반경』뿐만 아니라 여래장 계통 경전에서도 보편적으로 드러나 있다. 『열반경』에서는 법신 상주가 상락아정(常樂我淨) 열반 4덕(涅槃 四德)으로 묘사되고 있으며 『부증불감경』(不增不感經)에서는 "여래장에는 미래제에 걸쳐서 항상 법성이 존재한다."[12)라고 하여 법신 상주의 영원성을 전하고 있다.

지금까지 살펴본 대로 초기 불교 경전에 전하는 법신은 진리의 인격체, 깨달음의 인격체를 의미하는 반면, 대승 불교 경전에 언급된 법신은 구원불의 시간적·공간적인 영원성의 법신으로 변모됨을 알 수 있다. 그런데 이러한 법신의 불타관은 여래장계 계통의 경전에서는 인간의 번뇌 속에 구족·내재된 여래장과 불성 사상으로 변화됨을 알 수 있다.

이 글의 주제인 『열반경』의 법신 상주 사상은 초기 불교 이래 대승 불교의 흐름 속에서 자연스럽게 파생되어 온 법신 사상임을 알 수 있다.

(2) 불성의 대승 사상적 연대감

앞의 3절 (1)에서는 법신 상주에 대한 불교사적 관점을 살펴보았다. 여기서는 불타를 비롯해 모든 중생에 구족되어 있다고 하는 『열반경』의 불성에 대해 불교사적 관점에서 살펴보기로 한다.

『열반경』의 대표 사상인 불성은 갑자기 등장한 것은 아니다. 불성의 사상적 배경은 석존이 깨달은 연기 사상인 반야 공관(般若 空觀)의 기반으로부터 시작된다.

불성은 초기 경전에서 자정기의(自淨其意)와 자성 청정심(自性 淸淨心), 부파 불교의 대중부에서 제시하는 객진(客塵) 번뇌의 이론적 근거를 가지고 태동하였다고 본다. 불성 사상의 기본적인 관점은 객진 번뇌에 대비해 말하고 있는 자성 청정심에 있다.

점차 대승 불교 시대로 접어 들어 초기 불교의 무아(無我)를 강조하면서 무주(無住)나 공(空)으로 천명되었다. 그런데 공 사상이 지나치게 공허한 사상인 허무주의에 빠지자, 그에 대한 일환으로 "그곳에 부처의 본성이 있다."라는 주장이 제기되었다. 한편, "여래장과 불성은 공성에 대해 일체개공을 깨닫는 주체는 무엇인가?"라는 해답의 요청으로 나오게 된 새 학설이기도 하다.

앞에서 언급한 대로 불성 사상의 사상적 관점은 초기 불교 경전에서부터 시작된다. 다음 구절은 『법구경』(#183)에 언급된 내용이다.

나쁜 짓 하지 말고 수많은 선행을 하여라. 자기의 마음을 깨끗이 하는 것, 이것이 모든 부처님의 가르침이다.

諸惡莫作 衆善奉行 自淨其意 是諸佛敎.[13]

여기서 3번째 언구 자정기의(自淨其意)는 '자신의 의(意)를 청정히 한다.'라고 해석할 수 있는데, 그 '의'란 마음으로 해석해 볼 수 있고, 인간에 내재된 본성이라고도 볼 수 있다. 이 '의'가 『반야경』에서는 '자성의 청정함'으로 언급되고 있다.

　제법은 본래 자성이 청정하다. 보살마하살은 일체법의 본성이 청정한 가운데 깊은 반야바라밀의 선교 방편을 부지런히 닦고 수학한다.
　諸法本來自性淸淨 是菩薩摩訶薩 於一切法本性淨中 精勤修學甚深般若波羅蜜多方便善巧.[14]

곧 자성이나 본성이라는 말이 전하고 있다. 반야계 경전인 『유마경』에서는 본성·자성의 의미가 여래종으로 묘사되고 있다. 유마 거사가 문수 보살에게 "어떤 것이 여래의 종자(如來種)입니까?"라고 묻자 문수 보살이 다음과 같은 답변을 하였다.

　유신(有身)이 여래종이고, 무명유애(無明有愛)가 여래종이며, 탐진치가 여래종입니다. …… 62견과 일체 모든 번뇌가 모두 불종입니다. 왜냐하면 무위로 정위(正位)에 드는 법(出世間法)으로는 아누다라삼막삼보리심을 내지 못합니다. 마치 고원의 육지에서는 연꽃이 피지 못하고 낮고 질척한 진흙탕에서 연꽃이 피어나는 것

과 같습니다.[15]

여기서는 인간의 좋지 못한 사견과 모든 번뇌를 여래종이라고 하고 있다. 또한 「문수사리문질품」에서도 "불(佛)의 해탈 가운데서 62견을 구할 수 있고, 불의 해탈은 일체 중생심의 행 가운데서 구할 수 있다."라고 하였다.[16] 즉 더러운 흙탕물 속에서 아름다운 연꽃이 피어나는 것처럼, 여래의 종자도 인간의 번뇌 속에서 피울 수 있다는 것이다. 그리하여 번뇌 속에 보리가 있고, 생사 속에 열반이 있다고 하여 차안 즉 피안, 번뇌 즉 보리, 생사 즉 열반이라고 한다. 『유마경』에는 여래성이라고도 표현하고 있다.[17]

다음은 『법화경』에 담긴 불성에 대해 살펴보기로 한다. 『법화경』에서는 "일체 중생이 모두 성불할 수 있다."[18]라는 등 다양한 언구로 표현되어 있다. "시방 불국토 중에 오직 일승뿐이다. 이승, 삼승은 없다."[19] 이러한 일불승이기 때문에 중생을 불자(佛子)라고도 표현하고 있다.

오늘에야 참으로 이에 불자였음을 알았나이다. 나는 부처님의
입으로부터 태어났고, 법으로부터 화생(化生)하였습니다.[20]

부처님과 중생이 부자 관계가 성립됨은 곧 부처와 똑같은 불성이 중생에 내재해 있다는 것을 의미한다. 이것은 『법화경』의 일곱 가지 비유 가운데 하나인 '3계화택'에 표현되어 있다. 『열반경』에서도 이러한 일체 중생에게 불성이 내재함을 강조하기 위해 비유가 등장한다. 또한

『법화경』에 "법을 들으면 한 사람도 성불하지 않는 자가 없다."[21]고 하는 구절이 있는데, 이 점은 『열반경』의 일천제설(一闡提說)과 같은 사상으로 볼 수 있다.

『화엄경』에서는 성기(性起) 사상의 맥락 속에서 불성 사상을 살펴볼 수 있다. 「여래성기품」에서 말하는 성기란 원래 여래의 지혜인 여래의 성품이 그대로 드러난 것인데, 불성현기(佛性現起) 혹은 체성현기(體性現起)가 줄여진 말로서 성(性)의 기(起), 즉 성의 현현(顯現)이다. 성은 여래의 본질로서 계·진여·법계를 말하며 여래의 작용은 진여·법계의 현현이다. 즉 깨달음이란 법계가 여래로 되어 출현하는 것, 중생의 마음 가운데 지금 바로 일어나고 있는[現起] 그대로가 바로 여래의 성[性起]이라는 것이다. 이 성기 사상은 『여래장경』·『보성론』·『열반경』에 계승되었고, 중국 조사선에도 영향을 끼쳤던 사상이다.

한편 여래의 본질과 지혜가 바로 중생의 마음 가운데 내재해 있음을 보여 주는 구절이 있다. "내가 마땅히 (중생들이) 성인의 진리로서 그 허망한 생각과 집착을 여의게 하고 자기의 몸 속에 있는 여래의 광대한 지혜가 부처와 같음을 가르치리라."[22]

『화엄경』에서 드러나는 세계는 부처님의 눈으로 본 세계이다. 우리 한 사람 한 사람에게 법계의 빛이 비쳐서 부처님의 눈에 보일 때는 우리들 하나 하나가 부처님과 같은 지혜를 지니고 있는 것으로 보인다. 이렇게 모든 중생이 여래의 지혜와 덕상을 본래 갖추고 있는데 중생들은 이를 알지 못하고 있다고 부처님께서 한탄하셨다. 그리하여 "마음과 부처, 중생 이 셋은 차별이 없다."라고 하였다.[23]

초기 대승 경전이 완성된 무렵, 이어서 여래장 계통의 경전들이 성립되었다. 여래장계 최초 경전인 『여래장경』에서는 "선남자야, 일체 중생이 비록 가지 가지 번뇌신(煩惱身) 가운데 있으나 여래장이 있어 항상 더러움에 물들지 않고 덕상(德相)을 구족하게 갖추고 있음이 여래인 나와 다를 바 없다."라고 하였다.[24] 즉 여래장이라는 언어를 위시로 대승·불장이라고 언급하고 있다. 이 『여래장경』의 여래장 사상은 곧 다음 성립된 『열반경』에 영향을 주었다.

『열반경』 성립은 대체로 2~3세기로 보고 있는데, 이 무렵에 여래장 계통의 경전들이 성립되었다. 대표 경전인 『승만경』에서도 여래장·대승이라고 호칭하고 있다. 즉 "여래의 법신이 번뇌장을 떠나 있지 않는 것을 여래장이라고 한다."라는 구절에서 알 수 있다.[25] 이렇게 경전마다 이름을 달리 표현하지만, 그 의미하는 바는 같다고 볼 수 있다.

이후 『보성론』에서는 여래계·여래성이라고 언급하고 있는데, "부처의 법신은 두루 가득하고, 진여는 차별이 없어 모두 진실로 불성이 있다. 이러한 까닭으로 항상 있다고 말한다."[26] 이 『보성론』에서 여래장〔불성〕을 조직적·체계적으로 논하고 있으며 여래장을 10가지로 호칭하고 있다.[27]

이와 같이 초기 불교 경전에서 시발되어 대승 경전에 보편적으로 인간에 내재하는 불성 사상이 불교사의 흐름 속에서 면면히 흐르고 있음을 알 수 있다. 즉 『반야경』에서는 자성(청정)·본성(청정)으로, 『유마경』에서는 여래종·불종·여래성이라고 하였다. 『법화경』에서는 불자·삼계의 모든 중생·일승으로 제시되었으며, 『화엄경』으로 본다면 여래 성기·여래 출현·여래의 집에 태어나는 것이라고 명시하고 있다. 이어서 여래장계 계통인『여래장경』에서는 여래장이라는 언어를 위시로 대승·불장,『열반경』에서는 불성,『승만경』에서도 여래장·대승,『보성론』에서는 여래계·여래성 등으로 표현되고 있다.

이렇게『열반경』의 불성은『열반경』이전의 사상에서 영향을 받아 성립되었고, 또한『보성론』,『능가경』등에 전승되었음을 알 수 있다. 또 논리적·체계적으로 완성된 불성 사상은 중국 선종의 선 사상 정립에 근간이 되었다.

4.『열반경』의 선관 사상

(1) 법신 상주

『열반경』은 대반열반이라는 석존의 입멸을 통해서 "번뇌가 사라진 완전한 깨달음의 세계에 들어간다."는 것을 드러내기 위함이다. 이 반열반에는 두 가지가 있다. 깨달음을 이루었으나 아직 육체가 존재하는 유여 열반(有餘 涅槃)과 육체의 소멸로 인해 완전한 열반에 들어간 무여 열반(無餘 涅槃)이다.

『열반경』은 유여 열반에서 무여 열반하는 모습을 통해 법신의 상주와 그 상주하는 법신에 내재하는 인격체인 불성을 설하고 있다. 쿠쉬나가라 사라 쌍수 아래에서 석존은 임종 직전에 제자와 재가자들에게 최후의 설법을 시작하면서 의문 있는 사람은 질문을 하라고 한다. 사람들이 슬피 우는 가운데 재가자 춘다(cunda)가 공양을 올리자, 석존은 법신에 대해 다음과 같이 말씀하셨다.

> 여래는 한량없는 아승지겁부터 잡식(雜食)하고 번뇌 있는 몸이
> 아니며 또한 후변신(後邊身)이 아니라, 늘 상주하는 법신이며 금강
> 같은 몸이니라. 선남자여, 불성을 보지 못하는 자는 번뇌가 많고
> 잡식하는 몸이라고 하느니라.[28]

번뇌가 남아 있는 무상(無常)한 몸을 언급하면서 여래는 오염됨이 없고 영원히 상주하는 법신이라고 하였다. 붓다의 본질은 상주 불멸의 법신이므로 이 법신 부처가 영원히 존재한다는 것을 『열반경』에서는 법신 상주 혹은 불신 상주라고 한다. 이 법신이란 진리와 일체가 된 부처이며 불성이요, 열반의 본질을 말한다. "만일 열반 자체가 본래 없다가 지금 있다고 한다면, 무루(無漏)의 항상한 법이 아니다. 부처가 있거나 없거나 성품과 모양이 항상 있는 것"이 바로 열반의 본 모습이다.[29] 이는 부처님의 깨달음이라는 체험의 유무와는 관계없는 진리이기도 하다.

진리[理]란 진여요, 진여(眞如)와 법계의 이(理)는 깨달음의 세계를 말한다. 연기와 공성, 제법실상이라는 의미도 포함한다. 법으로서 이미 확립되어 있기 때문이며 그것을 깨닫게 된 진리이다. 동시에 그것은 이미 깨닫고 있는 부처님으로서의 실재이다. 깨닫는다는 것은 그 깨달은 진리와 하나가 되는 것이다. 깨달음에 진여[법계]와 부처라는 두 개의 실재가 있는 것이 아니다. 부처라는 깨달은 주체에 진여

나 법계가 포함된 형태의 유일한 실재를 말한다. …… 법신(法身)은 이(理)로서의 진여나 법계에 깨달음이라는 계기를 더한 것으로 이와 지(智)가 다르지 않은 법신인 것이다.[30] 이러한 법신이자 여래는 소멸하는 것도 생겨나는 것도 아니라 늘 상주하는 것이다.

그렇다면 『열반경』에서 법신 부처가 영원히 존재한다고 했는데, "부처님은 왜 열반에 드는가?"라는 문제가 제기되고 있다. 이러한 의문점을 누구나 가질 수 있듯이, 마침 한 제자가 "부처님은 영원히 상주하는 법신인데 오래 살아서 어리석은 중생들을 제도해 주지 않고 왜 열반에 드십니까?" 하고 묻는다. 「가섭보살품」에서는 붓다의 2신설(二身說)에 대해 이렇게 전하고 있다.

> 여래의 몸에는 두 가지가 있다. 하나는 생신(生身)이요, 또 하나는 법신(法身)이다. 생신이라는 것은 방편으로 [중생을 위하여] 화현한 몸이다.[31]

전자는 색신 부처(rūpa-kāya)를 말함이요, 후자는 법신 부처(dharma-kāya)를 말한다. 중생에게 보이는 색신은 중생을 위해 방편으로 화현한 것으로 부처의 진신이 아니라고 하면서 가섭에게 다음과 같이 말한다.

> 여래가 일부러 병의 고통을 나타내는 것은 중생들을 조복(調伏)하기 위함이니라. 선남자여, 그대는 이러한 줄을 알라. 여래의 몸은 금강 같은 몸이니, 그대는 오늘부터 이 이치를 생각하고 잡식

(雜食)하는 몸이라고 〔여래를〕 생각하지 말고 남들을 위해서도 여래의 몸은 곧 법신이라고 연설하여라.[32]

또한 「현질품」(現病品)에서도 부처님의 발병은 중생을 구제하기 위한 방편으로 부처가 병에 드는 모습을 나타낸 것이라고 하였다. 즉 우주의 진리와 일체가 된 여래는 곧 법신이며 이 법신인 여래가 중생을 교화하기 위해 방편으로 색신을 나타낸 것이다. 부처님의 80세 방편 입멸은 『법화경』, 『유마경』 등에도 설하고 있다.

색신은 멸하지만, 법신이 불변 상주함을 「월유품」(月喩品)에서 비유를 들어 설하고 있다. 달은 초승달이나 반달이 되기도 하지만 원래의 달 성품은 항상 만월인 것처럼, 여래는 세상에 수순하고자 상황의 변화에 따라 방편으로 몸을 나타낸 것이라고 하면서 "여래의 성품은 생멸이 없는데, 단지 중생을 교화하기 위하여 났다, 없어졌다 하는 것처럼 보인다."라고 하였다. 그리고 다음과 같이 피력하고 있다.[33]

여래의 성품은 만월과 같아서 법신이며 생이 없는 몸이건만 방편으로 세상을 따르느라고 한량없는 본래 업의 인연을 보이는 것이어서 가는 데마다 태어나는 것으로 보이는 것이 저 달과 같나니, 여래는 항상 머물러서 변함이 없느니라.[34]

불신은 상주하기 때문에 부처의 몸은 나고 죽는 생사가 없는 부서지지 않는 금강과 같은 몸이다. 부처님께서는 법신 여래에 대해 다음과 같이 설명한다. '가고 옴이 없으나 가고 오기도 하는 것', '공하기도 하고 공을 여의기도 한 것', '항상 머물지 않으나 멸하지도 않는 것', '형상이 아니면서 모든 모양으로 장엄하는 것', '여래가 모든 중생을 제도하면서도 제도함이 없는 것', '항상 일승을 행하지만 중생에게는 삼승으로 보이는 것' 등이라고 말씀하였다. 이는 부처님의 몸은 형체가 없기도 하고 동시에 있기도 하다는 것이다. 즉 허공이나 물은 어떤 그릇에 담아도 담아지고 부수려고 하여도 부서지지 않는다. 그러면서도 세상의 만물에 영향을 미친다. 모양이 아니면서도 모양을 만들고, 그 모양을 장엄한다. 그러나 허공이나 물의 비유보다 더 위대한 부처님은 이 세상에 가득한 생명의 원천이며, 이것이 법신 부처라는 것이다.

중생들은 여래가 참으로 열반한다고 하지만, 여래의 성품은 진실로 열반하는 것이 아니다. 그러므로 여래는 항상 머무는 법이며 변이하지 않는 법이니라. 선남자여, 대열반은 제불의 법계니라.[35]

겉으로 파도가 아무리 일더라도 바닷물은 항상 그대로이며 겉으로 아무리 무상하더라도 부처님의 생명 바다는 항상 그대로이듯이 언제나 그대로 있는 것이다. 이렇게 법신이 항상 있으면서 변이가 없는 그대로라는 점을 단적으로 드러낸 구절이 본유금유게(本有今有偈)이다.

본래는 없었는데 지금은 있고, 본래는 있었는데 지금은 없다. 삼세에 법이 있다고 하는 것은 옳은 것이 아니다.[36]

이러한 여래 상주 무유변이(如來 常住 無有變異)는『유마경』「견아촉불품」에서도 설하고 있다. "여래는 …… 오는 것도 아니고 가는 것도 아니며, 출입이 있는 것도 아니며, 온갖 언어·문자가 끊어졌다. …… 진여와 같고 법의 성품과 같으며 말로 표현할 수 없고 헤아려 알 수도 없으며 …… 과거에 있었던 것도 아니고, 미래에 생길 것도 아니며, 지금 있는 것도 아니다."[37] 즉 여래는 가고 오는 것도 아닌 시공간을 초월한 여래(如來)이자 곧 여거(如去)인 것이다. 또한 어떤 미사여구로도 표현할 수 없으며 과거·미래·현재까지 초월한 변이가 없는 법신이다.

이와 같이 언급한 법신은 항상 존재하는 이법이다. 그리고 그 이법을 깨닫는 지혜가 바로 반야이며, 그 반야를 깨달았을 때가 바로 해탈의 경지인 것이다. 법신·반야·해탈은 열반의 3덕(德)으로서 셋이면서 하나요, 하나이면서 셋으로 묘사되는 여래 상주의 세계를 드러낸다. 이 여래 상주의 해탈의 경지에 있는 법신은 열반으로 본질을 삼기 때문에 법신은 늘 상주한다. 이 열반에 든 부처는 법신이므로 무상한 육신이 아니라 상주이며, 해탈이므로 괴로움〔苦〕이 아니라 즐거움〔樂〕이고, 반야이므로 무명에 속하지 않는 절대 자유의 대아(大我)이다. 즉 상락아정 4덕을 갖춘 여래인 정각은 이렇게 대열반에 편안히 머무르고 있으므로 항상 머물며 변하지 않는다.

(2) 일체 중생 실유불성

불성은 모든 대승 경전에 광범위하게 스며 있고 일체 중생 실유불성의 사상은 『열반경』에 집중적으로 나타나 있다. 이 불성은 여래장과 같은 의미로 볼 수 있으며 여래장이라는 말이 불성보다 시기적으로 먼저 등장하였으나 중국에서 여래장보다는 불성이란 말이 먼저 정착되었기 때문에 불교사에서는 일반적으로 불성이란 말이 보편적이다.

불성(Buddha-dhātu)의 dhātu는 성(性)이나 법계로 번역한다. 성은 성질·속성의 의미보다는 원리·원인·근본의 의미이다. 즉 불성이란 부처가 될 원인, 성품을 가지고 있다는 말이다. 여래장은 범어로 tathāgata(如來)-garbha(태아, 어머니의 자궁), 즉 '여래를 담는 그릇'으로 "우리들 중생에게 여래의 성품이 무명에 덮여 있다."라는 뜻이다.

여래장계에서 최초로 여래장을 다루고 있는 경전이 『여래장경』이다. 이 『여래장경』 이후 2~3세기 무렵 『열반경』을 비롯해 『승만경』 『부증불감경』 등에서 불성과 여래장을 언급하고 있다. 이어서 여래장과 불성을 체계적으로 논술하고 있는 것이 『불성론』과 『보성론』이다. 『보성론』은 대승 경전에서 설하고 있는 불성과 여래장 사상을 교의적으로 집대성한 것으로 불성 사상을 설해야 하는 필요성을 밝히며 불성을 이해하기 쉽게 논하고 있다.[38]

앞 절에서 법신의 상주성과 편만성을 중심으로 살펴보았다. 이제 그 법신이 상주하는 여래의 성품·본성, 즉 불성에 대해 『열반경』의 내용을 중심으로 살펴보기로 한다.

『열반경』에서는 불성의 변치 않는 본성을 설명하기 위해 소금·꿀·물에 비유하여 다음과 같이 설하고 있다.

소금이 짠 성분을 가지고 있어서 다른 물질로 하여금 짜게 하고, 꿀은 본성이 단 성분을 가지고 있는데 다른 물질을 달게 하며, 물은 습한 본성을 가지고 있어 다른 물질로 하여금 습하게 한다.[39)]

소금의 성질은 짠데, 이 짠 소금을 어떤 음식에 넣더라도 그 음식을 짜게 하는 성질을 가지고 있다. 또한 꿀은 성질이 달콤한데 그 단 꿀을 음식에 넣으면 어떤 음식이라도 달게 하며, 물의 본성은 습한 성질을 가지고 있어 어떤 것과 섞이더라도 물의 습한 성질이 있다. 마치 소금·꿀·물이 어디에 섞여도 그 소금·꿀·물의 성품은 변하지 않고 그 본성이 살아 있듯이 지혜 불성도 어떤 번뇌에 뒤섞일지라도 그 본성이 존재한다. 그런데 이러한 불성이 특정한 사람에게만 있는 것이 아니라, 모든 중생에게 있다고 하면서 다음과 같은 비유를 들어 설하고 있다.

모든 중생에게 있는 불성이란 마치 매우 가난한 여인의 집 지하에 있는 보물 창고와 같으며 어느 역사(力士)의 이마에 박혀 있는 보물과 같고 전륜성왕의 감로의 샘물과 같으니라.[40)]

이렇게 초라하고 허름한 여인에게 보물이 있듯이 모든 중생에게 불성이 있으나 중생들은 자신이 가지고 있는 것(其足)을 알지 못한다는 것이다. 또한 어떤 장사가 씨름을 하다가 미간에 달려 있던 구슬이 피부 속으로 박혀 들어간 것을 모르고 잃어버린 것으로 잘못 알고 있다가 나중에 의사가 이 사실을 알려 줌으로써 소중한 보배 구슬이 자신에게 있음을 알게 되었다는 것이다.

또 이와 비슷한 예가 「여래성품」에도 전하고 있다. 즉 모든 중생들이 번뇌 속에 가려진 불성을 알지 못하는데, 마치 가난한 사람들이 자기 집 뜰의 풀 밑에 있는 순금 독을 알지 못하는 것과 같다고 하였다.[41] 이러한 불성이 모든 중생에게 내재하고 있는데, 중생이 알지 못한다는 비유는 비단 『열반경』만이 아닌, 『법화경』에서는 일곱 가지로 비유하고[42] 『여래장경』에서는 아홉 가지로 비유해 놓았다.[43]

그렇다면 모든 중생에게 불성이 있다고 하는데, 그 불성이 어디에 존재하는가이다. 『열반경』에서는 불성이 어디에 존재하는지를 언급한 뒤, 그 내재하는 존재를 인식하지 못하는 이유에 대해 설하였다. 즉 불성이 신체에 있는데, 색·수·상·행·식, 5온 가운데 있다고 한다. 이 현실에 존재하는 태어난 우리의 신체에 내재(內在)하고 있다고만 말할 뿐 구체적으로 어디에 있다고는 말하지 않고 있다.[44]

그런데 앞에서 언급했던 것처럼 중생들이 불성이 자신에게 내재하는 것은 알아도 그런 존재를 자각하거나 인식하지 못한다는 것이다. 그것은 첫째 많은 번뇌에 가려져 있으며, 둘째 올바른 선지식에게 지도를 받지 않았기 때문이다. 이러한 두가지 장애를 극복하고 신심을 일으키고 보리심을 발하면 불성의 묘과를 볼 수 있다는 것이다.

한편 불성이 신체 어디에 내재하는가에 대해 「가섭품」에서는 반론이 제기되어 있다. 불성은 5온 내(內)에 있지도 않고, 외(外)에 있지도 않으며 비즉비리(非卽非離)이므로 중도(中道)라고 하였다. 즉 불성은 내·외, 유·무 등의 상대 개념을 부정한 중도라는 것이다. 구체적으로 어디에 있다고 지정해 말하면 편견에 떨어지기 때문이다. 그래서 이러한 편견에 떨어질 것을 염려해 다음과 같이 설한다.

> 만약 중생의 신체 중에 불성이 특별히 내재한다고 말하면 그것
> 은 옳지 않다. 왜냐하면 중생이 곧 불성이고, 불성이 곧 중생이기
> 때문이다.[45]

이러한 불성의 의미와 존재하는 위치에 대해 『열반경』에서는 여러
논리로 전개하고 있다. 불성을 법성이라고 표현하기 시작해서 「사자
후보살품」에서는 불성을 공과 불공을 보는 제일의공(第一義空)인 중
도라고 하였다. 중도가 불성이라고 하였는데, 중도는 소현(所顯)의
실상이며 불성은 인(因)이므로, 불성은 중도실상(中道實相)을 나타내
는 인, 즉 종자이다. 이를 아누다라삼막삼보리의 종자라고 하였다.

또한 중도는 단(斷)·상(常) 두 가지 견해를 타파하는 것으로 즉 무
상(無常)·무단(無斷)은 12인연을 관조하는 지혜이다. 이 12인연을 관
하는 지혜를 불성이라고 하였으며 이 때문에 12인연 자체도 불성이
라고 표현하였다.[46] 이 12인연과 관련해서 「사자후보살품」에서는 불
성의 인과론 차원에서 설하고 있다.

> 불성은 인(因)이 있고 인의 인이 있으며, 과(果)가 있고 과의 과
> 가 있느니라. (불성의) 인은 12인연이며 그 인의 인은 지혜이며,
> (불성의) 과는 아누다라삼막삼보리며 그 과의 과는 무상(無上)한
> 대열반이다.[47]

그리하여 부처가 되었을 때의 불성은 '과의 불성'이고 중생으로 있을 때의 불성은 '인의 불성'이라고 볼 수 있다. 12인연을 보는 것은 법을 보는 것이며 법을 보는 것은 부처를 보는 것이다. 즉 연기설은 부처님께서 깨달으신 내용이며, 그 연기설의 가르침은 곧 법신이기 때문이다. 또한 불성을 신심(信心)이라고도 하였다.

> 불성은 대신심(大信心)이니라. 신심으로써 보살은 6바라밀을 갖추며 일체 중생이 마땅히 대신심을 얻기 때문이다. 이래서 일체 중생이 다 불성이 있다고 하느니라.[48]

이렇게 『열반경』에서는 불성을 일승·수능엄삼매(首楞嚴三昧)·시방(十力)·4무외(四無畏)·대비(大悲)·3염처(三念處)·4무애지(四無碍智) 등이라고 다양하게 표현하고 있는데, 『법화경』보다 더 풍부한 비유로 설하고 있는 경전이 『열반경』이다.

그런데 모든 중생들이 다 불성을 가지고 있는데, 어떻게 해야 그 불성이 드러나는가에 대한 문제를 제기해볼 수 있을 것이다. "일체 중생은 본래 열반에 있으며 무루지성(無漏智性)을 본래 스스로 구족하고,"[49] "초목 국토도 모두 성불할 수 있으며 산하 대지가 법신을 드러냄이니라."[50] 구제 불능인 일천제까지도 성불한다고 제시하고 있지만, 불성을 가지고 있다고 해서 부처가 되는 것은 아니다. 갈고 닦는 수행 작업이 있어야 불성이 계발될 수 있다는 것을 『열반경』에서 제시하고 있다.

불성에는 두 종류의 원인이 있다. 일체 중생은 그들에게 모두 불성이 있지만 그 불성을 보지 못하고, 항상 번뇌에 얽매여서 생사를 헤매는 것이라고 하였다. 이 번뇌에서 벗어나기 위해서는 신심을 가지고 부지런히 방편 수행의 도를 닦아야 한다고 하였다.

중생의 불성에 역시 두 종류의 원인이 있다. 첫째는 정인(正因)이고, 둘째는 연인(緣因)이다. 정인이란 모든 중생을 말하고, 연인이란 6바라밀을 말한다.[51]

즉 정인인 불성은 누구나 모든 중생에게 갖추어져 있지만, 대승 불교의 실천 수행인 6바라밀에 의해 부처가 될 수 있다는 것이다. 깨달을 가능성인 불성은 지혜 작용이 필요한데, 불성을 인지하고 갈구하는 작업을 함으로써 불성은 현현히 빛이 나는 것이다.

「여래성품」에서는 중생이 번뇌에 덮여서 그 불성의 가치를 잘 모르고 있으니 발심하지 않으면 안 된다는 보리심을 강조하고 있다. 보물을 가지고만 있으면 활용 가치가 없다. 그것을 제대로 써서 그 가치가 드러나게 하는 작업이 수반되어야 하는데, 불성의 보물이 빛나기 위해서는 발심이 꼭 필요하다는 것이다. 이러한 적절한 상황을 다음과 같은 비유를 들어 설하였다.

어떤 사람이 광야를 지나다가 목마를 적에 우물을 만났는데, 그 우물이 깊어서 비록 물을 볼 수는 없지만, (땅 속에) 물이 있음을 알 수 있다. 이 사람은 방편으로 두레박을 구해서 사용해야 물을 볼 수 있다. 불성도 역시 이러하여 일체 중생이 비록 그것을 가

지고 있지만 반드시 무루의 성스러운 도를 닦은 연후에야 볼 수 있다.[52]

이 세상 모든 존재는 불성을 지니고 있지만, 그냥 둔다고 해서 열반이 얻어지는 것이 아니라, 갈고 닦는 수행을 통해서 해탈 열반을 성취한다는 것이다. 또한 『열반경』에서 "마치 지하에 물〔불성〕이 있으나 굴착하지 않으면 끝내 물을 얻을 수 없을 것"이라고 한 것처럼 존재하는 불성이 아니라, 수행이라는 과(果)가 필요하다는 것을 강조한다.[53]

이와 같이 모든 중생에게 불성이 있으나 그것으로 완전한 부처가 아니다. 깨달음을 향해서 발심하고, 6바라밀을 통해서 인연이 성숙될 때 비로소 불성이 드러나 부처가 될 수 있다는 무한한 수행을 강조하고 있다.[54]

(3) 실유불성과 일천제

모든 사람이 부처가 될 수 있다는 것은 대승 불교의 주된 사상이요, 몇몇 대승 경전에서 언급하고 있는 설이다. 『법화경』에서도 "만약 이 법을 듣는다면, 한 사람도 성불하지 않는 자가 없을 것이다."라고 하는 일불승 사상이 전하고 있지만,[55] 『열반경』에서는 한층 더 나아가 일체 중생 실유불성과 일천제 성불이 언급되어 있다.

그렇다면 '일체'라는 말에서 어떤 존재까지를 '일체'라고 할 것인가 한정 지을 필요가 있다고 본다. 『열반경』에서는 일천제도 성불할 인

(因)을 가지고 있다며 그 일체 속에 일천제를 포함시키고 있다. 여기서는 일천제 성불에 관해 살펴보기로 한다.

먼저 『열반경』에 설해진 일천제(icchantika, 斷善根)에 관한 정의를 살펴보자. 일천(一闡, icchant)은 믿음·방편·정진·생각하다·선정·무상한·지혜라는 의미를 함축하고 있으며, 제(提, ika)는 '갖추지 못함'이라는 의미이다. 즉 일천제는 '믿음을 갖추지 못함'이나, '좋은 방편을 갖추지 못함', '정진을 갖추지 못함' 등으로 번역된다.[56] 「현병품」에 일천제에 대해 부처님께서 단적으로 표현해 놓은 부분이 있다.

> 세상에는 병을 고치기 어려운 세 사람이 있다. 첫째는 대승을 비방함이요, 둘째는 5역죄요, 셋째는 일천제이다. 이 세 가지 병이 가장 중하다.[57]

이렇게 일천제를 고치기 힘든 병에 비유하고 있다. 『열반경』에서는 일천제의 성질이나 특질을 첫째는 '불법승 삼보를 믿지 않는 자,'[58] 둘째는 '선근이 없어 고해에 빠져서 깨달음을 이룰 근원이 없는 자,'[59] 셋째는 '파계하거나 정법을 비방하는 자'[60]라고 하였다.

이때 경에서는 이러한 일천제에 대해서 "정법을 비방하는 자에게는 정법을 수호하기 위하여 무기를 들고 불법을 지켜라."[61]라고 하거나 심지어 "일천제는 살해해도 죄가 되지 않으며 지옥에 떨어지지 않는다."[62]라는 구절이 나오기도 한다. 이러한 점을 보면 당시 대승 교단에 대한 보호 차원에서 이 설이 나오게 된 것이 아닌가라고 생각된다.

물론 대승 경전에서는 천제에 대해 두 가지로 거론한다. 앞에서 설한 구제 불능의 일천제가 있고, 두 번째는 고해의 일체 중생을 구제할 목적으로 열반에 들지 않는 대비천제(大悲闡提)이다. 이 글의 전개상 여기서는 전자인 일천제에 관해서만 언급하기로 한다.

그런데 『열반경』에서는 각 품의 중간에 "일천제는 성불할 수 없다."는 구절이 자주 언급되고 있다. 그러나 경전 후반부로 들어서면, 아무리 극악무도하고 오역죄를 지은 중생일지라도 성불할 수 있다고 하였다.

> 선남자여! 다시 설하는 것을 잘 들어라. 네 가지 중한 계율을 범한 자나 대승 경전을 비방하는 자, 또한 5역죄를 지은 자일지라도 이들은 모두 불성이 있으며 이와 같이 모든 중생들에게 선법은 없을지라도 불성을 갖추고 있기 때문이다.[63]

대승을 비방하고 5역죄를 지은 자일지라도 단지 현재 선법이 끊어졌을 뿐이지 미래에 얼마든지 악업이 선행으로 전환될 수 있으며, 성불할 가능성이 있다는 점을 시사하고 있다. 일천제가 성불하지 못함을 나열하고 제시함도 일종의 중생을 교도하기 위한 하나의 방편설일 수 있다. 그렇다면 일천제가 어떻게 불성을 계발하고 수행해야 하는가에 대해 『열반경』에 전하는 부분을 살펴보기로 한다.

> 일천제가 "자신에게도 불성이 있다."고 믿기만 한다면 그는 3악도에 떨어지지 않을 뿐만 아니라, 그를 일천제라 부르지 않을 것임을 알라.[64]

일체 중생은 모두 불성을 가지고 있다. 사중금계를 참회하고, 법을 비방하는 마음을 없애며, 5역죄를 짓지 않고, 일천제를 멸한 연후에 (일천제는) 아누다라삼막삼보리를 이룰 수 있다.[65]

이는 일천제의 성품이 결정되어 있는 것이 아니기 때문에 대승법을 믿고 보리의 인을 닦으면 일천제에서 벗어나 성불할 수 있으니 진정으로 발심하여 도를 닦으면 깨달을 수 있다는 뜻이다. 즉 일천제는 후천적인 것이지 결정된 성품이 아니기 때문에 일천제라고 할지라도 자각하여 선근의 인을 닦으면 자신에게 구유되어 있는 불성이 발현된다는 것이다.

또한 『열반경』에서 일천제 성불에 대해 「장수품」에서는 "부처님께서는 극악무도한 일천제라도 자비심을 내어 아들 라홀라처럼 생각한다."는 자비 구제를 설하고 있다.[66] 또한 「광명변조고귀덕왕보살품」(光明遍照高貴德王菩薩品)에서는 "법은 부정(不定)하며 악인도 부정하다."고 하면서 궁극적으로 일천제도 불성 밖의 존재가 아니므로 성불할 수 있다고 하였다. 법이라고 하는 것도 일정한 법이 있을 수 없다(無有定法)는 대승 불교의 공 사상을 보여 주는 한 단면이기도 하다. 모든 가르침은 방편이다. 일정한 법이 있을 수 없으며 방편이므로 일천제 또한 성불할 수 있는 것이다.

이와 같이 일천제 성불의 가부 문제를 심도 있게 다루고 있는 『열반경』은 다른 경에서 볼 수 없는 인간의 무한한 성불 가능성을 내포한 경전임을 알 수 있다.

5. 중국 초기 선종 선사들의 불성 사상 수용

중국 불교 사상 최초로 불성을 주장했던 사람은 구마라집의 4철(四哲) 가운데 하나인 축도생(竺道生, ?~434년)이다. 축도생은 『열반경』이 중국에서 한역되기 이전부터 "불성이라는 것은 본성이며, 이(理)이며, 자연이며 본유(本有)이다."라고 하면서 일천제라고 할지라도 모든 중생은 불성을 가지고 있다고 주장하였다. 도생은 이 발언을 계기로 이단이라는 오명을 받기도 하였다. 이후 북량의 담무참이 번역한 『열반경』이 한역되고 나서 도생은 지혜와 식견이 뛰어난 자로 칭송받게 되었다.[67]

인도 불교에서는 『열반경』의 불성 사상이 학파로 발전하지 못했지만 중국에서는 『열반경』을 소의로 하는 종파가 존재했다가 단멸했다. 또한 중국의 여러 종파에서 부처의 개념과 불성을 언급하고 있는 점으로 볼 때 불성 사상이 중국 불교 사상에 영향을 미쳤다는 것을 알 수 있다.[68]

또한 불성 사상은 중국 선종 성립에 버팀목 역할을 하였으며 선사들의 선 사상에 근간을 이루었다. 선종의 대표적인 화두 가운데 "개에게는 불성이 없다(狗子無佛性)."라는 화두가 있다. 이 화두는 개에게 불성이 있느냐 없느냐를 떠나 불성의 유·무에 집착하는 마음을 없애고, 자신의 본래 면목을 자각하는 데 화두의 의미를 둔다고 할 수 있다. 이 화두뿐만 아니라 불성과 관련된 선구(禪句)는 수행에서나 학문 차원에서도 자주 거론된다. 그만큼 불성이란 말은 돈오와 결부되어 깨달음의 본성을 대표하는 대명사로서 선종에서 중요시되는 사상이다. 여기서는 선종 초기의 선사들에게서 드러난 불성 사상만을 살펴보기로 한다.

선종의 초조 달마의 대표적인 저서로 알려진 『이입사행론』(二入四行論)에 불성 사상이 담겨 있다. 『이입사행론』의 주된 내용은 심신(深信)을 기반으로 한 이입(理入)에서 그 실천이 벽관(壁觀)이다. 즉 이입(理入)과 행입(行入)의 기본 바탕인 심신은 바로 불성에의 자각이라는 점이다.[69]

5조 홍인이 4조 도신을 처음 만났을 때의 일이다. 도신이 "너의 성(姓)은 무엇이냐?"라고 묻자 때 홍인은 "저의 성은 불성(佛性)입니다."라고 대답하였다.[70]

5조 홍인이 6조 혜능과 처음 대면했을 때도 불성이란 말이 등장한다.

홍인이 혜능에게 "너는 영남 오랑캐 땅의 사람인데 어떻게 부처가 될 수 있겠는가?"라고 하자 혜능은 "사람에게는 남북이 있을지언정 불성에 어찌 남북이 있겠습니까?"라고 응수했다.[71]

홍인의 저서 『최상승론』(最上乘論)은 청정한 불성을 주제로 하고 있다. 즉 일심을 지키는 것은 자기의 있는 그대로의 본심·자성을 지키는 것이며, 또 진실한 자기에 눈뜨는 것이라고 하였다.

세간의 구름과 안개가 사방 팔방에서 일어나 천하를 어둡게 가리면 태양인들 어찌 빛을 낼 수 있겠는가? 무슨 연고로 빛이 없다고 하는가? 본래의 빛은 그대로 있되 구름으로 뒤덮여 있을 뿐이다. 일체 중생의 청정한 마음도 또한 이와 같다.[72]

홍인은 자성이 청정한 본심을 알아야 하며 의연히 마음만 지킨다면〔守心〕망념은 일어나지 않는다고 하였다. 이러한 예를 홍인은 구름을 번뇌에 비유하고, 구름에 가려진 태양을 불성에 비유하였다. 마조의 제자 귀종 지상(歸宗 智常, ?~827년)도 홍인과 똑같이 불성을 태양에, 번뇌를 구름에 비유하였고, 황벽은『전심법요』에서 불성을 허공에 비유하였다.

일본 선학자 야나기다 세이잔은 "혜능이 홍인에게 바친 게송의 3구를 볼 때, 혜능이 처음 발심한 것도『금강경』의 응무소주(應無所住) 이생기심(而生其心) 구절이 아니라『열반경』의 불성 청정이다."라고 주장하고 있다.[73]

혜능이 홍인에게 바친 게송은『육조단경』덕이 본(德異本, 1290년 본)과 돈황 본(敦煌本, 780년 본)의 내용이 다르다. 돈황 본에는 혜능이 홍인에게 바친 게송이 다음과 같이 되어 있다.

보리는 본래 나무가 없고	菩提本無樹
밝은 거울 또한 대가 아니다.	明鏡亦無臺
불성이 항상 청정하거니	佛性常淸淨
어디에 티끌이 있으리오.	何處有塵埃

그리고 바로 다음 구절에 이런 게송이 나온다.

| 마음은 보리수요 | 心是菩提樹 |
| 몸은 밝은 거울대이다. | 身爲明鏡臺 |

| 밝은 거울이 본래 청정하거늘 | 明鏡本淸淨 |
| 어디에 티끌이 있으리오. | 何處染塵埃[74] |

불성이 청정하다고 하는 것이나 거울이 본래 청정하다고 하는 것은 더러움의 상대되는 개념이 아니다. 더럽고 깨끗하다고 하는 그 양변조차 여읜 청정한 자성을 말한다. 혜능이 『단경』에서 언급하는 자성·본성이란 곧 불성을 말한다. 그 내용을 『단경』에서 보기로 하자.

보리 자성은 본래 청정한 것이니, 단지 그 마음을 쓰기만 하면 바로 성불이니라.[75]

부처는 자성 가운데서 이루는 것이니 몸 밖을 향하여 구하지 말라. 자성을 모르면 곧 중생이요, 자성을 알면 곧 부처이다.[76]

『단경』은 이 불성을 바탕으로 일관되게 자성의 청정함을 설하고 있다. 『조계대사별전』(曹溪大師別傳)에 의하면 혜능은 젊은 시절 『열반경』의 대가였다는 점도 간과할 수 없다. 또한 6조 혜능을 삭발시키고 수계를 준 법성사(法性寺) 인종 법사(印宗 法師, 627~713년)도 당시 『열반경』의 대가였는데, 단순한 우연이 아니라는 것을 추론할 수 있다.

6조 혜능 현창 운동을 벌인 하택 신회의 사상에도 『열반경』의 불성이 두드러지게 나타난다. 신회는 불성 사상을 바탕으로 중국 선종에서 돈오로 발전하는 발판을 만들었던 선사이다. 신회의 유명한 견성설이나 돈오 사상이 아무리 독창적이라고 할지라도 『열반경』의 불성설 없이는 성립될 수 없었다. 사실 『열반경』의 불성론은 남종의 사상적인 배경을 이루고 있으며 교학적인 기반을 이루고 있음에 틀림 없다.[77] 이 불성론은 더 넓게는 중국만이 아닌 일본과 한국을 포함한 북방 불교 선종의 최고의 근간이 된다.

한편 북종계의 대표 선사인 대통 신수는 『열반경』의 일체 중생 실유불성이란 말을 인용하여 금강 불성을 주장하면서 "일체 중생이 모두 불성이 있지만 단지 무명에 뒤덮여 있기 때문에 해탈할 수 없다."라고 설하고 있다.[78] 신수는 불성을 근본으로 하며 실천 수행으로 관심(觀心)을 언급하고 있다. 더욱이 신수는 "불성은 즉 각성(覺性)이다."라고 하여 그 불성을 자각하고 또 타인에게 깨닫게 하여 지혜의 명료한 것을 깨달으면 해탈이라고 하였다.

이와 같이 중국 초기 선종 선사들의 법거량에서 불성이라는 말을 언급하고 있는 점이나 선사들의 상당 설법에서 보이는 불성설은 선종 성립은 물론 선사들의 사상 정립에 근간이 되었음을 알 수 있다. 이 점은 당대 중기 마조에게도 나타나는데, 마조는 법신 상주와 불성 사상에 의해 그의 평상심시도(平常心是道)를 정립하였으니, 『열반경』은 조사선 형성에 지대한 영향을 끼쳤음을 알 수 있다.

6. 법신 상주와 불성 사상

『열반경』은 초기 대승 불교가 끝나는 무렵 형성된 여래장계 경전으로 조직적이고 체계적인 대승 사상을 전하고 있다. 이 경의 테마는 일천제를 포함해 모든 중생이 불성을 가지고 있으며, 이 불성을 가진 당체인 인격체인 불신〔법신〕이 상주한다는 설이다.

진리와 일체가 된 여래는 곧 법신이며 이 법신인 여래가 중생을 교화하기 위해 방편으로 색신을 나타낸 것일 뿐이지, 여래는 시·공간을 초월해 상주하는 법신이다. 상락아정 열반 4덕을 갖춘 여래는 대열반에 편안히 머물고 있기 때문에 변하지 않는 법신이다.

이 법신이 상주하는 여래의 성품, 즉 불성은 마치 소금이나 꿀이 어디에 섞이더라도 본성이 있는 것처럼, 어떤 번뇌에 섞이더라도 불성이 존재한다. 이처럼 모든 중생은 불성을 가지고 있다. 하지만 불성을 구족하고 있다고 해서 어떤 중생이든지 부처가 되는 것이 아니라, 갈고 닦는 수행 작업을 통해 불성이 계발되는 것이다. 또한 극악무도하고 5역죄를 지은 일천제도 성불할 수 있는 가능성을 가지고 있다.

법신 상주설과 불성 사상은 『열반경』에서 처음 제시된 것이 아니다. 초기 불교에서는 법신의 의미가 법〔진리〕으로 강조되다가 대승 불교에 와서는 법신의 상주성과 편만성으로 드러난다. 또한 법신은 인간의 번뇌 속에 구유·내재된 여래장과 불성 사상으로 변화되었다. 불성은 여러 대승 경전 속에 자성·본성·여래종·여래성·불자·일승·여래 성기·여래 출현 등 다양한 용어로 표현되었다. 『여래장경』에서는 여래장이라는 언어를 비롯하여 대승·불장·여래계·여래성이라고 하였다.

법신 상주와 불성을 주제로 한 글을 마무리하면서 『열반경』이 불교사 전반에 끼친 영향과 그 의미를 정리해 보자.

첫째, 구제 불능의 존재까지 깨달을 선근을 가지고 있다고 하는 것은 인간의 무한한 가능성과 평등성, 자비 사상을 내포하고 있다. 이는 곧 인간 존엄을 넘어 모든 생명의 소중함을 담고 있다.

둘째, 불성은 중국 선종에서 돈오 견성이라는 선 사상 체계를 세우는 데 기둥 역할을 하였다. 중국에서 선종이 성립된 이래 조사선 시대를 지나 간화선 시대에 많은 선승들의 활구(活句)는 불성이라는 말을 전면에 내세우지 않지만 이 불성에 대한 자각이 주를 이룬다고 볼 수 있다. 한편 불성이라는 용어가 일물(一物)·일착자(一着子)·제일의제(第一義諦)·정법안장(正法眼藏)·본지풍광(本地風光)·진성(眞性)·심지(心地)·보리(菩提)·법계(法界)·불심(佛心)·여여(如如)·진여(眞如)·주인공(主人公)·본래면목(本來面目)·안심(安心)·평상심(平常心)·무심(無心)·무위진인(無位眞人) 등 다양한 용어로 창출되어 활발한 선 사상이 전개되었다.

제6장

『능가경』의 선관과 자각 성지

1. 깨달음의 근원

1세기 무렵, 중국은 인도로부터 불교를 받아들인 이래 많은 경전이 번역되면서 그 한역된 경전을 중심으로 여러 종파가 형성되었다. 즉 『화엄경』으로 화엄종이, 유식 계열 경전으로 법상종이, 『정토삼부경』으로 정토종이, 『법화경』으로 천태종이, 반야계 경전으로 삼론종 등 여러 종파가 성립되었다. 이렇게 소의 경전을 중심으로 여러 종파가 성립되었는데, 선종은 어떤 특정한 경전이 아닌 대승 경전을 비롯해 모든 경전이 소의 경전이 된다고 볼 수 있다.

즉 선사들은 『열반경』의 불성, 『능가경』의 심지(心地)와 자각 성지(自覺 聖智), 『화엄경』의 유심·성기·법계 연기, 『유마경』의 번뇌 즉 보리와 불이 사상, 『법화경』의 일승 등을 주목하였다. 선사들은 경전 구절을 그대로 받아들인 것이 아니라, 그 구절에 담긴 의미를 최대한 활용해 수행의 체(體)와 용(用)으로 삼았으며 일심을 비추어 보는 데 방편으로 삼았다.

그러나 여러 대승 경전 가운데 중국의 선사들이 수행의 근간으로 삼은 경전은 『능가경』과 『금강경』이다. 특히 『능가경』은 보리 달마가 중국에 도래한 이래(520년), 6조 혜능 이전까지 선사들의 심요로 삼았던 소의 경전이다. 『능가경』에 흐르는 일심(一心) 사상과 이 일심을 기반으로 자각 성지의 자내증(自內證)의 경계가 설해져 있기 때문이다.

이 장에서는 깨달음의 근원인 일심을 근간으로 하여 『능가경』에 흐르는 선관을 살펴보고자 한다.

5법(五法)과 3성(三性, 唯識)의 비교, 2무아(二無我, 空)와 4종선(四種禪)의 연관성을 통해 이들이 목표로 하는 지향점을 살펴보려고 한다. 또 여래장과 아뢰야식(유식)이 결합되어 설해져 있는데, 상반되는 두 진리가 어떻게 조화롭게 체계를 이루어 자각 성지(自覺 聖智)의 경지를 드러내고 있는지에 대해 살펴보고자 한다.

다음으로 이 글의 주제이기도 한 선종의 연원이 되는 사상인 불설일자(不說一字), 지월(指月), 자내증의 경지인 자각 성지와 종통(宗通)에 대해 살펴보는 것을 역점으로 한다. 이러한 선관적 교설을 통해 『능가경』에서 제시하는 선 사상과 수행 체계를 고찰하기로 한다.

2. 『능가경』의 해제와 불교사적 위치

『능가경』은 산스크리트어로 랑카바타라 수트라(Laṅkāvatāra-sūtra)라고 하며 부처님의 성스러운 가르침〔正統 敎義〕을 간직하였다고 하여 『능가아발다라』(楞伽阿跋多羅)라고 불린다. 아바타라(āvatāra, 능가)는 '들어감'〔入〕이라는 뜻을 가지고 있으므로 한역본에서는 『입능가경』(入楞伽經)이라고 한다.

한편 이 경의 이름이 '세존이 능가에 건너가서 설한 가르침'이라는 뜻을 내포하기도 하는데, 실제 「청불품」(請佛品)에서는 그러한 설정이 제시되고 있다. 또한 랑카(Laṅkā)는 스리랑카를 가리킨다고 하지만, 이 경에서 말라야 산의 랑카 지방으로 되어 있는 것으로 보아 정확히 말하자면 스리랑카를 가리키는 것은 아니다.

그러나 일설에서『능가경』을 스리랑카와 관련지어 설명하는 이유는 다음과 같다. 능가를 지배할 수 있는 것은 열 개의 머리를 가진 나찰(羅刹) 즉 라바나(rāvaṇa, 羅婆那)이며, 부처님께서 라바나를 위해『능가경』을 설했다고 하는데, 경전에서 라바나와 관련되는 이름이 서술되어 있기 때문이다.

『능가경』은 다른 경전과는 달리 외도의 학설을 풍부하게 소개하고, 비구 수행에 관한 규범을 자세하게 규정하고 있어 귀중한 문헌으로 알려져 있다. 무엇보다도 중요한 것은, 이 경이 성립될 당시에 대승 불교가 직면하고 있던 여러 가지의 문제점들을 광범위하게 다루고 있다는 점이다.

부처님께서 대혜 보살을 상대로 말씀하실 때, 대승의 교리를 체계적으로 설한 것이 아니라 각 품이 별개의 독립된 내용을 담고 있는 독특한 형식을 취하고 있다. 즉 글 내용이 일관성이 없으며 어떤 주제에 대해 몇 줄 언급되다가 곧 주제가 다른 것으로 바뀌는 식이어서 단편적이다. 또한 교리가 어려워 수행자들이 독송할 만한 경전은 되지 못한다.

그러나 이러한 가운데서도『능가경』은 여러 학파의 학설들을 풍부하게 채용하여 그것들이 어떻게 종교적인 체험과 일치하고 있는지를 보여 주고 있는 점에서 매우 귀중한 경전으로 평가받고 있다.

이 경전이 내포하는 사상으로 보아 경전이 성립된 시기는 정확하지 않다. 유식설과도 관계가 있고,『승만경』의 구절이 인용되어 있어 4세기 말에서 5세기 초에 성립되었을 것으로 추정한다. 세친의 유식설에서『능가경』에 대한 언급이 없으므로 예전에는 세친 이후에 성립된 것으로 보았다.

그러나 현재 학계에서는 세친의 연대를 5세기라고 보는 것이 유력하고, 또 『석궤론』(釋軌論)에서의 인용으로 보아 세친 이전의 것으로 추정한다. 또한 이 경전이 중국에서 한역된 시기, 즉 구나발타라(求那跋陀羅, 394~468년)에 의해 한역된 시기로 볼 때 『능가경』은 세친 이전에 성립된 것이 확실하다.[1] 무착과 세친이 이 경에 대해 언급하지 않았던 이유는 그 당시 아직 유가 학파에게 공인되지 않았기 때문일 것이다.

이 경전의 주요 특징은 여래장과 아뢰야식(阿賴耶識)을 동시에 언급하고 있다는 점이다. 3자성(自性)과 8식(識) 등 유식의 기본 개념은 물론, 2무아의 공 사상 및 여래장 연기설, 미오(迷悟)의 본질인 5법〔名·相·分別·正智·眞如〕등의 갖가지 교리들이 망라되어 있어서 뚜렷한 체계를 갖추고 있지 않은 것처럼 보이기도 한다.

『능가경』의 불교사적 위치를 다음과 같이 도표로 정리할 수 있다.

초기 대승 : 반야계 경전 공(무아)/금강경의 무주
　　　　　 법화경의 일승/화엄경의 법계
　　　　　　　　　　↓
용수 보살 : 모든 것이 무아임을 증명하기 위해 중도의 공을 천명
　　　　　　　　　　↓
중기 대승 : 여래장경, 열반경, 보성론 등에서 불성과 여래장 강조.
　　　　　　　　　　↓
중기 대승 : 해심밀경, 승만경 등에서 유식 사상으로 발전.

▶ 중기 대승 경전에 해당하는 능가경은 불성·여래장과 유식이 융합

유식과 공 사상이 담긴 『능가경』의 바탕에 흐르는 사상은 일심이며 이 일심을 기반으로 불설일자, 자각 성지, 지월, 종통설통(宗通說通), 4종선 등이 설해져 있다. 이러한 점으로 인해 『능가경』은 중국 초기 선종 선사들의 소의 경전이었다.

『랑카바타라 수트라』(Laṅkāvatāra-sūtra) 즉 『불입피산소설지경』(不入彼山所說之經)은 443년 유송(劉宋) 시대에 구나발타라가 번역한 4권 본의 『능가아발다라보경』(楞伽阿跋多羅寶經)과 같다. 또 513년에 보리류지(菩提流支)가 번역한 10권 본 『입능가경』이 있으며, 당대인 700년에 실차난타(實叉難陀)가 번역한 10권 본으로 『대승입능가경』(大乘入楞伽經)이 현존한다. 경의 구성을 보면 4권 본에서는 「일체불어심품」(一切佛語心品) 단일품으로 서분과 유통분이 생략된 형태이다. 10권 본 『입능가경』에서는 「청불품」 등 총 18품으로 나누어져 있다. 7권 본 『대승입능가경』은 「무상품」(無常品) 등 10품으로 구성되어 있는데, 이것이 가장 범본에 가까운 번역으로 인정받고 있다.[2]

선종과 관련된 『능가경』은 구나발타라가 번역한 4권 본으로, 초기 선종은 물론 법상종의 소의 경전이기도 하다.

3. 『능가경』의 선관

(1) 3성과 2무아

『능가경』은 앞절 해제 부분에서 언급한 대로 유식과 공 사상이 함께 설해져 있다. 특히 5법·3자성·8식은 유식 사상이라고 볼 수 있고, 2무아는 공 사상이다.

『능가경』에 들어 있는 주된 사상은 4문(四門)이다. 이 4문(5법·3자성·8식·2무아)은 서로 관련되어 있으면서 또 하나의 교설로 귀일하는 모습을 보이고 있다. 5법은 미오의 본질에 관한 설인데, "3자성뿐만 아니라 8식·2무아까지도 모두 5법 속에 포함된다."³⁾고 전하는 것으로 보아 5법설은 4문 가운데서 가장 중심적인 교설이라고 볼 수 있다.

본론으로 들어가 5법과 3자성, 2무아를 살펴보기로 한다.

5법(五法)은 상(相)·명(名)·분별(分別)·진여(眞如)·정지(正智)이다. 이 다섯 가지 법을 구체적으로 보면 다음과 같다.

상(相)은 외형적으로 보이는 형태나 형상·특징 등의 모습이다. 18계에서 6식(六識)의 6경(六境)이 해당된다. 『능가경』의 상의 개념은 경을 의미하므로, 무상(無相)은 곧 무경(無境)이라고 할 수 있다.

명(名)은 상에 대해서 "이것은 이와 같은 것이며, 다른 것은 아니다."라고 정의 내리는 성향을 일으키는 것이다.

분별(分別)은 이름을 나타내고 "똑같은 성질이다, 혹은 그렇지 않다."라는 등의 상을 분명히 하는 것이다. 마음〔心〕과 마음의 요소〔心所〕라는 분별이다.

진여(眞如)는 지각(知覺)이 멸하여 없어졌을 때 이러한 제법은 서로 감수(感受)함이 없으며 망상 분별이 없기 때문에 그 명과 상이 완전히 얻어지지 않은 것이다. 무상인 유식무경(唯識無境)의 경지를 말한다.

정지(正智)는 진여를 증득하고 단(斷)과 상(常)이 아니라고 올바로 지각하는 것에 의해서 망상 분별을 멸하고 자내증의 성지(聖智)에 적합하여 외도나 성문 경계의 상(相)을 취하지 않는 것이다.[4]

5법 가운데 명과 상만을 제외하고 모두 진여에 계합하는 자내증(自內證), 즉 견성을 위해 설해진 것이다. 이 5법의 이해를 돕기 위하여 『해심밀경』(解深密經)에 설해진 3성〔遍計所執性·依他起性·圓成實性〕과 배대해 살펴보기로 한다.

3성은 마음을 의지해 현실을 볼 때, 법이 존재하는 형태(현상)를 세 가지로 구분한 것이다.

변계소집성(遍計所執性)은 그릇된 집착으로 없는 것을 있다고 하는 것인데, 번뇌 망상이 일어난 것이다. 의타기성(依他起性)은 이 세상 모든 것들이 연(緣)에 의지해 일어나는 것이라고 보는 것이다. 인연이 합하면 생기고 인연이 흩어지면 없어지므로 꼭두각시와 같아서 고정 불변의 실재는 아니다. 원성실성(圓成實性)은 모든 것이 원만하고 두루하여 불생불멸하고 그 체(體)는 거짓이 없는 참된 것이다.

위의 3성에 대해 다음과 같이 비유를 들어 설명해 보기로 한다. 캄캄한 밤에 뱀을 보고 놀란다(→ 변계소집성). 다음날 그것은 뱀이 아니고 새끼줄이라는 것을 알고(→ 의타기성), 그 새끼줄은 실체적으로 있는 것이 아니고 그 본질이 마(麻)라는 것을 안다(→ 원성실성). 여기서 새끼줄이라 함은 여러 인연에 의해서 마가 임시로 '새끼줄'이라는 형태를 취하고 있다는 것을 아는 것이다. 이렇게 3성에서 표현하고자 했던 것은 궁극적인 경계이며 공의 세계이다. 그러면 앞에서 언급한 5법과 관련해 3성을 배대해 살펴보기로 한다.

대혜야! 명과 상은 망상자성(妄想自性)이다. 또 대혜야, 망과 상을 의지하여 심(心)과 심법(心法, 心所)을 내느니라. 마치 태양이 햇빛을 수반해 가지 가지 상을 스스로 분별하니 이것을 이름해서 연기자성(緣起自性)이라고 한다. 또 대혜야, 정지(正智)와 진여는 멸하지 않는 것이므로 성자성(成自性)이라고 한다.[5]

즉 처음과 두 번째인 명과 상은 망상자성[변계소집성]에 해당되며, 5법의 세 번째인 분별은 연기자성(의타기성)에 해당된다. 5법의 네 번째 진여와 다섯 번째 정지는 성자성(원성실성)에 해당된다고 볼 수 있다.

5법에서 제시하는 다섯 가지 법 가운데 진여, 3자성 가운데 마지막인 성자성을 강조한 것으로 볼 때, 이 5법설 역시 자각 성지(自覺 聖智)를 지향하고 있음을 알 수 있다. 이 자각 성지는 선종에서 깨달음의 근거로 지향하는 점이다.

이렇게 『능가경』에 설해진 주된 사상들이 결국 자각 성지로 귀결되며, 『능가경』 교설의 궁극적 목적은 자내증으로 그 위상을 차지하고 있다. 앞에서 전개했던 5법과 3자성에 대해 도표로 정리해 보면 다음과 같다.

비 유	3자성 (해심밀경)	3자성 (능가경)	5법 (능가경)	법의 존재 형태 (현상)
뱀을 보고 놀람	변계소집성	망상자성	명과 상	언설에 의해 분별된 법의 존재 형태
뱀이 아니라 새끼줄이었음을 앎	의타기성	연기자성	분별	인연소생법에 의해 생기된 존재 형태
실이 마임을 앎	원성실성	성자성	진여와 정지	일체 언설을 여읜 자각 성지의 경계

다음은 2무아(인무아·법무아)의 경지에 따른 4종선에 대해 살펴보기로 하자.

『능가경』에서 네 종류의 선을 설하고 있지만, 선의 높고 낮은 경지를 구분하는 데 『능가경』만이 아니라 여러 경전과 논에서도 선의 차제를 논하고 있다. 『유마경』에서는 세간선·출세간선·출세간상상선인 세 종류로 구분하였고, 『대승기신론』(大乘起信論)에서도 외도선·성문선·보살선인 세 종류로 나누었다.

이렇게 선을 나누는 일련의 과정에서 중국 당나라 때의 규봉 종밀은 『도서』(都書)에서 외도선(外道禪)·범부선(凡夫禪)·소승선(小乘禪)·대승선(大乘禪)·여래청정선(如來淸淨禪)인 5종으로 선을 나누었다. 종밀이 나눈 선의 분류에서 최고의 선을 여래선이라고 하였고, 『능가경』에서도 여래선을 최상으로 여기고 있음을 볼 때, 종밀은 『능가경』을 토대로 하였음을 알 수 있다.

『능가경』에서 네 종류의 선을 나누는 기준은 두 종류의 무아를 어떻게 깊이 이해했느냐에 따른 것이다. 4종선은 범부선·관찰의선(觀察義禪)·진여반연선(眞如攀緣禪)·여래선이다.[6]

범부선은 우부소행선(愚夫所行禪)이라고도 한다. 인간은 무아이므로 실체가 없다는 이치를 알고 이 뜻에 따라 행하는 선이다. 이 선을 닦는 사람들은 성문·연각·외도이다. 또한 고·무상·무아의 상(相)을 관하여 무상멸정(無想滅定)에 이르는 선이다.

관찰의선은 인무아와 법무아가 모두 제법의 무성임을 관하고 그 밖에 의리를 관하여 점점 깊어지는 선이다. 즉 인간과 현상, 모두가 무아임을 알고 이 뜻에 수순해 모든 것을 관찰하는 선이다.

진여반연선은 인무아와 법무아는 모두 공이라는 것을 알아 여실한 중도의 경지에 들어 공·무·허한 생각이 일어나지 않는 선이다. 즉 인무아와 법무아를 초월해 있으면서 두 무아를 만드는 근본 자리인 진여를 체득하는 선이다.

여래선은 부처 경계에 들어가 법락을 수용하고 아울러 일체 중생을 자비로 구제하는 불사의한 용(用)을 일으키는 선이다. 즉 불타의 자각 성지를 알 수 있는 방법은 오직 여래선밖에 없는 것으로 여래선을 최고의 선이라고 『능가경』에서 제시하고 있다.

여래선은 범부선이나 진여선에도 머물지 않고 오직 이 경지에 머물러야 하며, 진여를 찾고 난 다음 중생을 위해서 자비를 베푸는 의미도 갖고 있다. 동산 양개(807~869년)의 가르침인 3로(三路 : 鳥道·玄路·展手) 가운데 전수(展手)에 해당되며[7] 십우도(十牛圖)의 마지막 열번째 그림인 입전수수(入纏垂手)의 원리라는 것을 알 수 있다.[8]

이와 같이 4종선에서 궁극적으로 드러내고자 하는 것은 여래선으로 자각 성지의 경지요, 자내증의 경지이다. 또한 5법에서 제시하는 진여와 정지, 3자성에서 마지막인 성자성 또한 모두 자각 성지를 지향하는 것이다. 결국 『능가경』의 진리는 깨달음을 향한 진리로 귀결된다고 볼 수 있다.

(2) 여래장과 아뢰야식의 전식(轉識)과 그 의미

한 마음이 진여의 세계로 갈 가능성을 나타낼 때는 여래장이라고 표현하고, 깨달음의 세계가 펼쳐지는 이유를 설명할 때는 아뢰야식이라고 한다. 따라서 수도증과(修道證果)의 가능적 근거는 불성·여래장이라고 볼 수 있고, 수도증과의 경과를 심리적으로 설명한 것은 유식이라고 볼 수 있다. 즉 불성과 여래장은 마음의 본성을 취급한 본질적인 것인 데 반해, 유식은 마음의 현상적인 면을 문제 삼는다. 이에 따라 여래장 계통의 경전과 유식 계통의 경전이 편찬되었다.[9]

『승만경』과 『열반경』, 『보성론』에서는 여래장과 불성이 거론되고, 『해심밀경』, 『섭대승론』, 『능가경』에서는 제8식인 아뢰야식(마음 작용의 하나)을 설하고 있다. 그런데 전혀 같은 논의로 거론될 수 없을 것 같은 여래장 사상과 아뢰야식이 결합되어 설해진 경전이 있는데, 바로 『능가경』이다.

여래장이 무명에 덮여서 윤회에 떨어지면 아뢰야식이 되고, 여래장에 간직된 자성을 깨우쳐 무명이 걷히면 본래 청정한 여래장이 드러나게 된다. 곧 여래장과 아뢰야식은 하나인 사상이라고 말할 수 없지만, 다르다고 볼 수 없는 것이다(不一不二). 이렇게 여래장과 아뢰야식의 결합사상은 『대승기신론』에서도 전개된다.[10] 구체적으로 경전의 내용을 들어 살펴보기로 한다.

『능가경』에서 설하는 여래장은 본래 청정한 것이지만 객진 번뇌로 인해 오염되어 청정하지 못한 것이라고 하여 오염된 상태를 장식(藏識), 즉 아뢰야식이라고 부른다. 이 점에 대해 『능가경』에 다음과 같이 전한다.

여래장은 본래 자성이 청정하지만, 32상을 가지고 모든 중생의 몸에 들어가 있는 것과 같다. 여래의 장은 항상 주하며 변하지 않음이 바로 이와 같다. 음(陰)과 계(界)와 입(入)의 더러운 옷 속에 파묻혀 있으며 탐·진·치인 망상 번뇌 등에 의해서 오염되어 있다.[11]

여래장은 본래 청정한 본체이건만 이 청정한 본체가 인간을 구성하고 있는 요소인 5음(五陰)과 6입(六入), 18계(十八界)에 잠재해 있으며 3독으로 물들어 있는 것이다.

『능가경』의 영향으로 생겨난 『대승기신론』에서는 이 여래장을 일심이문(一心二門)으로 설명하고 있다. 즉 일심을 청정한 측면에서는 심진여문(心眞如門)이라고 하고, 부정적 측면에서는 심생멸문(心生滅門)이라고 한다. 청정한 측면의 여래장은 불생불멸하고 상주불변으로 적멸이다. 일심의 체는 본각이지만, 무명에 따라서 생멸이 있으므로 여래장에 객진 번뇌가 있는 것과 같은 것이다. 생멸문이든 진여문이든 모두 일심에서 비롯되며 이 일심이란 바로 여래장이라고 할 수 있다.

이 여래장이 무명에 덮여서 윤회의 세계를 전개하는 면으로 보면 아뢰야식이 되고, 과거 무시 이래로부터 쌓아 온 습기(習氣)로 인해 생긴 무명을 벗어나 깨달음의 세계로 회귀하는 면으로 보면 여래장이 된다. 물의 습성과 파도에 비유하면 이러하다.

대해에서 물결이 치고 파도가 일어나 여러 형태의 파도가 만들어진다. 여러 형태로 일어난 파도는 일어났다가 사라지지만, 파도를 일으키는 물의 습성(濕性, 본체)은 그대로이다. 즉 대해에 일어나는 파도는 아뢰야식이며 파도를 일으키는 물의 습성인 본체는 멸하지 않는 여래장을 말한다. 물의 습성인 본체(眞相)를 떠난 파도는 있을 수 없으며 오직 멸하는 것은 업의 성질[業相]이 멸할 뿐이다. 이에 대해 『능가경』에서는 다음과 같이 설하고 있다.

> 여래장은 선(善)과 불선(不善)을 만드는 근원으로서 일체 생존하는 세계를 만든다. 마치 기예를 부리는 사람이 여러 가지 모습을 만들어 내는 것과 같다. …… 무시 이래로 그릇된 악습에 의해 훈습된 것이 바로 아뢰야식이다. 이 아뢰야식은 근본 무명에서 발생한 7식과 함께한다. 비유하건대 대해에 파도가 있어 그 본체와 상(파도)이 이어져 끊임없이 항상 계속되어 끊이지 않는 것과 같다. 본성은 청정하여 무상(無常)을 벗어났으며 아집을 여읜 것이다.[12]

여래장이 선과 불선의 인으로서 일체의 생과 취를 만드는 것이라고 하고, 그것을 설명하여 희론의 습한 업이 발생할 때 장식(藏識)이라고 하며, 무명에서 생기는 7식과 함께 대해의 파도처럼 생기(生起)하지만 궁극적으로는 본래가 청정한 것이다.

이와 같이 여래장과 아뢰야식을 동전의 양면처럼 동일한 것으로 언급하고 있다. 여래장이 깨달음의 본체인 자성에 해당된다면, 아뢰야식은 생멸을 생성시키는 미혹된 측면을 의미한다. 미혹 측면인 아뢰야식(파도)은 본체인 여래장(물의 습성)을 떠나서는 존재할 수 없다.

여래장과 아뢰야식은 상반적·대비적 위치에 있으면서 내면적으로 관련되어 있는 것으로 간주된다. 전자는 깨달음의 원리로서 무위법이라고 할 수 있고, 후자는 미혹의 원리로서 유위법이라고 하지만, 모두 미오(迷悟)의 소의처가 되는 점에서 공통된 면이 있다고 할 수 있다. 유식설에서 소의처인 아뢰야식을 깨달음으로 전환시킨 경우, 대승의 보살은 법신을 실현하였다고 한다.[13]

중생의 어리석은 근원인 무시 이래로 쌓아 온 습기(習氣)로 인해 모든 것이 자기 마음의 드러난 바를 알지 못하고 일체에 집착하고 있기 때문이다. 이것이 우리들 의식의 본성이며, 본 모습이기도 하다. 이것을 철저하게만 안다면 모든 차별적인 세계에서 벗어나 깨달음의 세계에 이를 수 있는 것이다.

(3) 불설일자(불립문자의 연원)

대승 경전에서 선 사상을 추론할 때 제일 먼저 거론되는 주제는 불립문자이다. 『무문관』 6칙에도 불립문자에 대한 언급이 있다.

> 세존께서 영산회상에서 꽃을 들어 대중에게 보였다. 그때 대중은 침묵했지만 가섭만이 빙그레 미소 지었다. 세존께서 말씀하셨다. "정법안장(正法眼藏) 열반묘심(涅槃妙心) 실상무상(實相無相) 미묘법문(微妙法門)이 있는데, 이것을 불립문자(不立文字) 교외별전(敎外別傳)으로 가섭에게 전하노라.[14]

세존이 가섭에게 "꽃을 들어 보였을 때, 가섭만이 미소를 지었다."는 것은 선종의 상징적인 내용이다. 영산회상 염화미소란 정법안장이요, 세존이 제자에게 불립문자로 전했다는 어절은 사자상승(師資相承)의 의미를 띠고 있는 것이다. 이러한 내용들을 담고 있는 대표적인 경전이 『능가경』이다. 먼저 불설일자(不說一字)에 대해 살펴보기 전에 『유마경』에 전하는 내용부터 보기로 하자.

『유마경』「제자품」에 의하면, 유마가 수보리에게 "모든 일체 법에 평등한 마음을 가지고 공양을 받아야 합니다. 일체의 모든 모습과 성품이 허깨비와 같은 것이기 때문입니다."라고 하면서 다음과 같이 말한다.

> 조금도 두려워 마십시오. 일체의 언설도 이와 같습니다. 그러므로 지혜 있는 사람은 말과 문자에 집착하지 않고 두려워하지도 않습니다. 왜냐하면 문자의 본 바탕이 본래 공한 것이니 문자가 없는 것이 곧 해탈이며, 해탈의 모양이 곧 모든 법이기 때문입니다.[15]

해탈을 방편으로 표현하는 문자조차 공하기 때문에 언설에 집착하지 말아야 한다는 막착언설(莫着言說)을 강조한다. 이와 유사하게 언설에 집착하지 말 것을 강조할 때 『능가경』에서는 불설일자로 제시하고 있다. 이것은 『유마경』의 사상과 같은 맥락에서 살펴볼 수 있다. 불설일자에 대해 『능가경』에서는 이렇게 설하고 있다.

> 나는 어느 날 밤 정각을 얻은 날부터 반열반에 들 때까지 한 글자도 설하지 않았다.[16]

이렇게 부처님께서는 성불한 이래 열반에 들 때까지 한 마디도 설하지 않았다고 한다. 불설일자는 『능가경』 이전인 『대품반야경』과

『대지도론』에도 나오는데,『능가경』은 종래의 주장을 이어 한층 더 구체적으로 체계화시켰다는 것을 알 수 있다.

『능가경』에 "진실은 문자를 여의었다."라든지 "문자에 의존하지 말고 뜻에 의거하라."라는 말이 곳곳에 설해져 있으며 그러한 주장을 종합한 것이 불설일자인 것이다.[17] 그렇다면『능가경』에서 전하는 대로 부처님께서 한 마디도 설하지 않았다〔不說一字〕고 한다면 그 많은 8만 4천의 법문이 어떻게 존재할 수 있는가이다.

마치 부처님께서 연기법으로 깨달은 뒤 "이는 내가 창조한 것이 아니라 원래 존재하고 있던 것을 발견한 것에 불과하다."라고 한 것과 같은 이치라고 볼 수 있다. 즉 부처님이 아니더라도 원래 존재해 있었는데, 중생이 발견하지 못한 것을 부처님께서 먼저 제시했음을 의미한다. 이는 부처님이 이 세상에 출현했든 출현하지 않았든 간에 상관없이 중생들 각자가 자성 청정한 불성을 지니고 있기 때문이다.

또한 부처님께서 49년간 한 자도 설하지 않았다고 하지만 49년 동안 설법하셨다고 하는 점에서 보면, 역시 표현은 언어와 문자를 빌리지 않을 수 없음을 시사한다. 이에 부처님께서 설법하신 목적은 수행자들이 마음을 깨닫도록 하기 위한 방편에 불과한 것이지, 언설 그 자체가 목적이 아니다.

혜가가『능가경』의 현리를 심요로 하고, 또「법충장」에도 혜육(惠育)이 "도를 마음으로 행할 뿐 입으로 설하지 않았다", 혹은 "입으로 현리를 설했으나 문기(文記)를 만들지 않았다."라고 하는 주기(注記) 등은 모두『능가경』의 불설일자에 영향을 받은 것이라고 볼 수 있다.[18]

이러한 언어 문자 방편을 4권 『능가경』에서는 지월(指月, 달을 가리키는 손가락)의 비유로 설하고 있다.

> 진실은 문자를 여읜 것이다. 대혜여, 손가락으로 물건을 가리킬 때에 어리석은 사람은 손가락을 쳐다볼 뿐 달은 쳐다보지 않는다. …… 이처럼 명자(名字)에 집착하는 자는 진실한 뜻을 얻을 수 없다.[19)

> 진실로 관찰하는 자는 모든 것이 다 무사(無事)임을 안다. 그런데 어리석은 사람은 달을 가리키는 손가락을 보고 달이라고 집착하는데, 언어 문자에 집착하는 자는 나의 진실을 보지 못하는 것이다.[20)

문자나 언어는 진리를 표현하는 것으로, 달을 가리키는 손가락에 불과하다. 이 지월에 의해서 불설일자의 의미가 한층 더 강조된다. 부처님께서 설한 진리도 어느 지역을 찾아가기 위한 지도책에 불과한 것이지 그 지도책이 목적이 아니다. 이에 장자는 "고기를 잡았으면 통발을 버려라[得魚忘筌]."라고 하였고, 『금강경』에서는 "나의 설법은 뗏목과 같다[知我說法 如筏喩者]."라고 하였다.

『능가경』에서는 이 점에 대해 이렇게 설하고 있다.

> 일체 언설은 문자에 떨어지나 의(義)에는 떨어지지 않느니라.
> …… 여래는 문자에 떨어지는 법을 설하지 않나니, 문자로는 어떤

것도 얻을 수 없기 때문이다. 만약 언설이 있어 여래가 문자에 떨어지는 법을 설했다면 이는 곧 망설(妄說)이요, 법은 문자를 여의느니라.[21]

이렇게 문자의 어리석음에 떨어지지 말고 그 문자 속에 담긴 진리를 보라고 강조하고 있다. "3계는 오직 마음의 분별일 뿐이니, 바깥 경계는 일체가 존재하는 것이 아니라 망상이 갖가지로 나타난 현상임을 어리석은 범부들은 능히 깨닫지 못하기 때문에 (여래께서) 여러 경전에 분별하여 여러 언어 문자를 설했을 뿐이므로, 언어 문자를 떠나서는 그 뜻을 얻을 수 없는 것"이라고 부처님께서 당부하셨다.[22]

즉 일체 현상은 자기 마음에서 투영되어 어떤 형체로 모습이 보이는 것(自心所顯)인데, 중생이 이를 알지 못하고 허망한 것들을 진실로 받아들이기 때문에 유심(唯心)이라는 의(義)를 깨닫게 하기 위해 언어 문자를 방편으로 활용할 뿐이다.

이 절의 서두에서도 언급했지만, 부처님께서는 마음을 전달하기 위한 방편으로 영산에서 가섭에게 꽃을 들어 보였고, 다자탑 앞에서 자리를 내 주어 가섭에게 앉게 하였으며, 열반 후 관 밖으로 발을 내어 가섭에게 보인 것이다.[23] 이는 이심전심(以心傳心)의 단적인 표현이지만, 언어보다 더 강한 메시지를 품고 있음을 상징적으로 드러낸다. 중국 선사들 중에 덕산 선감(德山 宣鑑, 782~865년)은 깨달음을 묻는 제자들에게 방망이(棒)를 휘둘렀고, 임제는 소리(喝)를 질렀으며, 구지(俱胝) 선사는 손가락을 들어 보였다. 언어와 문자란 깨달음을 상징하고 표현하는 하나의 도구일 뿐이며 진실과 진리를 담고 있는 하나의 그릇에 불과하기 때문이다.

방편으로 표현한 언설에 치우쳐 언설을 소중히 여기며 그 언설 자체에 집착하는 수행자들을 위하여 선종에서는『능가경』의 이 불설일자에 기인해 불립문자를 내세운다.

'불설일자' 내용을 정리하면서 두 가지로 마무리하고자 한다.

첫째, 불설(佛說)을 무조건 배척하는 것이 아니라, 불설일자(不說一字)라고 한 의미를 이해하여 언어 문자에 집착하지 말 것을 강조하고 있다.

둘째, 언어 문자는 자각 성지를 표현하기 위해 방편인 언설을 빌린 것이다. 그러니 언어 문자의 공함을 깨닫고, 모든 망상을 여의어 여래 경계에 들어갈 것을 내포한다. 여래지에 듦[入]은 곧 자각 성지의 경지인데, 이는 앞에서 언급한 4종선 가운데 최상승인 여래청정선의 경지인 것이다. 선종에서 불립문자를 주장하는 것과 같은 맥락으로 이해될 수 있으며 언어 문자와 망상을 떠나 자각 성지를 얻는 것은 다음 장의 종통에 의해 뒷받침된다.

(4) 자내증의 경지〔自覺聖智와 宗通〕

앞의 3절 (3) '불설일자'에서 언급한 대로, 언어 문자라는 방편을 통해 체험으로 얻는 것은 바로 자각 성지의 경계이다. 달마가 인도로부터 와서 혜가에게『능가경』을 전한 것도 자각 성지 사상이 담겨 있기 때문이다. 자각 성지는『능가경』의 주된 중심 사상으로서 스스로 깨쳐서 깨달음의 경지에 이른다는 것이다〔證菩提心〕.

『능가경』에서는 자각 성지에 대해 이렇게 설하고 있다.

〔자각 성지란〕 보살마하살이 홀로 고요히 한적한 곳에서 스스
로 깨달아 관찰하는 것이요, 다른 것을 말미암지 않는다. 일체 망
상을 여읜 것이며 상상(上上)의 경지에서 여래지(如來地)에 드
는 것을 말하는데, 바로 이것을 자각 성지상(自覺 聖智相)이라고
한다.[24]

자내증의 법이나 언설을 여읜 자각 성지의 경계는 앞에서 전개한
불설일자의 경계인 것이다. 『능가경』에서는 이 자내증에 대해서 두
가지로 말하고 있다.

첫째는 "연자내증(緣自內證)의 법성이요", 둘째는 "본주(本住)의 법
성이다."라고 서술하고 있다. 연자득법(緣自得法)은 자신에 의해서 얻
은 법이며, 본주의 법이란 불타가 이 세상에 출현하였든 출세하지 않
았든 간에 상관없이 법계의 상주불변한 진리를 말한다. 이 본주의 법
성이라는 말은 『열반경』의 '본유금유'(本有今有)설과 같은 의미로 추
론된다.[25]

연자득법이라고 하는 것은 무엇인가? 그것은 여래가 얻은 법성
인데 조금도 늘어남도 줄어듦이 없는 것을 연자득법이라고 한다.
그것은 구경의 경계이며 언설과 망상을 여의었고 문자를 떠나 있
는 자내증의 법이다.[26]

이 문자를 여읜 경지를 『능가경』에서는 종통(宗通)으로 설명한다. 종통이란 궁극적 깨달음의 경지이다. 이 깨달음의 경지인 종통을 뒷받침해 주는 설통(說通)도 『능가경』에서 함께 제시하고 있다. 다음은 경에서 설하고 있는 종통과 설통의 의미이다.

종통이란, 자내증의 법을 얻어 뛰어난 경지에 이르는 것이다. 언어 문자 망상을 여의고 무루계 자각지에 뛰어오르는 것이다. 스스로 일체 허망을 멀리 여의고 일체 외도와 모든 마군을 항복받으며 스스로 깨달아 광명이 발현한다. 이것이 종통의 상이다.[27]

설통이란, 9분교(九分敎) 등의 여러 가지 교설이며 이(異)·불이(不異), 유·무의 견해를 벗어났으며 선교방편(善巧方便)으로 중생들의 근기에 따라 제도한다. 만약 이 법을 따르는 자가 있다면 (번뇌로부터) 벗어나게 한다. 이것이 설통의 상(相)이다.[28]

이와 같이 언급한 대로 종통은 언어 망상을 멀리 여읜 자각 성지의 경계요, 설통은 부처님의 교설이며 중생을 제도하는 방편이다. 종통과 설통의 관계는 앞 장에서 언급한 대로 언설에 집착하지 않는 불립문자를 주장하는 것과 같은 맥락으로 볼 수 있다.

그러나 『능가경』에서 종통뿐만 아니라 중생의 마음에 응하여 갖가지 교법을 설하여 중생이 깨달음에 이르도록 한다는 설통의 교리를 함께 설함으로써 언어를 통한 방편을 인정하고 있다. 대승의 여러 교리들을 함께 조화시키고자 하는 『능가경』의 특징을 다시 한 번 확인

할 수 있다.

종통이란 깨달음의 내적 경험이며 설통은 논리적 설명이다. 선은 종통과 설통, 두 가지를 겸비해야 한다. 종통이 있는데 설통이 없다면 마치 눈〔眼〕이 있으나 발〔足〕이 없는 것과 같은 이치이다. 눈〔眼〕인 종통과 발〔足〕인 설통이 서로 상부상조하여야 비로소 선 수행이 가능하다고 본다.

깨달음을 통해 그 선적 깨달음을 개념화해서 사람들에게 설파하거나 지혜의 힘을 발휘하는 것이다. 이는『능가경』의 본질이요, 곧 선종의 취지를 담고 있다. 종통은 선이요 설통은 교로서, 종통설통은 선시불심(禪是佛心) 교시불어(敎是佛語)인 것이다. 곧 종통설통설은 언어 문자와 깨달음의 경계가 하나이듯, 교와 선이 일치인 것이다. 또한 종통은 자각(自覺)이요, 설통은 각타(覺他)로서 자리이타, 각행원만(覺行圓滿) 사상이 담겨 있음을 알 수 있다.

4. 중국 초기 선종과『능가경』

『능가경』의 교설 가운데 선종과 가장 밀접한 사상은 불립문자 교외별전을 강조하는 이심전심이라고 할 수 있다.『능가경』은 선종 초기 선사들의 소의 경전이었으며 조사선이 확립되는 데도 영향을 미쳤던 경전이다. 이 당시(6~7세기)『능가경』을 바탕으로 수행의 근간을 삼았던 선사들의 행적을 살펴봄으로써『능가경』의 선종사적 위치를 살펴보고자 한다.

도선(道宣, 596~667년)이 편찬한『속고승전』16권「혜가장」에 의하면, 달마가 혜가에게 4권『능가경』을 주면서 "내가 이 중국 땅을 관찰해 보니 오직 이『능가경』만이 있을 뿐이다."라며 수행의 심요로 삼도록 하였다. 2조 혜가는『능가경』을 나 선사(那 禪師)에게 전했고, 나 선사는 혜만(慧滿) 선사에게 전했다는 기록이 전한다.[29] 혜만은 스승 나 선사의 설법을 듣고 출가해 스승과 마찬가지로 두타행을 하였으며『능가경』의 현리(玄理)를 심요(心要)로 삼은 능가 행자였다.

또한 혜만과 같은 시기의 사람으로서 능가 행자인 법충(法沖)이 있다. 법충은 출가하여 삼론종의 혜숭(慧嵩) 법사로부터『능가경』을 배웠다. 이후 혜가에게 찾아가 법을 구한 뒤,『능가경』으로 수행의 근본을 삼았으며『능가경』을 선양했던 사람이다. 법충은 당시『능가경』의 대가로 알려져 있었으며 남천축 일승종에 의해서『능가경』을 200여 회 정도 강의했다고 전한다.[30] 여기서 남천축 일승종은『능가경』을 심요로 하고 반야(般若) 공관(空觀)의 무득정관(無得正觀)을 종(宗)으로 한다. 일승은 대승을 뜻하며 남천축 출신의 구나발타라와 보리 달마에 의해 전승된 대승 불교의 근본 취지가 담긴 심요이다.

이와 같이 달마계 선종 초기의 선사들은『능가경』을 기반으로 수행의 요지를 삼았다. 또한『능가사자기』(楞伽師資記)의 저자 정각(淨覺)은『능가경』을 중심으로 선사들이 수행했던 점을 염두에 둔 탓인지 4권『능가경』의 번역자인 구나발타라를 달마 앞에 두어 선종의 초조로 하였다.[31] 이는 정각이 중국 선종 차원에서『능가경』을 중심으로 계보를 세워 법맥을 체계화시키려 한 점을 엿볼 수 있다.

『속고승전』「법충전」에 기록된 능가사들의 계보에 당시 능가사들의 전승과 『능가경』에 관한 주소(注疏)까지 자세히 기록하여 전하고 있다. 이러한 점을 기반으로 선종사에서는 초기 선종계를 능가종이라고 칭한다.[32] 또한 『능가경』의 주된 사상인 자각 성지에 관해서 『능가사자기』나 『전법보기』(傳法寶紀)에서 그대로 인용해 전하고 있다. 임제선 연구자 종호 스님도 "달마 이후 5조 홍인에 이르기까지는 6조선의 과도기적 형태로 『능가경』을 중심으로 한 선 사상이다."라고 하였다.[33]

초기 선종에서 수행하는 데 중요시되었던 『능가경』에 관한 기록이 북종계에서는 보이지 않는다. 반면 북종을 점수(漸修)라고 비방했던 남종계 하택 신회는 『능가경』에 의거하고 있다.

신회는 달마로부터 시작된 선종의 본질적인 전통을 『능가경』의 여래선이라고 주장하며, 북종 공격에 나섰던 것이다. 여래선은 『능가경』에서 제시하는 선의 네 종류 가운데 최고의 위인 최상승선을 말한다. 그는 『능가경』에서 제시하는 여래선의 술어를 쓰면서도 여래선의 의미를 그가 선양했던 『금강경』 입장에서 재해석했던 것이다. 즉 신회의 여래선은 반야바라밀이다.[34]

또한 신회는 북종의 선법을 '법문시점'(法門是漸)이라고 하고 '청정선'(淸淨禪)이라고도 하는데, 여기서 신회가 말하는 점(漸)과 정(淨)은 『능가경』 권1의 '점정비돈'(漸淨非頓)의 설에 기준을 두고 있는 것으로 보인다.[35] 그러나 신회는 앞에서 전개한 두 가지 이외에는 『능가경』에 관한 언급이 전혀 없고, 혜능 이후부터는 선종의 소의 경전이 『능가경』에서 『금강경』으로 바뀌어 잠시 잊혀진 듯했다.

이후 8세기 초 『능가경』은 마조(709~788년)에 의해 다시 한 번 드러났다. 마조의 주된 사상은 평상심시도와 즉심시불이다. 평상심은 원래부터 인간 그 누구라도 구족하고 있는 자성 청정심이라는 철저한 본래성의 자각을 견지하고 있는 사상이다. 그런데 마조는 자성 청정한 평상심의 연원을 『능가경』에 두고 있다.

> 대중들이여! 각자 자신의 마음이 부처이며, 이 마음 그대로가 바로 부처라는 사실을 확신하라. 달마가 남천축국으로부터 중국에 와서 상승(上乘) 일심(一心)의 법을 전해 주어 그대들로 하여금 깨닫도록 하였다. 또한 『능가경』을 인용하여 중생의 마음 바탕을 보여 준 까닭은 이 일심의 법이 본래부터 모두에게 각각 있어 온 것이라는 사실을 사람들이 믿지 않을까 염려되어서이다. 그러므로 『능가경』은 부처가 말한 마음을 근본으로 하며, 또한 무문(無門)을 법문(法門)으로 삼는 것이다.[36)]

마조는 『능가경』에서 설한 심지(心地)나 불어심(佛語心)을 그가 주장하는 평상심 및 즉심시불의 사상적인 근거로 삼고 있으며, 이는 단순한 자신의 주장이 아니라 달마로부터 전래된 것임을 강조하고 있다. 즉 조사선의 근본 입장을 『능가경』에서 구하고 있다는 것을 알 수 있다.

마조가 『능가경』을 의거하였다는 것은 『조당집』(祖堂集) 18권 「앙산화상장」(仰山和尙章)에서도 알 수 있다. 여기에 도존(道存)이 앙산혜적(仰山慧寂, 807~883년)에게 질문하고, 앙산이 도존에게 답을 하는 부분이 있다. 도존이 앙산에게 "달마가 4권 『능가경』을 가지고 (중국에) 왔습니까?"라고 묻자 앙산은 "달마는 『능가경』을 가지고 오지 않았다."라고 하면서 선의 불립문자를 그에게 피력해 준다. 그러자 다시 도존이 앙산에게 "달마 화상이 『능가경』을 가지고 오지 않았다면 마 대사(馬 大師)의 어록과 제방의 노숙(老宿)들이 설법에서 자주 『능가경』을 인용하는 것은 무슨 의미입니까?"라고 질문한다.[37) 이러한 정황으로 보아 초기 선종의 선사들과 마조가 『능가경』에 의거해 선 사상을 정립했음을 알 수 있다.

또한 마조는 『능가경』의 양미순목(揚眉瞬目)을 인용해 자설의 근거로 삼았는데, 이 사상은 마조가 일상에서 수행을 강조하는 사상적 토대가 된다. 다음은 『능가경』 「불어심품」의 양미순목에 관한 부분이다.

> 대혜여! 일체의 찰토(刹土)에는 언설이 있지 아니하다. 언설은 단지 꾸며 낸 모양일 뿐이다. 어떤 때는 부처가 모셔진 곳을 향해 우러르는 것으로 법을 보인다. 어떤 때는 눈썹을 치켜 올리기도 하고, 또 눈동자를 움직이기도 하며 어떤 때는 웃고 하품하며, 혹은 기침하기도 한다.[38)

눈썹을 치켜 올리고 눈을 깜박거리는 일 등 일체의 동작 그대로가 불사(佛事)라고 본 마조의 설은 『능가경』에 의거하고 있음을 알 수 있다. 이처럼 마조는 『능가경』에서 설한 심지나 불어심을 그가 주장하는 평상심(平常心) 및 즉심시불(卽心是佛)의 사상적인 근거로 삼고 있으며, 자각 성지와 여래선의 영향을 받아 자설(自說)의 근거로 삼고 있는 능가 행자였다.

이와 같이 살펴본 대로 달마가 혜가에게 『능가경』을 전수한 이래로 초기 선종의 선사들은 『능가경』의 교설을 수행 체계의 근간으로 삼았으며, 이후 마조에 와서 다시 한 번 『능가경』의 선관이 선양되었음을 알 수 있다.

5. 유식과 공 사상

『유마경』, 『화엄경』, 『반야경』 등 대승 불교 초기 경전에는 반야와 공 사상이 중심되어 설해져 있다. 이어서 용수로부터 세친을 지나 중기 대승 불교시대에는 여래장과 유식에 관한 경전이 성립되었다. 중기 대승 경전에 속하는 『능가경』은 유식과 여래장을 아우르고 있다. 즉 『능가경』에는 용수에 의해 확립된 공을 바탕으로 불성·여래장·아뢰야식이 제기되어 있다. 이를 바탕으로 『능가경』에서는 선관(禪觀)이 전하는데, 필자의 논지를 요약해 보기로 한다.

첫째, 『능가경』에는 유식과 공 사상이 함께 설해져 있다. 5법·3자성·8식은 유식 사상이고, 2무아는 공 사상이다. 『능가경』의 주된 사상은 4문(5법·3자성·8식·2무아)인데, 이들은 서로 관련되어 있으면서 또 하나의 교설로 귀일하는 모습을 보이고 있다. 5법(相·名·分別·眞如·正智)은 미오의 본질이 간략하게 설해져 있는데, 마지막 진여는 결국 자각 성지로 귀추된다. 한편 4종선(凡夫禪·觀察義禪·眞如攀緣禪·如來禪)도 2종의 무아 사상을 어떻게 깊이 자각했느냐에 따라서 깨닫는다고 하였는데, 네 번째 여래선만이 자각 성지 경지인 것이다.

둘째, 『능가경』에는 여래장과 아뢰야식이 결합되어 설해져 있다. 대해에서 파도가 일어나 여러 가지 형태의 파도를 이루며 일어났다가 사라지지만, 파도를 일으키는 물의 습성 즉 본체는 그대로이다. 즉 대해(大海)에 일어나는 파도는 아뢰야식이며, 파도를 일으키는 물의 습성인 본체는 여래장이다. 여래장이 무명에 덮여 있으면 아뢰야식이 되고, 여래장에 간직된 불성을 깨우쳐 무명이 걷히면 청정한 여래장이다. 파도와 물의 습성은 다르지만 하나이듯이 여래장과 아뢰야식은 다른 차원이지만 곧 하나인 것이다.

셋째, 부처님께서 49년간 한 글자(一字)도 설하지 않았다고 하지만 49년 동안 법을 설하신 것을 보면, 역시 진리는 언어를 빌리지 않을 수 없다. 부처님이 설법하신 목적은 중생을 깨닫도록 하기 위한 방편에 불과한 것이지 언설 그 자체에 목적을 둔 것이 아니다. 선종에서는 『능가경』의 이 불설일자에 기인해 불립문자를 내세운다. 언설로 드러낸 진리를 자신과 하나가 되게 하는 자각 성지는 『능가경』의 가장 중요한 사상으로서 자내증의 성지이다.

넷째, 종통·설통 또한 자내증의 성지를 드러낸다. 종통은 깨달음의 내적 경험과 경지를 말하고, 설통은 논리적 설명이라고 할 수 있다. 이에 종통과 설통에는 자리이타 각행원만 사상이 담겨 있다고 볼 수 있다.

다섯째, 『능가경』은 달마가 2조 혜가에게 전수한 경전이며 5조 홍인에 이르기까지 초기 선종의 선사들이 수행하는 데 심요로 삼았던 소의 경전이었다. 또한 당대의 마조는 이 경전을 토대로 선 사상을 수립하였다.

부 록

주석

제1장 금강경의 선관

1) 『속고승전』 16권 「혜가장」, p. 552 중, "初達摩禪師 以四卷楞伽授可曰 我觀漢地 惟有此經 仁者依行 自得度世 可專附玄理 如前所陳."

2) 『속고승전』 25권, 「법충전」, p. 666 중.

3) 구나발타라의 자세한 전기는 『고승전』 3권, 『출삼장기집』 14권 등에 전한다.

4) 능가종은 구나발타라가 번역한 4권 『능가경』에 의거한 보리달마(菩提達摩) · 혜가(慧可) · 승나(僧那) · 혜만(慧滿) 등을 지칭하는데 '능가종'이라는 말은 이 분야를 처음으로 연구한 중국의 학자 호적(胡適) 박사(1891~1962년)가 붙인 종명(宗名)이다.

5) 중국에서 당대 조사선 이후 어록이 등장하기 전까지 선사들은 대체로 경전을 근거로 수행하였고, 특히 대승 경전의 선관을 근거로 자파의 선 사상을 정립하였다.

6) 呂澄(1992), p. 317.

7) 『능가사자기』, p. 1290 상~중.

8) 세키구치 신다이(1964), p. 109.

9) 세키구치 신다이(1964), p. 129.

10) 『육조단경』의 판본은 대략 돈황 본(燉煌本, 780년) · 혜흔본(慧昕本, 967년) · 덕이본(德異本, 1290년) · 종보본(宗寶本, 1291년)이 있다.

11) 혜능이 『금강경』의 '응무소주 이생기심'이라는 구절에 깨달은 바가 있어 출가하려고 했던 내용을 기록한 최초의 책은 『천성광등록』(天聖廣燈錄) 7권 「혜능장」(속장경, 135, p. 646 상)에 전한다.

12) "我於蘄州黃梅縣東馮茂山, 礼拜五祖和尚, 见令在彼門人有千餘衆 我於彼聽 見大師勸道俗但持金剛經一卷, 卽得見性 直了成佛."(돈황 본 『단경』, p. 337 상.)

13) "身是菩提樹 心如明鏡臺 時時勤拂拭 莫使有塵埃."(돈황 본 『단경』, p. 337 하.)

14) "金剛經云 凡所有相皆是虛妄 不如流此偈令迷人誦 依此修行不墮三惡 依法修行人有大利益."(돈황 본 『단경』, p. 337 하.)

15) "菩提本無樹 明鏡亦非臺 佛性常淸淨 何處惹塵埃."(돈황 본 『단경』, p. 338

상.) 여기 3구에 대해서는 판본마다 조금씩 다르다. 혜흔 본·덕이 본·종보 본에는 본래무일물(本來無一物)로 되어 있다. 후대로 가면서 개정된 것으로 보인다. 이는 대통 신수의 오도송 시시근불식(時時勤拂拭)에 대한 대구가 본래무일물(本來無一物)인데, 후대에 북종선(신수 계)을 점수(漸修)로, 남종선(혜능 계)은 돈오(頓悟)로 하여 남돈북점(南頓北漸)을 주장하기 위해 본래무일물로 변이된 것으로 추론해 볼 수 있다.

16) "但持金剛般若波羅蜜經一卷 卽得見性 入般若三昧 …… 若大乘者 聞說金剛經心開悟解."(돈황 본『단경』, p. 340 상.)

17) 정성본(1991), p. 568.

18) 난화이진(2003), p. 227.

19) 印順(1978), p. 160.

20) 『벽암록』, p. 197 상~중.

21) 『선문염송』 30권, 46, p. 498 上.

22) "每天固定課誦戒本一遍『金剛般若經』二十遍 …… 書寫『金剛般若經』約有一千多部."(『속고승전』 제20권 「습선편」, p. 598 하.)

23) 印順(1978), pp. 161~162.

24) 「보리달마남종정시비론」은 신회가 자신이 속한 남종이 정통이라고 주장하며 북종과 대립하였다는 기록을 독고패(獨孤沛)가 기록하였는데, 3년에 걸쳐 개정하여 정본이 되었다. 이 저술은 산실되었다가 중국 북방 돈황에서 출토되었다. 중국의 호적 박사와 일본의 스즈키 다이세츠(鈴木大拙)가 「남종정시비론」(南宗正是非論), 「남양화상돈교해탈선문직료성단어」(南陽和尙頓敎解脫禪門直了性壇語), 「남양화상문답」(南陽和尙問答)을 『신회어록』(神會語錄)이라는 이름 아래 모아 두었다.

25) 세키구치 신다이(1964), pp. 157~158.

26) 제1『대승기신론』에 의거한 불체문(佛體門, 離念門), 제2『법화경』에 의거한 개지혜문(開智慧門), 제3『유마경』에 의거한 현불사의문(顯不思議門), 제4『사익경』에 의거한 명제법정성문(明諸法正性門), 제5『화엄경』에 의거한 요무의문(了無異門)이다. 자세한 것은 제2장 주 64) 참조.

27) 印順(1978), p. 159.

28) 『경덕전등록』 권15, p. 317 중.

29) 한국에서는 아침과 저녁 중간인 정오 무렵에 먹는 식사를 점심이라고 하지만, 중국에서는 배가 고플 때 '배가 고프다.'라는 생각을 잠시 잊기 위

해 먹는 일종의 간식을 말한다.

30) 18품에 "過去心不可得 現在心不可得 未來心不可得."(『금강경』, p. 751 중.)

31) 『오등회원』 7권.(속장경 138, p. 229 하.)

32) 무상 대사가 불교사에 남긴 업적에 대해 덧붙이기로 하자. 첫째, 무상 대
사는 중국 불교에서 숭상하는 500나한 가운데 455번째 나한으로 모셔
져 있다. 중국의 500나한은 석가모니 부처님을 비롯해 부처님의 첫 제자
들 5비구 가운데 한 사람인 교진여가 포함되고, 520년에 중국으로 도래
한 선종의 초조인 달마 대사는 307번째 나한이다. 중국은 워낙 대국이다
보니 고대로부터 유명한 승려들이 많은데, 한국 조계종 종명과도 밀접하
게 관련된 6조 혜능과 임제종의 임제 의현조차도 500나한에 포함되지 않
는다. 그런데 신라인 무상 대사가 중국의 500나한 가운데 한 분으로 조
상(彫像)되어 있다는 점에서 한국인으로서 자부심을 가질 만하다. 둘째,
9산 선문과 밀접하게 연관 있는 마조 도일이 무상의 제자라는 견해가 역
사적으로 꾸준히 제기되어 왔다. 무상과 마조가 스승과 제자 인연이라는
것은 규봉 종밀(圭峰 宗密, 780~841년)이 최초로 주장하였다. 그러다가
천여 년이 흘러 중국의 근대 사학자 호적(胡適) 박사가 밝힌 바가 있고,
한국에서는 최초로 민영규의 연구 업적이 있다.

33) 15품 "若有人能受持讀誦 廣爲人說 如來悉知是人 悉見是人 皆得成就不可量
不可稱 無有邊不可思議功德 如是人等 即爲荷擔如來阿耨多羅三藐三菩提."
(『금강경』, p. 750 하.)

34) 고익진(1991), p. 213.

35) "然其勸人頌持 常以金剛經. 立法演義 則意必祖壇經. 申以華嚴李論大慧語錄相
羽翼."(『동문선』(東文選) 117권, 「조계산수선사불일보조국사비명」(曹溪山
修禪社佛日普照國師碑銘), p. 403.) ; 원본에는 '則意必祖壇經'이라고 되어
있는데, '必' 자가 '六' 자의 오류라고 생각된다.

36) 『금강경오가해』는 구마라집이 한역한 『금강경』에 대해 당나라 규봉 종밀
의 『금강반야경소론찬요』(金剛般若經疏論纂要), 6조 혜능의 『금강반야바
라밀경해의(구결)』(金剛般若波羅蜜經解義(口訣)), 양나라 부 대사의 『금
강경제강송』(金剛經提綱頌), 송나라 야보 도천(冶父 道川)의 『금강경』의
착어(着語)와 송(頌), 송나라 종경(宗鏡)의 『금강경제강』(金剛經提綱)을
하나로 묶은 책이다.

37) 승가대학원(1997), p. 24.

38) 『금강경』, p. 749 상.

39) "汝等勿謂如來作是念 我當度衆生 須菩提 莫作是念 何以故 實無有衆生如來度者 若有衆生如來度者 如來則有我人衆生壽者."(『금강경』, p. 752 상.)

40) 조계종교육원(2009), p. 21.

41) "若樂小法者 着我見人見衆生見壽者見 則於此經 不能聽受讀誦 爲人解說." (『금강경』, p. 750 하.)

42) "如來爲發大乘者說 爲發最上乘者說."(『금강경』, p. 750 하.)

43) 안재철(2013), p. 227.

44) 안재철(2013), p. 230.

45) 정운(2013), p. 148.

46) 印順(1978), p. 160.

47) 아누다라삼막삼보리(阿耨多羅三藐三菩提)는 산스크리트어 anuttara-samyak-sambodhi이다. anuttara(아누다라)는 무상(無上), samyak(삼막)은 정등(正等), sambodhi(삼보리)는 정각(正覺)으로 번역한다. 이 글 전반에 걸쳐 아누다라삼막삼보리를 '가장 높은 최상의 깨달음'이라고 한다.

48) "善男子善女人 發阿耨多羅三藐三菩提心 應云何住 云何降伏其心."(2품, 『금강경』, p. 748 하.) "善男子善女人 發阿耨多羅三藐三菩提心 云何應住 云何降伏其心."(17품, 『금강경』, p. 751 상.)

49) "諸菩薩摩訶薩 應如是降伏其心 所有一切衆生之類 若-卵生 若-胎生 若-濕生 若-化生 若-有色 若-無色 若-有想 若-無想 若-非有想非無想 我皆令入無餘涅槃 而滅度之 如是滅度無量無數無邊衆生 實無衆生 得滅度者 何以故 須菩提 若菩薩 有我相人相衆生相壽者相 則非菩薩."(『금강경』, p. 749 상.)

50) "如是滅度無量無數無邊衆生 實無衆生 得滅度者 何以故 須菩提 若菩薩 有我相人相衆生相壽者相 卽非菩薩."(『금강경』, p. 749 상.)

51) "衆生佛性 本無有異 緣有四相 不入無餘涅槃 有四相 卽是衆生 無四相卽是佛 迷卽佛是衆生 悟卽衆生是佛." 승가대학원(1997), p. 87.

52) 승가대학원(1997), p. 86. 원래 청정한 마음인데 전도되었기 때문에 종밀은 전도심(顚倒心)이라고 하였다. 이 전도심을 보리심으로 탈바꿈할 필요가 있으므로 『금강경』 서두에서 수보리가 부처님께 운하항복기심(云何降伏其心)이라고 질문한 것이다.

53) 『금강경』, p. 749 상.

54) "離一切諸相 則名諸佛."(『금강경』, p. 750 중.)

55) "所謂解脫相 離相滅相 究竟涅槃 常寂滅相 終歸於空."(『법화경』, p. 19 하.)

56) 이 부분은 「『열반경』의 선관 소고」(2009년 8월), p. 278에서도 밝힌 바가 있다. 각묵 역(2009), p. 347. 석존이 입멸하기 전 제자들에게 '자등명 법등명'(自燈明 法燈明)의 유게(遺偈)를 남겼고, "내가 설한 법과 율이야말로 내가 멸한 뒤, 그대들의 스승이다."라는 것이 석존의 유교(遺敎)이다. 곧 석존이 깨달았던 진리, 그 법 자체가 불타의 색신이기도 하다. 따라서 불멸의 진리인 법과 일체가 된 것이 부처라는 것이며, 석존은 이처럼 법과 일체가 된 부처인 것이다. 이러한 사상이 대승 불교에 이르러 법이 영원 불멸한 부처의 본신이라는 것으로 강조되고, 이에 대해 색신은 무상(無常)한 것이라 하여 그 중심이 법신으로 옮겨졌다. 히라가와 아키라·다카사키 지키도(1996), pp. 180~187.

57) 『대반열반경』, 제6권, 「여래성품」(如來性品), p. 401 中. 이 사항은 4의법(四依法) 즉, 依法不依人, 依義不依語, 依智不依識, 依了義經不依不了義經 가운데 제1조에 해당한다.

58) "若以色見我 以音聲求我 是人行邪道 不能見如來."(『금강경』, p. 752 상.)

59) "有人 言如來 若來若去若坐若臥 是人 不解我所說義 何以故 如來者 無所從來 亦無所去 故名如來."(『금강경』, p. 752 중.)

60) "後告弟子摩訶迦葉 清淨眼藏 涅槃妙心 實相無相 微妙正法 將付於汝 汝當護持."(『경덕전등록』 1권 「석가모니불장」, p. 205 중.)

61) 이에 대해서는 이 책 제2장 "『법화경』의 선관과 일승 사상"에서 자세히 다루었으므로 생략하기로 한다.

62) 승가대학원(1997), p. 35.

63) 『금강경』, p. 748 하.

64) "復次須菩提 菩薩 於法 應無所住 行於布施 所謂不住色布施 不住聲香味觸法布施 須菩提 菩薩 應-如是布施 不住於相."(『금강경』, p. 749 상.)

65) 『금강경』에서는 법보시(法布施)에 반(反)한 재보시(財布施)에 대해 여러 곳에서 언급한다. 8품에서는 삼천 대천 세계의 칠보로 보시, 11품에서는 갠지스 강가의 많은 모래 수처럼 삼천 대천 세계를 가득히 채울 만큼 칠보로 보시, 13품은 갠지스 강가 모래 수만큼의 목숨으로 보시, 15품은 오전에 갠지스 강가 모래와 같은 몸으로 보시하고 또 낮에 다시 갠지스 강가 모래와 같은 몸으로 보시하며 저녁에 또한 갠지스 강가 모래와 같은 몸으로 보시, 19품은 삼천 대천 세계의 칠보를 가지고 보시, 24품은 혹 어

떤 사람이 삼천 대천 세계 가운데 있는 모든 수미산 왕만큼의 칠보 덩어리로 보시, 28품은 갠지스 강가의 모래 등과 같은 세계의 칠보로 보시, 32품에서는 무량 아승기 세계의 칠보로 보시 등 경전이 후반부로 가면서 점점 보시의 양이 커지고 있다. 하지만『금강경』에서는 아무리 많은 양의 보시를 할지라도 재보시보다는 법보시가 무량한 공덕과 복덕이 있다는 것을 강조한다.

66) 『벽암록』, pp. 140 상~141 중.

67) "無智亦無得 以無所得故 菩提薩陀 依般若婆羅蜜多故 心無罣碍 無罣碍故 無有恐怖 遠離顚倒夢想 究竟涅槃."(『금강경』, p. 848 하.)

68) "佛說般若波羅蜜 卽非般若波羅蜜 是名般若波羅蜜."(『금강경』, p. 750 상.)

69) "不應住色生心 不應住聲香味觸法生心 應無所住 而生其心."(『금강경』, p. 749 하.)

70) 『돈오입도요문론』, 속장경 110, p. 843 하.

71) "是華無所分別 仁者自生分別想耳. 若於佛法 出家有所分別 爲不如法. 若無所分別 是則如法. 觀諸菩薩華不著者 已斷一切分別想故 …… 如是弟子畏生死故. 色聲香味觸得其便也. 已離畏者 一切五欲無能爲也. 結習未盡華著身耳. 結習盡者華不著也."(『유마힐소설경』, 「관중생품」, pp. 547 하~548 상.)

72) "一切賢聖 皆以無爲法 而有差別."(『금강경』, p. 749 중.)

73) "不是省力的事 到此之時 無棲泊處 卽是行諸佛行 便是應無所住而生其心."(『전심법요』, p. 383 중.)

74) 스즈키 다이세츠(1982), p. 26.

75) "佛說是沙 諸佛菩薩釋梵諸天步履而過 沙亦不喜 牛羊虫蟻踐踏而行 沙亦不怒 珍寶聲香 沙亦不貪 糞尿臭穢 沙亦不惡 此心卽無心之心 離一切相 衆生諸佛 更無差別 但能無心 便是究竟."(『전심법요』, p. 380 상~중.)

76) "若菩薩 通達無我法者 如來說 名眞是菩薩."(『금강경』, p. 751 중.)

77) "離一切諸相 則名諸佛."(『금강경』, p. 750 중.)

78) "不取卽不捨 永斷於生死 一切處無心 卽名諸佛子."(『돈오입도요문론』, 속장경 110권, p. 850 하.)

79) "知一切法無我 得成於忍 此菩薩 勝前菩薩."(『금강경』, p. 752 상.)

80) 무생법인은 일체 모든 법의 무생·무멸한 실상을 관하고, 깨달은 상태를 말하는데, 대립이 없는 깨달음으로 불생 불멸의 이치에 철저히 깨달은 것을 말한다. 반야부 경전인『유마경』의 「입불이법문품」에서도 "불이법

문이 설해질 때 모여 있던 대중이 무생법인을 얻었다."라고 하였다. 황벽
희운과 마조 도일의 어록에서도 이 단어가 등장할 만큼 선사들의 깨달음
을 표현하는 단어로 쓰인다.

81)   히라가와 아키라·다카사키 지키도(1998), p. 147.

82)   "一切有爲法 如夢幻泡影 如露亦如電 應作如是觀."(『금강경』, p. 752 중.)

83)   "一切賢聖 皆以無爲法 而有差別."(『금강경』, p. 749 중.)

84)   원영상(2010), 「근대 일본 불교와 민족주의-스즈키 다이세츠(鈴木大拙)
      를 중심으로」, 『동양철학연구』 제64집, 동양철학연구회. 정성욱(2013),
      「『금강경』의 표현 방식에 관한 연구」, 『불교학연구』 제36호, 불교학연구
      회. 정호영(2002), 「『금강경』의 즉비(卽非) 논리」, 『인문학지』 25집, 충북
      대학교 인문학연구소. 김승철(1995), 「無住와 방황-卽非의 논리와 해체
      의 신학」, 『종교신학연구』, 서강대학교 신학 연구소. 이찬수(1999), 「즉비
      의 논리, 회호적 관계, 선문답」, 『불교연구』. 원영상은 스즈키 다이세츠의
      군국주의적인 성향에 대해 비판적 시각보다는 선 사상적인 측면을 고려
      하였고, 정성욱은 『금강경』의 즉비적(卽非的) 화법(話法)과 즉비시명적
      (卽非是名的) 화법(話法)을 분류의 기준으로 삼아 논리를 전개하였다. 정
      호영은 스즈키 다이세츠의 즉비 논리를 참고하여 『금강경』의 논지를 전
      개하였다.

85)   如來所說身相 卽非身相(5품).
      是福德 卽非福德性 是故如來說福德多(8품).
      佛法者 卽非佛法(8품).
      如來說一切諸相 卽是非相(14품).
      說一切衆生 卽非衆生(14품).

86)   須陀洹 名爲入流 而無所入 不入色聲香味觸法 是名須陀洹(9품).
      斯陀含 名一往來 而實無往來 是名斯陀含(9품).
      阿那含 名爲不來 而實無不來 是故名阿那含(9품).
      實無有法 名阿羅漢(9품).
      佛說非身 是名大身(10품).
      如來說世界 非世界 是名世界(13품).
      如來說諸心 皆爲非心 是名爲心(18품).
      說法者 無法可說 是名說法(21품).
      衆生衆生者 如來說非衆生 是名衆生(21품).

我於阿耨多羅三藐三菩提 乃至無有少法可得 是名阿耨多羅三藐三菩提(22품).

87) 莊嚴佛土者 卽非莊嚴 是名莊嚴(10품).

佛說般若波羅蜜 卽非般若波羅蜜 是名般若波羅蜜(13품).

諸微塵 如來說非微塵 是名微塵(13품).

如來說第一波羅蜜 卽非第一波羅蜜 是名第一波羅蜜(14품).

忍辱波羅蜜 如來說非忍辱波羅蜜 是名忍辱波羅蜜(14품).

如來說人身長大 卽爲非大身 是名大身(17품).

一切法者 卽非一切法 是故 名一切法(17품).

如來說莊嚴佛土者 卽非莊嚴 是名莊嚴(17품).

如來說具足色身 卽非具足色身 是名具足色身(20품).

如來說諸相具足 卽非具足 是名諸相具足(20품).

善法者 如來說 卽非善法 是名善法(23품).

凡夫者 如來說 卽非凡夫 是名凡夫(25품).

佛說微塵衆 卽非微塵衆 是名微塵衆(30품).

如來所說三千大千世界 卽非世界 是名世界(30품).

如來說一合相 卽非一合相 是名一合相(30품).

世尊說我見人見衆生見壽者見 卽非我見人見衆生見壽者見 是名我見人見衆生見壽者見(31품).

所言法相者 如來說卽非法相 是名法相(31품).

88) 『금강경』, p. 749 하.

89) 『금강경』, p. 752 중.

90) 『무문관』, p. 293 하.

91) "無有定法 名阿耨多羅三藐三菩提 亦無有定法 如來可說."(『금강경』, p. 749 중.)

92) "如愚見指月 觀指不觀月 計著名字者 不見我眞實."(『능가경』, p. 510 하.)

93) 정운(2013), p. 157.

94) 『금강경』, p. 752 중.

95) "問君心印作何顏 心印誰人敢授傳 歷劫坦然無異色 呼爲心印早虛言 須知本自虛空性 將喩紅爐火裏蓮 莫以無心云是道 無心猶隔一重關."(『경덕전등록』 29권「찬송게시장」(讚頌偈詩章), p. 455 중.) 이 내용은 동안 상찰의 10현담(十玄談) 중 "심인"(心印)이다.

96) 『금강경』, p. 750 중.

97) 『경덕전등록』22권, p. 614 중~하.

98) 『유마경』「불도품」, p. 549 중.

99) "願和尚慈悲乞與解脫法門 師曰 誰縛汝 曰無人縛 師曰 何更求解脫乎."(『경덕전등록』3권「승찬장」, p. 221 하.)

100) "但莫生異見 山是山 水是水 僧是僧 俗是俗 山河大地 日月星辰 總不出汝心 三千世界都來是汝個自己."(『전심법요』, p. 385 하.)

제2장 『법화경』의 선관(禪觀)과 일승 사상

1) 히라가와 아키라(1994), p. 304.

2) 정호영(1993), p. 210.

3) "諸佛世尊 以種種因緣 譬喩言辭 方便說法 皆爲阿耨多羅三藐三菩提耶 是諸所 說 皆爲化菩薩故."(『법화경』, p. 12 중.)

4) 『법화경』, p. 12 중~하.

5) "諸佛 以方便力 於一佛乘 分別說三."(『법화경』, 「방편품」, p. 7 중.)

6) "佛以方便力 示以三乘敎 衆生處處著 引之令得出."(『법화경』, 「방편품」, p. 6 상.)

7) 법화칠유(法華七喩)는 제3 「비유품」의 삼계화택유(三界火宅喩), 제4 「신 해품」의 장자궁자유(長子窮子喩), 제5 「약초유품」의 약초유(藥草喩), 제 7 「화성유품」의 보소화성유(寶所化城喩), 제8 「오백제자수기품」의 의리 계주유(衣裏繫珠喩), 제14 「안락행품」의 명주유(明珠喩), 제16 「여래수량 품」의 의사유(醫師喩)이다.

8) 기노 가즈요시(紀野一義, 1983), pp. 28~29.

9) "十方佛土中 唯有一乘法 無二亦無三."(『법화경』, 「방편품」, p. 8 상.)

10) "舍利弗 如來但以 一佛乘故 爲衆生說法 無有餘乘 若二若三."(『법화경』, 「방편 품」, p. 7 중.)

11) "諸佛如來 言無虛妄 無有餘乘 唯一佛乘."(『법화경』, 「방편품」, p. 7 하.)

12) 『법화경』, 「신해품」, pp. 16 중~17 중.

13) 『법화경』, 「화성유품」, pp. 25 하~26 상.

14) "如來 亦復如是 今爲汝等 作大導師 知諸生死 煩惱惡道 險難長遠 應去應度 若 衆生 但聞一佛乘者 則 不欲見佛 不欲親近 便作是念 佛道長遠 久受勤苦 乃可 得成."(『법화경』, 「화성유품」, p. 26 상.)

15) "佛知是心 怯弱下劣 以方便力 而於中道 爲止息故 說二涅槃 若衆生 住於二

地.”(『법화경』, 「화성유품」, p. 26 상.)

16) “汝等 所作未辦 汝所住地 近於佛慧 當觀察籌量 所得涅槃 非眞實也 但是如來
方便之力 於一佛乘 分別說三 如彼導師 爲止息故 化作大城.”(『법화경』, 「화성
유품」, p. 26 상.)

17) 다카사키 지키도(高埼直道, 1998), p.141

18) “舍利佛 不須復說 所以者何 佛所成就 第一希有 難解之法 唯佛與佛 乃能究盡
諸法實相 所謂諸法 如是相 如是性 如是體 如是力 如是作 如是因 如是緣 如是
果 如是報 如是本末究竟等.”(『법화경』, 「방편품」, p. 5 하.)

19) 다무라 시로(田村芳朗, 1994). p. 85.

20) 서성우(1997), p. 178.

21) 미즈노 고겐(水野弘元)(1993), p. 101.

22) “唯迦旃延 無以生滅心行 說實相法”(『유마힐소설경』, 「제자품」, p. 541 상.)

23) “迦旃延 諸法畢竟 不生不滅 是無常義 五受陰 洞達 空無所起 是苦義 諸法 究竟
無所有 是空義 於我無我 而不二 是無我義 法本不然 今則無滅 是寂滅義.”(『유
마힐소설경』, 「제자품」, p. 541 상.)

24) “又見自身 在山林中 修習善法 證諸實相 深入禪定 見十方佛”(『법화경』, 「안락
행품」, p. 39 하.)

25) 정성본(1993), p. 144.

26) 서성우(1997), p. 183.

27) 『법화경』, 「안락행품」, p. 38 하.

28) “舍利弗當知 我本立誓願 欲令一切衆 如我等無異 如我昔所願 今者已滿足 化
一切衆生 皆令入佛道.”(『법화경』, 「방편품」, p. 8 중.)

29) “諸佛世尊 唯以一大事因緣故 出現於世 諸佛世尊 欲令衆生 開佛知見 使得淸
淨故 出現於世 欲示衆生 佛之知見故 出現於世 欲令衆生 悟佛知見故 出現於世
欲令衆生 入佛知見道故 出現於世 舍利弗 是爲諸佛 唯以一代事因緣故 出現於
世.”(『법화경』, 「방편품」, p. 7 상.)

30) “奇哉奇哉 此諸衆生 云何具有如來智慧 愚癡迷惑 不知不見 我當敎以聖道 令
其永離妄想執着 自於身中 得見如來廣大智慧 與佛無異.”(『대방광불화엄경』
(80권 본), 「여래출현품」, p. 272 하.)

31) “諸法從本來 常自寂滅相 佛者行道爾 來世得作佛.”(『법화경』, 「방편품」, p. 8 중.)

32) “一切諸如來 以無量方便 度脫諸衆生 入佛無漏智 若有聞法者 無一不成佛 諸
佛本誓願 我所行佛道 普欲令衆生 亦同得此道.”(『법화경』, 「방편품」, p. 9 중.)

33) "願以此功德 普及於一切 我等與衆生 皆共成佛道."(『법화경』, 「화성유품」, p. 24 상.)

34) "今爲汝等 說最實事 諸聲聞衆 皆非滅度 汝等所行 是菩薩道 漸漸修学 悉當成佛."(『법화경』, 「약초유품」, p. 20 중.)

35) "我深敬汝等 不敢輕慢 所以者何 汝等 皆行菩薩道 當得作佛."(『법화경』, 「상불경보살품」, p. 50 하.)

36) 초기 불교 경전에서 언급하는 연등불 수기는 부처의 전생이다. 즉 이미 부처가 된 사람들이 전생에 정진할 때 보살 입장에서 받은 수기이다. 반면 대승의 보살은 보리심을 발한 자가 석가 보살이 연등 여래에게 수기를 받은 것처럼, 수행 정진하는 보살이 발심을 일으키라는 표본적인 의미가 담겨 있다.

37) 인도 고대 사상 『베다』에 근거한 것으로, 카스트(caste, 四姓) 제도에 입각해 설해진 것이다. 즉 바라문은 입에서 태어나고, 크샤트리야(왕족)는 옆구리에서 태어나며, 바이쉬야(평민)는 대퇴부에서 태어나고, 슈드라(하층)는 발바닥에서 태어난다는 뜻이다. "부처님의 입으로 태어난다."는 말은 고귀한 존재라는 뜻이다.

38) "斷諸疑悔 身意泰然 快得安穩 今日 乃至 眞是佛子 從佛口生 從法化生 得佛法分."(『법화경』, 「비유품」, p. 10 하.)

39) "舍利弗 汝於未來世 過無量無邊 不可思議劫 供養若干 千萬億佛 奉持正法 具足菩薩所行之道 當得作佛 號曰華光如來 應供 正遍知 明行足 善逝 世間解 無上士 調御丈夫 天人師 佛世尊."(『법화경』, 「비유품」, p. 11 중.)

40) "부처님께서 '비구들이여, 그대들은 여래의 아들 가섭이 라자가하의 신자들이 바치는 물품 따위에 집착하고 있다고 말하려는 것이냐? 그것은 잘못된 생각이다.'라고 말씀하셨다."(거해 편역(1992), p. 302.) "부처님께서 비구들에게 '여래의 아들이여, 세상 사람들은 감각적인 쾌락을 추구하지만 비구는 그래서는 안 된다. 세상 사람들이 쾌락을 찾지 못하는 숲속에서 비구들은 즐거움을 찾아야 한다.'라고 말씀하셨다."(거해 편역(1992), p. 316.) 한편 앞의 책 p. 500에서 부처님께서 비구니에게도 이러한 말씀을 하셨다. "여래의 딸 담마딘나는 참으로 대답을 잘했구나! 너의 질문에 여래가 다음과 같은 게송으로 답하리라."

41) 『법화경』, 「여래수량품」, p. 43 상~중.

42) "今此幼童 皆是吾子 愛無偏黨 我有如是 七寶大車 其數無量 應當等心 各各與

之 不宜差別."(『법화경』, 「비유품」, p. 12 하.)

43) "舍利佛 如來 亦復如是 則爲一切世間之父 …… 利益一切."(『법화경』, 「비유품」, p. 13 상.)

44) "我爲衆生之父 應拔其苦難 與無量無邊 佛智慧樂 令其遊戲."(『법화경』, 「비유품」, p. 13 상.)

45) 『법화경』, 「신해품」, pp. 16 중~17 중.

46) "世尊 大富長者 則是如來 我等 皆似佛子 如來常說 我等爲子."(『법화경』, 「신해품」, p. 17 중.)

47) 『법화경』, 「오백제자수기품」, pp. 27 하~28 하.

48) 『법화경』, 「수학무학인기품」, p. 29 하.

49) 제바달다(Devadatta)는 불교에서 부처님을 비난하고 배반한 최대의 악인으로 등장한다. 제바달다에 관한 언급은 증일아함 11권, 20 「선지식품」, 증일아함 46권, 49 「방우품」(放牛品), 소부 경전(小部 經典, Khuddaka-nikāya) 가운데 하나인 『법구경』, 17 게송 등 초기 경전 여러 곳에 언급되어 있다.

50) 『법화경』, 「제바달다품」, pp. 34 중~35 상.

51) 부파불교 때의 여인5장설(女人五障說)이다. 즉 여인은 제석천·범천·마왕·전륜성왕·부처가 될 수 없다는 설이다. 초기 대승 경전인 『법화경』과 『유마경』에서는 여자가 한 번 남자 몸으로 바뀌었다가 성불한다는 변성성불론(變性成佛論)이 된다. 후대로 가면서 중기 대승 경전인 『승만경』에서는 변성성불이 아니라 여인의 몸으로 바로 부처가 되는 수기를 받는 내용으로 전환된다.

52) 『법화경』, 「제바달다품」, p. 35 중~하. 여기서 여인 성불이란 한번 남자로 변해 성불한다고 하는 변성성불을 말한다.

53) "만약 이 품을 수지한다면 이 여인은 이번 생을 마친 후에는 다시는 여인의 몸을 받지 않으리라. 또 이 경전을 듣고 그대로 수행한다면 아미타불이 보살에 둘러싸인 곳에 가서 연꽃 속에 있는 보좌 위에 태어나게 되리라."(『법화경』, 「약왕보살본사품」, p. 54 중~하.)

54) 『법화경』, 「권지품」, p. 36 상.

55) "求佛道者 如是等類 咸於佛前 聞妙法華經 一偈一句 乃至一念隨喜者 我 皆與授記 當得阿耨多羅三藐三菩提."(『법화경』, 「법사품」, p. 30 하.)

56) "若有聞法者 無一不成佛."(『법화경』, 「방편품」, p. 9 중.)

57) "諸佛兩足尊 知法常無性 佛種從緣起 是故說一乘."(『법화경』,「방편품」, p. 9 중.)

58) 히라가와 아키라(1994), p. 305.

59) 히라가와 아키라(1998), p. 25.

60) 중국의 선종은 달마를 초조로 하고 있지만 '선종'이라는 종파로서의 완전한 성립은 마조와 그 문하들로부터 형성된다. 달마와 그 제자들을 '달마종,' '능가종'이라고 불렸고 4조 도신과 5조 홍인에 이르러서는 '동산교단'이라고 하였으며 그 이후 '남종,' '북종,' '우두종,' '하택종,' '홍주종'이라고 불렸으므로 '선종'이라는 이름은 형성되지 않았다. 그러나 올바른 의미에서 '선종'이란 사상적·교단적·선종사적으로 완성된 모습을 갖추게 되는 마조 이후의 교단을 호칭한다고 할 수 있다. 또한 '선종'이라는 호칭이 발생할 수 있었던 것은 9세기로 황벽 희운(?~850년)이나 규봉 종밀(780~841년) 등의 찬술에서 발견되는 것들이 최초이다.

61) 인환(1992), p. 552.

62) 이 책들은 그의 제자 관정(灌頂, 561~632년)이 기록하여 찬술한 것이다. 그는 천태종을 창건하여 천태 지자의 가르침이 이어지도록 큰 역할을 했다. 지의의 가르침은 교관 2문(敎觀 二門)으로 나뉜다. 교는 교판과 교리를 포함하며, 교판은 중국 불교의 교판 가운데 가장 뛰어나다. 즉 부처님의 가르침을 다섯 시기로 나누고 8종으로 나누어 정리했는데 이를 5시8교라고 한다.

63) 정성본(1991), p. 426.

64) 제1 방편문은『대승기신론』에 의거하여 일체 번뇌를 여읜 부처의 본질을 밝히고 있는데, 불체문(佛體門, 離念門)이라고 한다. 제2 방편문은『법화경』에 의거하여 부처의 지혜와 행화를 작용으로 밝힌 것으로 개지혜문(開智慧門)이라고 한다. 제3 방편문은『유마경』에 의거하여 불사의한 해탈의 방편을 현시하고 깨달음의 세계를 보인 것으로 현불사의문(顯不思議門)이라고 한다. 제4 방편문은『사익경』(思益經)에 의거하여 제법의 정성(正性) 및 일체 존재의 근원적인 본질을 밝힌 것으로 명제법정성문(明諸法正性門)이라고 한다. 제5 방편문은『화엄경』에 의거하여 마음에 일체의 상대적인 차별이 없는 불이의 법을 깨닫도록 한 것으로 요무이문(了無異門)이라고 한다. 다섯 가지 방편문의 구성은 부처의 본질인 체(體), 지혜의 용(用), 부처님의 행화의 작용과 불사의한 해탈 세계, 제법의 정성이 공·무생(無生)임을 깨달아 해탈을 이룰 수 있는 길을 제시하였다.

65) 『법화경』, 「방편품」, p. 7 상.

66) "在於閑處 修攝其心 安住不動 如須彌山."(『법화경』, 「안락행품」, p.37 하.)

67) 정성본(1991), p. 528.

68) 야나기다 세이잔(柳田聖山)(1984), p. 73.

69) "唯舍利弗 不必是坐 爲宴坐也 夫宴坐者 不於三界 現身意 是爲宴坐 不起滅定
     而現諸威儀 是爲宴坐 不捨道法而現凡夫事 是爲宴坐 心不住內亦不在外 是爲
     宴坐 …… 不斷煩惱而入涅槃 是爲宴坐 若能如是坐者 佛所印可."(『유마힐소
     설경』, 「제자품」, p. 539 하.

70) "一切衆生所有 佛性爲諸煩惱之所覆蔽 如彼貧人有眞金藏 不能所見."(『열반
     경』, 「여래성품」, p. 648 중.)

71) "奇哉奇哉 此諸衆生 云何具有如來智慧 愚癡迷惑 不知不見 我當敎以聖道 令
     其永離妄想執着 自於身中 得見如來廣大智慧 與佛無異."(『대방광불화엄경』
     (80권 본), 「여래출현품」, p. 272 하.)

72) 印順(1978), p. 332.

73) 스즈키 데쓰오(鈴木哲雄)(1970), p. 91.

74) 정성본(1993), p. 82.

75) "演說正法 初善中善後善 其義深遠 其語巧妙 純一無雜 具足淸白梵行之相."
     (『법화경』, 「서품」, p. 3 하.)

76) "一切法 皆是心法 一切名 皆是心名 萬法皆從心生 心爲萬法之根本 經云 識心
     達本源 故號爲沙門 名等義等 一切諸法皆等 純一無雜."(「강서마조선사어록」,
     후면, p. 12.)

77) "如道一和尙用處 純一無雜 學人三百五百 盡皆不見他意"(『진주임제혜조선사
     어록』47, p. 501 중.)

78) 『육조대사법보단경』, 「기연품」, p. 355 중.

79) 난화이진(南懷謹, 2003), p. 108.

제3장 『유마경』의 선관

1)   바이샬리는 부처님께서 열반에 들기 직전 지나쳤던 곳이며, 재세시 제자
     들과 함께 유행(遊行)하며 자주 머물렀던 장소이다. 당시 상업 도시로서
     릿차비(Licchavi) 족이 건설한 도시이다. 부처님 재세시 대림정사 중각당
     이 있었던 곳으로 『화엄경』, 「입법계품」 설법지로 전한다. 베살리(Vesāli)

는 팔리어 표기이고, 바이샬리(Vaiśāli)는 산스크리트어 표기이다.

2) 하시모토 호케이(橋本芳契, 1954), p. 308.

3) "譬如有人於盲者前現衆色像非彼所見 一切聲聞聞是不可思議解脫法門 不能解了."(『유마힐소설경』, 「불사의품」, p. 547 상.)

4) "離六十二見 處於涅槃. 智者所受聖所行處. 降伏衆魔度五道."(『유마힐소설경』, 「제자품」, p. 541 하.)

5) "不能知衆生根源 無得發起以小乘法."(『유마힐소설경』, 「제자품」, p. 540 하.)

6) "以一切衆生病是故我病 若一切衆生病滅則我病滅 所以者何 菩薩爲衆生故入生死 …… 若衆生得離病者 則菩薩無得病."(『유마힐소설경』, 「문수사리문질품」, p. 544 중.)

7) 불교에서 정토는 세 곳으로, 동방 아촉불이 있는 묘희국 정토, 서방 아미타불이 있는 극락 정토, 미륵 보살이 있는 도솔천 정토이다. 이 세 정토 가운데 현재 불교에서 신앙으로 여기는 세계는 서방 아미타불의 극락 세계이다. 논문에서는 서방 아미타불의 극락 정토로 한정한다.

8) 김호성(1996), p.139. 김호성은 이 논문에서 "『유마경』에는 차방정토(此方淨土, 淨佛國土)설 · 타방정토(他方淨土, 來世淨土)설 · 유심정토(唯心淨土, 常寂光土)설의 세 정토설이 모두 나타나 있다."고 논하고 있다.

9) 하시모토 호케이(橋本芳契, 1954), p. 163.

10) 이시다 미즈마로(石田瑞麿, 1991), pp. 77~80.

11) "衆生之類是菩薩佛土."(『유마힐소설경』, 「불국품」, p. 38 상.)

12) "菩薩隨其直心則能發行 隨其發行則得深心 隨其深心則意調伏 隨意調伏則如說行 隨如說行則能回向 隨其回向則有方便 隨其方便則成就衆生 隨成就衆生則佛土淨 隨佛土淨則說法淨 隨說法淨則智慧淨 隨智慧淨則其心淨 隨其心淨則一切功德淨 是故寶積 若菩薩欲得淨土當淨其心 隨其心淨則佛土淨."(『유마힐소설경』, 「불국품」, p. 538 중~하.)

13) "於意云何 日月豈不淨耶 而盲者不見 對曰不也 世尊 是盲者過 非日月咎 舍利弗 衆生罪過 不見如來佛土嚴淨 非如來咎 舍利弗 我此土淨 而汝不見."(『유마힐소설경』, 「불국품」, p. 538 하.)

14) "若因地倒 還因地起 若無其地 終無所履."(「보림전」, p. 27.)

15) "人因地而倒者 因地而起 離地求起 無有是處也 迷一心而起無邊煩惱者 衆生也 悟一心而起無邊妙用者 諸佛也 迷悟雖殊 而要由一心則離心求佛者 亦無有是處也."(「권수정혜결사문」, p. 698.)

16) 『대방광불화엄경』(60권 본), 「야마천궁게찬품」, p. 465 하.

17) "若言我當見苦斷集證滅修道 是則戱論非求法也."(『유마힐소설경』, 「불사의품」, p. 546 상.)

18) "光曰 我心未寧 乞師與安 師曰 將心來與汝安."(『경덕전등록』 3권 「보리달마장」, p. 219 중.)

19) "若無增上慢者 佛說淫怒癡卽是解脫."(『유마힐소설경』, 「관중생품」, p. 548 상.)

20) "了達於三界 但從貪心有 知十二因緣 在於一心中 如是則生死 但從心而起 心若得滅者 生死則亦盡."(『대방광불화엄경』(60권 본), 「십지품」, p. 560 상.)

21) "現於涅槃而不斷生死."(『유마힐소설경』, 「불도품」, p. 549 상.)

22) "六十二見及一切煩惱皆是佛種."(『유마힐소설경』, 「불도품」, p. 549 중.)

23) "若見無爲入正位者 不能復發阿耨多羅三藐三菩提心 譬如高原陸地不生蓮花 卑濕淤泥乃生此華......當知一切煩惱 爲如來種 譬如不下巨海 不能得無價寶珠 如是 不入煩惱大海 則不能得一切智寶."(『유마힐소설경』, 「불도품」, p. 549 중.)

24) 62견이란 부처님 재세시 불교의 가르침과 반대된 견해를 총칭한다. 여기서는 62가지의 그릇된 견해라기보다는 '62'라는 숫자 개념을 떠나 번뇌의 통칭이라고 보면 옳을 듯하다.

25) "六十二見當於何求 答曰 當於諸佛解脫中求 又問 諸佛解脫當於何求 答曰 當於一切衆生心行中求."(『유마힐소설경』, 「문수사리문질품」, p. 544 하.)

26) "我從某夜得最正覺 乃至 某夜入 般涅槃 於其中間 不說一字."(『능가경』 3권, p. 499 상.)

27) 『금강경』, 「정신희유분」, p. 749에서는 "汝等比丘 知我說法 如筏喩者." 이 뗏목의 비유는 대승 불교 이전인 초기 불교의 중부 경전 『아리타경』(阿梨吒經, 大正藏 1, p. 764 하)에 설하고 있는 내용이다. "如是我爲汝等長夜說筏喩法 欲令棄捨不欲令受 苦汝等知我長夜說筏喩法者 當以捨是法 況非法耶."

28) "修多羅敎 如標月指 若復見月 了知所標 畢竟非月."(『대방광원각수다라요의경』(大方廣圓覺修多羅了義經), 제6 「청정혜보살장」(淸淨慧菩薩章), p 917 상.)

29) "一切諸法 如幻化相 汝今不應有所懼也 所以者何 一切言說 不離是相 至於智者 不著文字故無所懼 何以故 文字性離 無有文字 是則解脫."(『유마힐소설경』, 「제자품」, p. 540 하.)

30) "如來 …… 不誠不欺 不來不去 不出不入 一切言語道斷 …… 同眞際等法性 不可稱不可量 …… 無已有無當有無今有 不可以一切言說分別顯示."(『유마힐소설경』, 「견아촉불품」, p. 555 상.)

31) 제1장 주석 56 참조.

32) "若以色見我 以音聲求我 是人行邪道 不能見如來."(『금강경』, 제3 「법신비상 분」, p. 752 상.)

33) "言說文字 皆解脫相."(『유마힐소설경』, 「관중생품」, p. 548 상.)

34) 이시다 미즈마로(1991), pp. 175~178.

35) "於一切法 無言無說無示無識 離諸問答是爲入不二法門."(『유마힐소설경』, p. 551 하.)

36) "我等各自說已 仁者當說 何等是菩薩入不二法門 時維摩詰默然無言."(『유마힐소설경』, p. 551 하.)

37) "善哉善哉 乃至無有文字語言 是眞入不二法門."(『유마힐소설경』, p. 551 하.)

38) 무생법인(Anutpāttika-dharma-kṣānti)은 일체 모든 법의 무생·무멸한 실상을 관하고, 그것을 아는 영묘한 능력이다. 駒澤大學(2000), 『禪學大辭典』, 東京:禪學大辭典編纂所, p. 1207상.

39) 『바수반두법사전』(婆藪槃豆法師傳), pp. 188~191.

40) 다카사키 마사요시(高崎正芳, 1974), p. 70.

41) 하시모토 호케이(橋本芳契, 1953), p. 335.

42) "世人長迷 處處貪著 名之爲求 智者悟眞 理將俗反 安心無爲 形隨運轉 萬有斯空 無所願樂 功德黑闇 常相隨逐三界久居 猶如火宅 有身皆苦 誰得而安了達此處 故於諸有息想無求 經云 有求皆苦 無求乃樂 判知無求眞爲道行."(『보리달마약변대승입도사행론』(菩提達磨略辨大乘入道四行論), p. 458 하.) 달마의 4행이란 보원행(報寃行)·수연행(隨緣行)·무소구행(無所求行)·칭법행(稱法行)을 말한다.

43) 『유마힐소설경』, p. 546 상.

44) "夫求法者 應無所求 心外無別法 佛外無別心."(「강서마조도일선사어록」, 후면 p. 7.)

45) 제2장 주석 64 참조.

46) "唯舍利弗 諸菩薩有解脫 …… 是名住不思議解脫法門."(『유마힐소설경』, p. 546 중.)

47) 정성본(1991), pp. 420~421

48) 하시모토 호케이(橋本芳契, 1954), pp. 308~310에서 이 점에 대해 자세히 논하고 있다.

49) 금계(禁戒, yama)·권계(勸戒, niyama)·좌법(坐法, āsana)·조식(調息,

prāṇāyāma) · 제감(制感, pratyāhāra) · 응념(凝念, dhāraṇā) · 정려(靜慮, dhyāna) · 삼매(三昧, samādhi).

50) 김호귀(2001), p. 200.

51) 인도 선에서 중국 선으로 변용된 가장 두드러진 점은 중국 문화적인 사유라고 볼 수 있다. 선의 일상성으로 전개된 여러 요인 가운데 『유마경』의 사상이 포함된다는 뜻이다.

52) "諸佛 威儀進止 諸所施爲 無非佛事."(『유마힐소설경』, 「보살행품」, p. 553 하.)

53) "唯舍利弗 不必是坐 爲宴坐也 未曾坐者 不於三界 現身意 是爲宴坐 不起滅定而現諸威儀 是爲宴坐 不捨道法而現凡夫事 是爲宴坐 心不住內亦不在外 是爲宴坐 …… 不斷煩惱而入涅槃 是爲宴坐 若能如是坐者 佛所印可."(『유마힐소설경』, 「제자품」, p. 539 하.)

54) 신회가 북종선을 공격하며 남종선을 수립할 때 좌선 배격을 가장 중요한 쟁점으로 삼은 것은 아니었다. 신회는 6조 현창(顯彰) 운동을 하며 크게 네 가지를 주장하였는데 그 내용은 다음과 같다. 첫째, 달마는 남종의 시조이며 여래선을 전수한 사람이다. 둘째, 달마는 중국에 들어오자마자 양무제와 회견하고 무제가 절을 짓고 불상을 조성하는 일이나 승려들로 하여금 사경을 하게 하는 행위를 공덕이 없는 것이라고 강력히 주장하며 황제를 무색케 하였다. 셋째, 숭산 소림사에서 달마가 2조 혜가에게 인가할 때, 그 증거로 한 벌의 가사를 전했다. 넷째, 달마가 전한 그 가사가 현재 조계 혜능에게로 전수되었는데, 혜능이야말로 남종 정통 법계의 6조이다.

55) 야나기다 세이잔(1989), p. 61.

56) "師曰 磨塼作鏡 一曰 磨塼豈得成鏡耶 坐禪豈得成佛耶 一曰 如何卽是 師曰 如人駕車不行打車卽是 打牛卽 是一無對 師又曰 汝學坐禪爲 學坐佛若學坐禪禪非坐臥 若學坐佛佛非定相 於無住法不應取捨 汝若坐佛卽是殺佛 若執坐相非達其理."(『경덕전등록』, 5권 「남악회양장」, pp. 240 하~241 상.)

57) "直心是道場無虛假故 發行是道場能辦事故 深心是道場增益功德故 菩提心是道場無錯謬故."(『유마힐소설경』, 「보살품」, p. 542 하.)

58) "若應諸波羅密 敎化衆生 諸有所作 擧足下足 當知皆從道場來 住於佛法矣."(『유마힐소설경』, 「보살품」, p. 543 상.)

59) 야나기다 세이잔(1984), p. 129.

60) "何謂平常心 無造作 無是非 無取捨 無斷常 無凡無聖 經云 非凡夫行 非聖賢行

是菩薩行 只如今 行住坐臥 應機接物 盡是道."(『경덕전등록』, 28권, 「마조장」, p. 440 상.)

61) "在於生死不爲汚行 住於涅槃不永滅度 是菩薩行 非凡夫行非賢聖行 是菩薩行 非垢行非淨行 是菩薩行."(『유마힐소설경』, 「문수사리문질품」, p. 545 중~하.)

62) 우에다 요시후미(1992), p. 208.

63) "諸長者子言 居士 我聞 佛言 父母不聽不得出家 維摩詰言 然汝等便發阿耨多羅三藐三菩提心 是卽出家 是卽具足."(『유마힐소설경』, 「제자품」, p. 541 하.)

64) "雖爲白衣奉持沙門淸淨律行 雖處居家不著三界 示有妻子常修梵行現有眷屬常樂遠離 雖服寶飾而以相好嚴身 雖復飮食而以禪悅爲味."(『유마힐소설경』, 「방편품」, p. 539 상.)

65) 이시다 미즈마로(1991), pp. 49~53.

66) 이 점에 대해서는 정운(2009a), pp. 118~133에서 자세히 다루었다.

제4장 『화엄경』의 선관

1) 해주(1998), p. 18.

2) 『화엄경』에 등장하는 '10'이라는 숫자는 완성과 무한의 상징이다.

3) 정운(2009), p. 286.

4) "眞性甚深極微妙 不守自性隨緣成."(『한국불교전서』, 2-1 상.)

5) 김호성(1996), pp. 181~187.

6) 해주(1998), p. 18.

7) 김호성(1996), p. 191.

8) 화엄종의 2조인 지엄(智儼, 602~668년)은 법계 연기를 염문(染門) 연기와 정문(淨門) 연기로 나누고 정문 연기를 본유(本有)·본유수생(本有修生)·수생(修生)·수생본유(修生本有)로 나누었다. 지엄이 말하는 본유란 중생의 깨달음은 본래적으로 완성되어 있다는 뜻인데, 필자는 지엄이 말하는 의미를 그대로 따르고 있다.

9) 김호성(1996), pp. 234~236.

10) "奇哉奇哉 云何如來 具足智慧 在於身中而不知見 我當敎彼衆生覺悟聖道 悉令永離妄想顚倒垢縛 具見如來智慧在其身內 與佛無異."(『대방광불화엄경』 60권 본, 「여래성기품」, p. 624 상.) ; "奇哉奇哉 此諸衆生 云何具有如來智慧 愚癡迷惑 不知不見 我當敎以聖道 令其永離妄想執着 自於身中 得見如來廣大

智慧 與佛無異."(『대방광불화엄경』80권 본,「여래출현품」, p. 272 하.)

11) 다카사키 지키도(1998), p. 135.

12) "正覺了知一切法 無二離二悉平等 自性淸淨如虛空 我與非我不分別 如海印現 衆生身 以此說其爲大海 菩提普印諸心行 是故說名爲正覺 譬如世界有成敗 而 於虛空不增減 一切諸佛出世間 菩提一相恒無."(『대방광불화엄경』80권 본, 「여래출현품」, p. 275 하.)

13) "如來法身 亦復如是 至一切處 一切利 一切法 一切衆生 而無所至 何以故 諸 如來身非是身故 隨所應化 示現其身."(『대방광불화엄경』60권 본,「여래성기 품」, p. 616 상.)

14) "日月出現世間 乃至 深山幽谷 無不普照 如來智慧日月 亦復如是 普照一切無 不明了 但衆生希望善根不同故"(『대방광불화엄경』(60권 본),「여래성기품」, p. 616 중.)

15) 『대방광불화엄경』, 60권 본,「여래성기품」, p. 616 하.

16) 본문에서 초기 대승 불교부터 후기 대승 불교(밀교)에 이르기까지 도표 상으로 문제가 되지 않는다고 본다. 그런데 문제는『원각경』의 경우이다. 이 경은 일반적으로 중국에서 만들어진 경전으로 보고 있다. 필자는『원 각경』의 진위 여부를 떠나 대승 경전에서 추론하는 선 사상이 중국에서 발전되었으므로 이전 대승 경전의 선관이『원각경』에 축약되어 있다고 본다.

17) "淨心見諸佛."(『대방광불화엄경』, 60권 본,「도솔천궁보살운집찬불품」, p. 486 상.)

18) "了達於三界 但從貪心有 知十二因緣 在於一心中 如是則生死 但從心而起 心 若得滅者 生死則亦盡."(『대방광불화엄경』, 60권 본,「십지품」, p. 560 상.)

19) 『십지경』의 작자는 이 삼계유일심의 '심'을 망심(妄心)이나 망념(妄念)으 로 분명하게 드러내지 않았고, 다만 인간과 세계의 가장 근원적인 유기 적 관계를 표현했으나 후대 학자들은 이 삼계유일심의 '심'을 망심으로 보는 견해도 있다. 가마타 시게오(鎌田茂雄, 1988, pp. 241~243.)

20) "了達三界依心有 十二因緣亦復然 生死皆由心所作 心若滅者生死盡."(『대방광 불화엄경』, 80권 본,「십지품」, p. 195 중.)

21) "心如工畵師 畵種種五陰 一切世界中 無法而不造 如心佛亦爾 如佛衆生然 心 佛及衆生 是三無差別."(『대방광불화엄경』, 60권 본,「야마천궁게찬품」, p. 465 하.)

22) "若人欲了知 三世一切佛 應觀法界性 一切唯心造."(『대방광불화엄경』, 80권
   본,「야마천궁게찬품」, p. 102 상.)

23) "若人欲了知 三世一切佛 應當如是觀 心造諸如來."(『대방광불화엄경』, 60권
   본,「야마천궁게찬품」, p. 466 상.)

24) 12연기를 차례로 관찰하면서 '나'도 없고, '중생'도 없으며, 모든 것이 원
   래 공이라고 관찰할 때, 모든 존재는 본성의 공을 얻고 지혜를 얻는 것이
   라고 서술하고 있다. 즉 무명 → 행(잠재적인 형성력) → 형성된 업에 의
   해 식이 생겨남 → 명색(명칭과 형태 ; 오온) 형성 → 6근인 감각 기관〔六
   入〕이 갖추어짐 → 촉(根+境+識) → 수(受, 감수 작용) → 애(愛) → 취(取,
   집착) → 유(有, 생존) → 생노사이다. "무명으로 인해 행이 생기고 ……
   즉 앞의 것에 의해 뒤의 것이 생겨나는 것을 '유전연기'(流轉緣起)라고 하
   고, "무명이 없으면 행이 멸하고 …… 즉 앞의 것이 사라지면 뒤의 것도
   사라지는 것을 '환멸연기'(還滅緣起)라고 한다.

25) 가마타 시게오(1998), p. 240.

26) 다카사키 지키도(1998), p. 62.

27) 『대방광불화엄경』(60권 본),「초발심보살공덕품」, p. 450 하.

28) 『대방광불화엄경』(60권 본),「불불사의법품」, p. 600 중.

29) 『대방광불화엄경』(60권 본),「초발심보살공덕품」, p. 451 상.

30) 『대방광불화엄경』(60권 본),「보살십주품」, p. 446 상.

31) 가마타 시게오(1991), p. 45.

32) 십현연기설은 진리의 영역인 화엄의 현해(玄海)에 들어갈 수 있다고 하
   여 현문(玄門)이라고도 한다. 화엄종 제2조 지엄이 초조 두순(杜順)의 뜻
   을 계승하여 언급했는데, 3조 법장(法藏)이 수정하여 『화엄오교장』(華嚴
   五敎章)과 『화엄경탐현기』(華嚴經探玄記)에 십현문을 설명하였다. 다음
   은 『탐현기』의 내용이다. ① 동시구족상응문(同時具足相應門)은 제법이
   동시에 구족 원만하여 서로 관련되어 있을 뿐만 아니라 시간적으로도 모
   두가 동시동처(同時同處)에 상응하고 연기하여 사사원융(事事圓融)·조
   응(照應)하는 것이다. 십현문 가운데 가장 기본적인 입장을 나타내는 총
   설이라고 할 수 있다. ② 광협자재무애문(廣狹自在無碍門)은 일행즉일체
   행(一行卽一切行)이라 하며 일행은 협(狹), 일체행은 광(廣)으로 협에 광
   이 포함되어 일체가 무애자재하며 반대로 일체행으로서의 광에 일행인
   협이 드는 것을 말한다. 서로 즉입함을 말하며 서로 구애받지 아니한다.

③ 일다상용부동문(一多相容不同門)은 일(一)·다(多)가 서로 융섭(融攝)하여 장애가 없지만, 항상 각자의 특징을 잃지 않고 그 본성을 유지하는 것이다. ④ 제법상즉자재문(諸法相卽自在門)은 일·다의 체가 융통무애하여 다가 곧 일이고, 일이 곧 다인 것이다. ⑤ 은밀현료구성문(隱密顯了俱成門)은 일과 다는 은밀하고 현묘하지만, 연기에 의하여 둘 사이에 선후가 없는 것으로 법계 연기를 이루는 것을 말한다. ⑥ 미세상용안립문(微細相容安立門)은 일은 다를 함유하고 다는 일을 포용하여 일과 다가 파괴되지 않는 것이다. ⑦ 인다라망경계문(因陀羅網境界門)은 일·다가 상즉상입하여 마치 인드라의 그물에 달린 수많은 보배 구슬이 서로 그림자를 비추면서 무한히 포용하는 것이다. ⑧ 탁사현법생해문(託事顯法生解門)은 차별적 사물[현상계]에 가탁하여 법[진리]을 나타내고, 사람으로 하여금 요해의 지혜가 생기게 하는 것으로, 현상계의 사물 그대로가 진리임을 가리킨다. ⑨ 십세격법이성문(十世隔法異成門)은 시간의 관점에서 보아 일·다의 상즉상입을 밝히는 것. 과거·현재·미래 3세에 또 각각 3세가 있어 9세가 되며, 9세는 상즉상입하여 일념(一念)이 된다. 9세에 일념이 더해져 10세가 된다. ⑩ 주반원명구덕문(主伴圓明具德門)은 일체는 여래장심(如來藏心)을 그 본성으로 하여 이 마음 이외의 것은 아무 것도 없다는 견해이다.

33) 6상은 총상(總相)·별상(別相)·동상(同相)·이상(異相)·성상(成相)·괴상(壞相)이다. 『십지경』이나 세친의 『십지경론』에 있는 설로서 화엄종에서 발전시킨 중요 사상이다. 모든 존재는 다 총별·동이·성괴라는 세 쌍의 대립되는 개념이나 모습이 서로 원융무애한 관계에 놓여 있어 하나가 다른 다섯을 포함하고, 또 그 각자의 여섯은 자신의 모습을 잃지 않음으로써 법계 연기가 성립한다는 설이다. 즉 6상은 서로 다른 상을 방해하지 않고 전체와 부분, 부분과 부분이 일체가 되어 원만하게 융화되어 있다는 것이다. 예를 들면 기둥·벽·기와 등으로 집이 이루어져 있는데 그 집 전체를 볼 때는 총상이다. 이에 대하여 별상은 기둥·벽·기와 등을 따로 보는 것을 말한다. 또한 집이 이루어져 있을 때에 하나의 기둥을 중심으로 생각하면 모든 것은 동상이 되고, 기둥의 짜임새의 모양이 각각 다른 점에서 보면 이상이 된다. 또한 기둥·벽·기와 등이 모여 하나의 집을 이루었다고 하는 것이 성상이다. 기둥은 기둥의 자성을 지키고 벽은 벽으로서의 자성을 지키고 있다는 것이 괴상이다. 가마타 시게오(1991), p.58.

이와 같이 6상은 서로 서로 유기적인 연기 관계에서 성립되며, 하나 속에 전체, 전체 속에 하나가 있으면서 고유한 자신의 모습을 갖추고 있는 것이다.

34) 모든 경전의 설해진 형식이나 순서, 의미, 내용 등에 의해 교설을 다섯 종류로 분류한 체계이다. 소승교(小乘敎, 아함경)·대승시교(大乘始敎, 반야부 경전)·대승종교(大乘終敎, 능가경, 기신론)·돈교(頓敎, 유마경)·원교(圓敎, 화엄경, 법화경)이다. 화엄종 3조 현수 법장이 이 체계를 만든 이후, 화엄종 승려들이『화엄경』을 최고의 원만한 가르침이라면서 원교의 위치에 두었다.

35) "疏 情眞理現卽名作佛者 此順禪宗卽事理無碍門也 約普賢門 正是華嚴卽事事無碍問也"(『대방광불화엄경수소연의초』(大方廣佛華嚴經隨疏演義鈔), p. 224 상.)

36) 『선원제전집도서』, p. 402 중~하.

37) 종밀은 화엄종의 5조가 되기 이전,『원각경』에 의하여 깨달았고, 선교 일치에서 교는『원각경』을 말한다.『원각경과문(圓覺經科文)』·『원각경찬요(圓覺經纂要)』·『원각경대소(圓覺經大疏)』·『원각경도량수증의(圓覺經道場修證義)』등『원각경』에 관한 저술이 많은 것으로 보아 그는『원각경』에 일가견이 있던 인물임을 알 수 있다.

38) 요시츠 요시히데(吉津宜英, 1988), p. 340.

39) 선종의 선사들이『화엄경』에 의거하고 화엄종사들이 선에 의거하였는데, 화엄과 선에 관한 융섭이나 일치점이 승려들과 학자들에 따라 다양한 면이 있다. 이에 대해 필자 입장에서 종래의 학자들의 견해를 살펴보면 다음과 같다.

　　첫째, 선 속에 화엄을 융섭하거나 선이 화엄보다 우위라는 입장으로는『선문보장록』(禪門寶藏錄)의 진귀조사설(眞歸祖師說, 석가모니가 정각을 이룬 뒤 깨달음이 미흡해 히말라야의 진귀 조사를 찾아가 선을 전수받았다는 설)이 있고 법안 문익(法眼 文益, 885~958년)은 화엄 철학을 선의 실천으로 구현하였다.

　　둘째, 화엄의 입장에서 선을 융회(融會)한 사람은 화엄종의 3조 현수 법장과 4조 청량 징관이다.

　　셋째, 화엄과 선을 일치시킨 경우는, 규봉 종밀·보조 지눌이다. 보조 지눌이 이통현 장자의「화엄론」을 가지고 선과의 일치를 강조했다. 정운

(2009a), p. 218 참조.

40) 9산 선문 가운데 성주산문(聖住山門)의 무염(無染)은 부석사(浮石寺)에 서 화엄을 공부하고 입당하여 서안 종남산 지상사(至相寺)에서 또 다시 『화엄경』을 공부한 뒤 사교입선(捨敎入禪)하였다. 동리산문(桐裏山門) 혜 철(惠徹)도 부석사에서 공부한 뒤 입당(入唐)하였다. 사자산문(獅子山門) 철감 도윤(徹鑑 道允, 798~868년)은 18세에 승려가 되어 귀신사(鬼神寺) 에서 『화엄경』을 공부하고 입당하여 선 수행을 하였다.

41) "대승무생방편문"은 5종의 대승 경전에 의거해 다섯 가지 방편문을 제시 한다. 『기신론』의 불체문(佛體門), 『법화경』의 개지혜문(開智慧門), 『유마 경』의 현불사의문(顯不思議門), 『사익경』의 명제법정성문(明諸法正性門), 『화엄경』의 요무이문(了無異門)이다. 제2장 주석 64 참조.

42) "대승무생방편문"에 다음과 같이 설하고 있다. "무상법 중에는 다름이 없 고 분별이 없다. 마음에 분별이 없기에 일체법이 무이(無異)이며, 장단 이 무이이며, 자타가 무이이며, 범부와 성인·생사와 열반 등이 모두 무이 이다. 이러한 무이를 깨닫는 것이 자연 무애한 해탈도이다."

43) "若實如此 隨處任眞."(『조당집』, 「마조록」, p. 39.)

44) "非離眞而有立處 立處卽眞 盡是自家體."(「강서마조선사어록」, p. 13.)

45) 가마타 시게오는 "『화엄경』의 성기 사상의 실천적 전개라면 홍주종(洪 州宗)이 되고, 무념의 지·영지불매(靈知不昧)의 일심을 강조한다면 하 택 선과 대응하는 것이다."라고 언급하고 있다. 가마타 시게오(1975), p. 228.

46) 종호 스님은 4요간에 대한 정의를 이렇게 내리고 있다. "4요간은 인간의 모든 영역을 본질인 주체와 현상인 객체로 나누고, 그 주객의 문제를 제 자를 가르치는 방편으로 삼는 지도법이다." 종호(1996), p. 433. 첫째 탈 인불탈경(奪人不奪境)은 자신을 부정하고 대상에 몰입하는 것이며, 둘째 탈경불탈인(奪境不奪人)은 대상을 부정하고 자신만을 주목하는 것이다. 셋째 인경구탈(人境俱奪)은 자신과 대상을 모두 부정하고, 인경구불탈 (人境俱不奪)은 자신과 대상을 모두 부정하지 않는 것이다.

47) 4종 무상경은 우리들의 신체를 구성하는 지수화풍(地水火風) 4대를 의 (疑)·애(愛)·진(瞋)·희(喜) 네 가지 정념(情念)에 비유하고, 그것이 일 념심(一念心)의 작용임을 밝혀 수처작주(隨處作主) 입처개진(立處皆眞) 의 삶을 살도록 이끌고 있는 가르침이다. 종호(1996), p. 462. 참조.

48) 종호(1996), p. 466.

49) 스에쓰나 죠이치(末網怒一, 1985), pp. 194~197.

제5장 『열반경』의 선관 – 불성 사상을 중심으로

1) "如從牛出乳從乳出酪 從酪出生酥從生酥出熟酥 從熟酥出醍醐 醍醐最上 若有 服者衆病皆除 所有諸惡悉入其中 善男子 佛亦如是 從佛出生十二部經 從十二 部經出修多羅從修多羅出方等經 從方等經出般若波羅蜜 從般若波羅蜜出大 涅槃 猶如醍醐 言醍醐者喩於佛性 佛性者卽是如來."(『열반경』, 「성행품」, pp. 690 하~691 상.)

2) 『열반경』, 「가섭보살품」, pp. 574 하~575 상.

3) 『상응부』(相應部), p. 190.

4) 『유행경』(遊行經), p. 26 상. 『불반니원경』, p. 172 중.

5) "我釋迦文佛壽命極長 所以然者 肉身雖取滅度 法身存在."(『증일아함경』, 44권, p. 787 中.)

6) "如來者 無所從來 亦無所去 故名如來."(『금강경』, p. 752 중.)

7) 여기서 여래(tathāgata)와 여거(tathā-agata)를 분명히 구분하여야 한다. 즉 여거는 우주의 진리에 들어가 우주의 진리와 일체가 된 것을 말하며 여래는 우주의 진리로부터 나왔다는 것으로 진리와 일체가 된 것을 말 한다. 한역에서는 여거보다는 여래를 대표 어구로 사용하였다고 볼 수 있다.

8) "若以色見我 以音聲求我 是人行邪道 不能見如來."(『금강경』, p. 752 상.)

9) "我成佛以來 甚大久遠 壽命無量 阿僧祇劫 常住不滅."(『법화경』, 「如來壽量 品」, p. 42 하.)

10) "盧舍那佛大智海 光明普照無有量."(『대방광불화엄경』 60권 본 2권, p. 405 하.)

11) 『대방광불화엄경』(60권 본), 35권, p. 622 중~하.

12) "如來藏未來際平等恒及有法."(『부증불감경』, p. 467 하.)

13) 『출요경』(出曜經), p. 741 중. 이 게송은 칠불통계게(七佛通戒偈)라고 하 여 『열반경』, p. 692 하 등 여러 경전에 인용 어구로 언급되어 있다.

14) 『대반야바라밀다경』, 552권, p. 847 상.

15) "有身爲種 無明有愛爲種 貪恚痴爲種 …… 六十二見及一切煩惱皆是佛種 曰何 謂也 答曰 若見無爲入正位者 不能復發阿耨多羅三藐三菩提心 譬如高原陸地

不生蓮花 卑濕淤泥乃生此華."(『유마힐소설경』,「불도품」, p. 549 상~중.)

16) "六十二見當於何求 答曰 當於諸佛解脫中求 又問 諸佛解脫當於何求 答曰 當於一切衆生心行中求."(『유마힐소설경』, p. 544 하.)

17) 『유마힐소설경』, p. 575 중~하.

18) "一切皆當 成得佛道."(『법화경』,「비유품」, p. 15 상.)

19) "十方佛土中 唯有一乘法 無二亦無三."(『법화경』,「방편품」, p. 8 상.)

20) "今日乃知眞是佛子 從佛口生 從法化生."(『법화경』,「비유품」, p. 5 하.)

21) "若有聞法者 無一不成佛."(『법화경』,「방편품」, p. 9 상.)

22) "我當教以聖道 令其永離妄想執着 自於身中 得見如來廣大智慧 與佛無異."
(『대방광불화엄경』, 80권 본,「여래출현품」, p. 272 하.)

23) "心如工畫師 畫種種五陰 一切世界中 無法而不造 如心佛亦爾 如佛衆生然 心佛及衆生 是三無差別."(『대방광불화엄경』, 60권 본,「야마천궁게찬품」, p. 465 하.)

24) "善男子 一切衆生 雖在諸趣 煩惱身中 有如來藏 常無染汚 德相具足 如我無異."(『여래장경』, p. 457 하.) "부처가 중생들을 관해 보니, 그들에게 모두 여래장이 있는데 무량한 번뇌에 덮여 있는 것이 마치 더러운 꽃 속에 덮여 있는 것과 같다."〔一切衆生如來之藏 常住不變 但彼衆生煩惱覆故.〕

25) "如來法身 不離煩惱藏 名如來藏."(『승만경』, p. 221 하.)

26) "佛法身遍滿 眞如無差別 皆實有佛性 是故說常有."(『보성론』, p. 828 하.)

27) ① 체(體, svabhāva) ② 인(因, hetu) ③ 과(果, phala) ④ 업(業, karma) ⑤ 상응(相應, yoga) ⑥ 행(行, vṛtti) ⑦ 시차별(時差別, avasthā) ⑧ 변일체처(遍一切處, sarvatraga) ⑨ 불변(不變, aviāra) ⑩ 무차별(無差別, abheda)

28) "如來已於無量無邊阿僧祇劫 無有食身煩惱之身 無後邊身 常身法身 金剛之身 善男子 未見佛性者 名煩惱身雜食之身."(『열반경』,「순타품」, p. 611 하.)

29) "若涅槃體本無今有者 則非無漏常住之法 有佛無佛 性相常住."(『열반경』,「광명변조고귀덕왕보살품」, p. 735 중.)

30) 다카사키 지키도(1998), p. 195.

31) "如來身凡有二種 一者生身 二者法身 言生身者 卽是方便應化之身."(『열반경』,「가섭보살품」, p. 567 상.)

32) "如來所以示病苦者 爲欲調伏諸衆生故 善男子 汝今當知 如來之身卽金剛身 汝從今日常當專心思惟此義莫念食身 亦當爲人說 如來身卽是法身."(『열반경』,「금강신품」, p. 623 상~중.)

33) "如來之性 實無生滅 爲化衆生示有生滅."(『열반경』,「월유품」, p. 657 상.)

34) "如來實性 喩如彼月 卽是法身是無生身 方便之身隨順於世 示現無量本業因緣 在在處處示現有生 猶如彼月 以是義故 如來常住無有變異."(『열반경』,「월유품」, p. 657 중~하.)

35) "而諸衆生皆謂 如來眞實滅盡 而如來性實不永滅 是故當知是常住法不變易法 善男子 大涅槃者卽是諸佛如來法界."(『열반경』,「사상품」, p. 629 중.)

36) "本無今有 本有今無 三世有法 無有是處."(『열반경』,「사자후보살품」, p. 776 상.)

37) "如來 …… 不來不去 不出不入 一切言語道斷 …… 同眞際等法性 不可稱不可量 …… 無已有無當有無今有."(『유마힐소설경』,「보살행품」, p. 555 상.)

38) "왜 일체 중생 실유불성에 대해 설하고 있는가?"에 대한 질문을 상정하고 그에 대한 답을 하는 형식으로 되어 있다. 즉 모든 중생마다 다섯 가지의 그릇된 성품이 있는데, 이 다섯 가지 그릇됨을 제거하고 다섯 가지 공덕을 일으키면 그 자리가 바로 불성의 자리요, 해탈 열반의 길이라는 것이다.

39) "如鹽性鹹令異物鹹 蜜本性甘令異物甘 水本性濕令異物濕."(『열반경』,「사자후보살품」, p. 793 중.)

40) "衆生佛性 猶如貧女宅中寶藏 力士額上金剛寶珠 轉輪聖王甘露之泉."(『열반경』,「가섭품」, p. 568 하.)

41) 『열반경』,「여래성품」, p. 648 중.

42) 제1장 주석 7 참조.

43) "여래장을 발현함으로써 부처가 될 수 있다."는 것을 아홉 가지로 비유하였다. ① 꿀벌에 둘러싸인 꿀, ② 나무 밑의 종자, ③ 연꽃 중의 제불(諸佛), ④ 더러운 곳에 빠진 금 덩어리, ⑤ 껍질에 싸인 쌀이나 밀, ⑥ 가난한 이의 집 지하에 있는 보물 창고, ⑦ 가난한 여자가 잉태한 전륜 왕자, ⑧ 넝마자락에 싸인 불상, ⑨ 주형 중에 있는 보물이다.

44) 『열반경』,「가섭품」, p. 571 하~572 중.

45) "若言衆生中別有佛性者 是義不然 何以故 衆生卽佛性 佛性卽衆生."(『열반경』,「가섭품」, p. 572 중.)

46) 『열반경』,「사자후보살품」, p. 768.

47) "佛性者有因有因因 有果有果果 有因者卽十二因緣 因因者 卽是智慧 有果者卽是 阿耨多羅三藐三菩提 果果者卽是無上大般涅槃."(『열반경』,「사자후보살품」, p. 768 중.)

48) "佛性者名大信心 何以故 以信心故 菩薩摩訶薩 則能具足檀波羅蜜 乃至般若波

羅蜜 一切衆生必定當 得大信心故 是說言一切衆生悉有佛性."(『열반경』,「가섭품」, pp. 816~819.)

49) "一切衆生本來涅槃 無漏智性本自具足."(『열반경』,「여래성품」, p. 424 하.)

50) "草木國土 悉皆成佛 山河幷大地 全露法王身."(『열반경』,「사자후보살품」)

51) "衆生佛性亦二種因 一者正因 二者緣因 正因者謂諸衆生緣 因者謂六波羅蜜." (『열반경』,「사자후보살품」, p. 775 중.)

52) "有人行於曠野渴乏遇井 其井極深雖不見水當知必有 是人方便求覓罐綆汲取則見 佛性亦爾 一切衆生雖復有之 要須修習無漏聖道然後得見."(『열반경』,「사자후보살품」, p. 801 중.)

53) "猶如地下有水 若不施功掘鑿 終不能得."(『열반경』,「광명변조고귀덕왕보살품」, p. 735 중.)

54) 『열반경』에서 불성의 현현을 위해서는 지계(持戒)를 의지하고, 공을 닦아야 하며, 6바라밀, 8정도 등의 선법(善法)을 행해야 할 것 등이 다양하게 설해져 있으나 필자는 6바라밀만 언급하였다.

55) "若有聞法者 無一不成佛."(『법화경』,「방편품」, p. 9 중.)

56) 『열반경』,「사자후보살품」, p. 773 중.

57) "世有三人 其病難治 一謗大乘 二五逆罪 三一闡提 如是三病世中極重."(『열반경』,「현병품」, p. 673 상).

58) "復有三事沒三惡道 何等爲三 一謂如來無常永滅 二謂正法無常遷變 三謂僧寶可滅壞故 是故常沒三惡道."(『열반경』,「사자후보살품」, p. 554 하.)

59) "一闡提者名斷善根 斷善根故沒生死河 不能得出 何以故 惡業重故 無信力故."(『열반경』,「사자후보살품」, p. 554 중.)

60) "復有人誹謗正法甚深經典 及一闡提具足成就盡一切相無有因緣."(『열반경』,「여래성품」, p. 387 상.)

61) "應當勤加護持正法 護法果廣大無量 善男子 是故 護法 優婆塞等 應執刀杖擁護."(『열반경』,「금강신품」, p. 624 상.)

62) "殺一闡提亦復如是無有罪報 何以故 諸婆羅門乃至 無有信等五根 是故雖殺 不墮地獄."(『열반경』,「범행품」, p. 460 중.)

63) "善男子 我又復說犯四重禁一闡提人謗方等經作五逆罪皆有佛性 如是衆生都無善法佛性是善."(『열반경』,「가섭품」, p. 568 하.)

64) "若一闡提信有佛性 當知是人不至三惡 是亦不名一闡提也."(『열반경』,「광명변조고귀덕왕보살품」, p. 519 중.)

65) "一切衆生悉有佛性 懺四重禁 除謗法心 盡五逆罪 滅一闡提 然後得成阿耨多羅
三藐三菩提."(『열반경』,「광명변조고귀덕왕보살품」, p. 731 중.)

66) "毀謗正法及一闡提 …… 我於是等悉生悲心 同於子想如羅睺羅."(『열반경』,
「장수품」, p. 620 중.)

67) 『속고승전』 7권, p. 366 하.

68) 천태종에서는 3인불성을 주장한다. 즉 ① 모든 중생이 다 가지고 있는 진
여의 본성인 정인불성(正因佛性), ② 진여의 이치에 비추어 나타나는 지
혜인 요인불성(了因佛性), ③ 지혜를 일으키는 인연이 되는 6바라밀 등의
수행을 뜻하는 연인불성(緣因佛性)으로 구분하였다. 천태 지의는 3인불
성을 바탕으로 모든 중생이 본래 법성신이며 진여·중도·여래장임을 제
시하였다. 또한 ② 요인불성, ③ 연인불성은 지와 행으로 불성을 수행하
는 방법이다. 화엄종에서는 중생의 불성이 원인과 결과(因果), 본체와 현
상(性相)의 모든 것을 원만하게 갖추고 있다고 하였다. 이것을 불성 혹은
각성이라고 하고, 모든 존재가 갖춘 진여의 이치를 법성으로 구분하였다.
법상종에서는 이불성(理佛性)과 행불성(行佛性)의 2불성설(二佛性說)을
주장하였다. 이불성은 모든 존재에 내재된 진여성을 말하며, 행불성은 실
천 수행을 통해 이불성을 현실화하는 작용을 한다.

69) 『보리달마약변대승입도사행론』(菩提達磨略辨大乘入道四行論), p. 458 중.

70) 『경덕전등록』 3권「도신장」, p. 222 중.

71) 『육조대사법보단경』,「행유품」, p. 348 상.

72) "譬如世間雲霧八方俱起天下陰闇日豈爛也 何故無光 光元不壞 只爲雲霧所覆
一切衆生淸淨之心 亦復如是."(『최상승론』, p. 377 상.)

73) 야나기다 세이잔(1984), p.82.

74) 『돈황 본 단경』, p.110.

75) "菩提自性本來淸淨 但用此心直了成佛."(『육조대사법보단경』,「행유품」,
p. 347 하.)

76) "佛向性中作 莫向身外求 自性迷 卽是衆生 自性覺卽是佛."(『육조대사법보단
경』,「의문품」, p. 352 중.)

77) 야나기다 세이잔(1967), p. 166.

78) "一切衆生悉有佛性 無明覆故 不得解脫."(『관심론』, p. 367 상.)

1) 히라가와 아키라 · 다카사키 지키도(1998), p. 109 히라가와 아키라 (1994), p. 151.

2) 불광출판부(1991), pp. 730~732.

3) "三種自性及八種識 二種無我 悉入五法."(『능가경』, p. 511 중.)

4) 『능가경』, p. 511, 중.

5) "大慧 彼名及相 是妄想自性 大慧 若依 彼妄想生心心法 名俱時生如 日光俱 種種相各別分別持 是名 緣起自性 大慧 正智如如者 不可壞故名成自性."(『능가경』, p. 511, 중.)

6) "有四種禪 云何爲四 謂愚夫所行禪, 觀察義禪, 眞如攀緣禪, 如來禪 云何愚夫所行禪 謂聲聞緣覺外道修行者 觀人無我性自相共相骨鎖 無常苦不淨相計著爲首 如是相不異觀 前後轉進想不除滅 是名愚夫所行禪 云何觀察義禪 謂人無我自相共相外道自他俱無性已 灌法無我彼 地相義漸次增進 是名觀察義禪 云何眞如攀緣禪 謂妄想二無我妄想 如實處不生妄想 是名眞如攀緣禪 云何如來禪 謂入如來地 行自覺聖智相 三種樂住 成辦衆生不思議事 是名如來禪."(『능가경』, p. 492 상.)

7) 3로를 보통 동산삼로라고 한다. 삼로는 조도(鳥道) · 현로(玄路) · 전수(展手)로서 학인들을 지도하기 위한 세 가지 수단 방편이다. 조도는 새가 허공을 날아다닐 때에는 일체의 흔적을 남기는 일이 없는 것처럼 수행자는 몰종적(沒蹤迹)해야 한다는 의미이다. 현로는 현현미묘(玄玄微妙)한 길이라는 의미로 유무(有無)나 미오(迷悟) 등 일체 차별적인 견해를 초월하여 공적한 곳을 왕래하지 않으면 안 된다는 것이다. 전수는 향상(向上)의 일로(一路)에 머물지 않고 한 걸음 더 나아가 중생 교화의 행화문을 향해서 힘써야 한다는 것이다.

8) 십우도(十牛圖) 혹은 심우도(尋牛圖)는 마음의 번뇌를 조복 받고 잘 다스려서 해탈 경지에 이르는 것을 열 개의 장면으로 그려 놓은 것이다. 소는 번뇌, 소를 길들이는 동자는 수행자에 비유된다. 12세기 중엽, 송나라 때 곽암(廓庵) 선사가 처음으로 그렸고, 이후 여러 사람들에 의해 십우도가 그려졌다. 심우(尋牛) · 견적(見跡) · 견우(見牛) · 득우(得牛) · 목우(牧友) · 기우귀가(騎牛歸家) · 망우재인(忘牛在人) · 인우구망(人牛俱忘) · 반본환원(返本還源) · 입전수수(入纏垂手)이다.

9) 히라가와 아키라 · 다카사키 지키도 (1998), pp. 108~110.

10) 업상(業相) · 전상(轉相) · 현식(現識) · 분별사식(分別事識) 등 동일한 용어가 있다. 이러한 연유로 해서 학계에서는 『능가경』이 『대승기신론』 성립에 영향을 주었을 것으로 추론하고 있다.

11) "如來藏自性淸淨 轉三十二相 入於一切衆生身中 如大價寶 垢衣所纏 如來之藏 常住不變 亦復如是 而陰界入垢衣所纏 貪慾恚癡不實妄想塵勞所汚."(『능가경』, p. 489 상.)

12) "如來藏是善 不善因 能遍興造一切趣生 譬如伎兒變現諸趣 …… 無始虛僞惡習所熏 名爲藏識 生於七識 無明住地 譬如大海而有波浪 其體相續恒注不斷 本性淸淨離無明過 離於我論."(『입능가경』, p. 619 하.)

13) 시즈타니 마사오(靜谷正雄) · 스구로 신조(勝呂信靜)(1991), p. 266.

14) 『무문관』, p. 293 하.

15) "汝今不應有所懼也 所以者何 一切言說不離是相 至於智者 不著文字故無所懼 何以故 文字性離無有文字 是則解脫 解脫相者 則諸法也."(『유마힐소설경』, p. 540 하.)

16) "如世尊所說 我從其夜 得最正覺 乃至某夜 入般涅槃 於其中間 乃至不說一字." (『능가경』, p. 498 하.)

17) 정성본(1993), p. 111.

18) 정성본(1993), p.110

19) "眞實者離文字故 大慧 如爲愚夫 以指指物 愚夫觀指 不得實義 如是愚夫 …… 終不能得 離言說指 第一實義."(『능가경』, p. 507 상.)

20) "如實觀察者 諸事悉無事 如愚見指月 觀指不觀月 計著名字者 不見我眞實." (『능가경』, p. 510 하.)

21) "一切言說墮於文字 義則不墮 …… 如來不說墮文字法 文字有無不可得故 …… 若有言說如來說墮文字法者 此則妄說 法離文字故."(『능가경』, p. 510 하.)

22) "三有唯分別 外境悉無有 妄想種種現 凡愚不能覺 經經說分別 但是異名字 若離於語言 其義不可得."(『능가경』, p. 614 중.)

23) 이 내용을 3처전심(三處傳心)이라고 한다. 본문에서 열거한 대로 영산회상(靈山會上) 거염화(擧拈花), 다자탑전(多子塔前) 분반좌(分半坐), 사라쌍수(沙羅雙樹) 곽시쌍부(槨示雙趺)이다. 선종에서 이심전심으로 법을 부촉하는 의미를 내세우는 설이다. 『보림전』(801년)에서 최초로 부처의

정법안장의 부촉을 증명하는 역대 조사들의 전법게가 독창적으로 등장한다. 정법안장이란 곧 영산회상 염화미소라고 볼 수 있다.

24) "菩薩摩訶薩 獨一靜處 自覺觀察 不由於他 離見妄想 上上昇進入如來地 是名自覺聖智相."(『능가경』, p. 497 상.)

25) "本無今有 本有今無 三世有法 無有是處."(『열반경』, 「사자후보살품」, p. 769 상, 776 상.)

26) "云何緣自得法 若彼如來所得 我亦得之 無增無減 緣自得法 究竟境界 離言說妄想 離字二趣."(『능가경』, p. 498 하.)

27) "所謂宗通者 謂緣自得勝進 遠離言說文字妄想 趣無漏界自覺地 自相遠離一切虛妄覺相 降伏一切外道衆魔 緣自覺趣光明揮發 是名宗通相."(『능가경』, p. 499 中.)

28) "云何 說通相 謂說九部種種敎法 離異不異有無等相 以巧方便 隨順衆生 如應說法 令得度脫 是名說通相."(『능가경』, p. 492 상.)

29) 이에 대한 최초의 기록은 『속고승전』에 나온다. "初達摩禪師 以四卷楞伽授可曰 我觀漢地 惟有此經 仁者依行 自得度世 可專附玄理 如前所陳."(『속고승전』 권16 「혜가장」, p. 552 중.) 또한 『경덕전등록』에도 똑같은 문구가 전한다.

30) 『속고승전』, 25권, 「석법충전」(釋法沖傳), p. 666 중.

31) 구나발타라의 자세한 전기는 『고승전』 3권, 『출삼장기집』 14권 등에 전한다.

32) 정성본 스님은 『중국 선종의 성립사 연구』(pp. 99~107)에서 "능가종이라는 종명은 송의 구나발타라 역의 4권 『능가경』에 의거한 달마 - 혜가계의 후예를 자임하는 소위 능가사들의 일파를 통칭하는 말이다. 그러나 능가종이라는 종명은 이 분야를 처음으로 연구한 중국의 호적(胡適, 1891~1962년) 박사에 의해 붙여진 이름이다."라고 서술하고 있다. 김호성은 능가종에 대해 세 가지로 언급하였다. "즉 첫째 북종선으로, 이는 호적 박사의 견해이다. 둘째 북종의 현색(玄賾)과 정각(淨覺), 삼론종의 법충(法沖)과 우두 법융(牛頭 法融)을 모두 능가종으로 보는데, 이는 구노 호류(久野芳隆)의 견해이다. 셋째 종파적인 현색과 정각은 북종에 소속시키고, 법충을 포함한 혜가의 문하를 능가종으로 보는 견해이다." 그러면서 김호성은 셋째를 능가종으로 보는 견해를 취하고 있다. 김호성 (1996), p.298.

33) 종호(1996), p. 23.

34) "和尙言 有無雙遣 中道亦亡者 是無念 無念卽一念 一念卽是一切智 一切智者
卽是甚深般若波羅蜜 甚深般若波羅蜜卽是如來禪." 胡適(1929), p. 145. 김호
성(1996), p. 305에서 재인용.

35) 胡適(1929), p. 180.

36) "汝等諸人 各信自心是佛 此心卽佛 達磨大師 從南天竺國 來至中華 傳上乘一
心之法 令汝等開悟 又引楞伽經 以印衆生心地 恐汝顚倒不信此一心之法各有之
故楞伽經 以佛語心爲宗 無門爲法門."(「강서마조도일선사어록」, 후면 p. 7.)

37) 『조당집』, 18권 「앙산화상장」, p. 349 중.

38) "大慧 非一切刹土有言說 言說者 是作相耳 或有佛刹 瞻視顯法 或有作相 或有
揚眉 或有動睛 或笑或欠 或謦咳."(『능가경』, 2권 「불어심품」, p. 493 상~중.)

참고 문헌

• 원전류

「강서마조선사어록」, 『사가어록』, 서울 : 장경각, 1995.

「권수정혜결사문」, 『한국불교전서』 4권.

『경덕전등록』, 대정신수대장경 51.

『관심론』, 대정신수대장경 48.

『금강경』, 대정신수대장경 8.

『능가경』, 대정신수대장경 16.

『능가사자기』, 대정신수대장경 85.

『대반야바라밀다경』, 대정신수대장경 7.

『대반열반경』, 대정신수대장경 12.

『대방광불화엄경』(60권 본), 대정신수대장경 9.

『대방광불화엄경』(80권 본), 대정신수대장경 10.

『대방광불화엄경수소연의초』(大方廣佛華嚴經隨疏演義鈔), 대정신수대장경 36.

『대방광원각수다라요의경』(大方廣圓覺修多羅了義經), 대정신수대장경 17.

『돈오입도요문론』, 속장경 110.

돈황 본 『단경』, 대정신수대장경 48.

『돈황 본 단경』, 퇴옹 성철 옮김, 장경각, 1994

『동문선』, 「조계산수선사불일보조국사비명」, 서울 : 경희출판사, 1967.

『무문관』, 대정신수대장경 48.

『바수반두법사전』, 대정신수대장경 50.

『법화경』, 대정신수대장경 9.

『벽암록』, 대정신수대장경 48.

『보리달마약변대승입도사행론』, 대정신수대장경 51.

『보성론』, 대정신수대장경 31.

『부증불감경』, 대정신수대장경 16.

『불반니원경』, 대정신수대장경 1.

『상응부』 3권, 남전대장경 14.

『선원제전집도서』, 대정신수대장경 48.

『속고승전』, 대정신수대장경 50.

『승만경』, 대정신수대장경 12.

『상윳타 니카야(Saṃyutta-nikāya)』, 「왁칼리 경」(S 22 : 87), 각묵 역, 서울
　　초기불전연구원, 2009.

『열반경』, 대정신수대장경 12.

『오가정종찬』, 卍속장경 135.

『오등회원』, 속장경 138.

『유마힐소설경』, 대정신수대장경 14.

『유행경』, 대정신수대장경 1.

『육조대사법보단경』, 대정신수대장경 48.

『전심법요』, 대정신수대장경 48.

『증일아함경』(增壹阿含經), 대정신수대장경 2.

『진주임제혜조선사어록』, 대정신수대장경 47.

『천성광등록』, 속장경 135.

『최상승론』, 대정신수대장경 48.

『출요경』, 대정신수대장경 4.

· 사전류

駒澤大學(2000).『禪學大辭典』, 東京 : 禪學大辭典編纂所.

· 저서류

가마타 시게오(鎌田茂雄).
　　1987.『화엄의 사상』, 한형조 옮김, 서울 : 고려원.

1988.『화엄 사상』, 정순일 옮김, 서울 : 경서원.

1991.『중국 불교의 사상』, 정순일 옮김, 서울 : 민족사.

거해 편역(1992).『빨리어 법구경』, 서울 : 고려원.

고익진(1991).『한국의 불교 사상』, 서울 : 동국대출판부.

기노 가즈요시(紀野一義)(1983).『생명의 연꽃』, 정승석 옮김, 서울 : 여래.

김호귀(2001).『묵조선 연구』, 서울 : 민족사.

난화이진(南懷瑾)(2003).『불교 수행법 강의』, 신원봉 옮김, 서울 : 씨앗을 뿌리는 사람.

다카사키 지키도(高崎直道)(1998).『불성이란 무엇인가』, 전치수 옮김, 서울 : 여시아문.

미즈노 고겐(水野弘元)(1993). 김현 역, 서울 : 벽호, 1993.

불광출판부(1991).『경전의 세계』, 서울 : 불광출판부.

서성우(1997).『법화경 연구』, 서울 : 운주사.

세키구치 신다이(關口眞大, 1964).『禪宗思想史』, 東京 : 山喜房佛書林.

스에쓰나 죠이치(末網恕一, 1985).『화엄경의 세계』, 이기영 옮김, 서울 : 한국불교연구원.

스즈키 다이세츠(鈴木大拙, 1982).『金剛經の禪, 禪への道』, 東京 : 春秋社.

시즈타니 마사오(靜谷正雄)·스구로 신죠(勝呂信靜)(1991),『대승의 세계』, 정호영 옮김, 서울 : 대원정사.

승가대학원(1997).『금강경전서』, 서울 : 조계종교육원.

야나기다 세이잔(柳田聖山).

1967.『初期禪宗史の 研究』, 京都 : 禪文化研究所.

1971.『初期の禪史』, 東京 : 筑摩書房,

1983.『寶林傳』(主編), 東京 : 中文出版社.

1984.『선 사상』, 서경수 옮김, 서울 : 한국불교연구원.

1989.『선의 사상과 역사』, 추만호·안영길 옮김, 서울 : 민족사.

여징(呂澄, 1992),『중국 불교학 강의』, 각소 옮김, 서울 : 민족사.

오가와 이치지요라(小川一乘, 1982),『佛性思想』, 東京 : 文英堂.

요시츠 요시히데(吉津宜英, 1988).『화엄과 선』, 정순일 옮김.

우에다 요시후미(上田義文, 1992).『대승 불교의 사상』, 박태원 옮김, 서울 : 민족사.

이리야 요시타카(入矢義高, 1984).『馬祖の語錄』, 東京 : 禪文化硏究所.

이시다 미즈마로(石田瑞麿)

　　　1967.『講座 禪』, 禪の歷史, 第三卷, 東京 : 筑摩書房.

　　　1991.『반야 · 유마경의 지혜』, 이원섭 옮김, 서울 : 현암사.

印順(1978).『中國禪宗史』, 臺灣 : 慧日講堂.

조계종교육원(2009).『금강반야바라밀경』, 서울 : 조계종출판사.

정성본.

　　　1991.『중국 선종의 성립사 연구』, 서울 : 민족사.

　　　1993.『선사상사』, 서울 : 선문화연구소.

정호영(1993).『여래장 사상』, 서울 : 대원정사.

종호(1996),『임제 선 연구』, 서울 : 경서원.

타무라 시로(田村芳朗, 1994).『천태법화의 사상』, 이영자 옮김, 서울 : 민족사.

해주(1998).『화엄의 세계』, 서울 : 민족사.

호적(胡適, 1929).『神會和尙遺集』, 上海 : 亞東圖書館.

히라가와 아키라(平川 彰).

　　　1990.『如來藏と大乘起信論』, 東京 : 春秋社.

　　　1994.『인도 불교의 역사』, 이호근 옮김, 서울 : 민족사.

　　　1996.『講座大乘佛敎 第6卷-如來藏思想』, 東京 : 春秋社, 1996.
　　　　　『법화사상』, 차차석 옮김, 서울 : 여래.

　　　1998.『대승 불교 개설』, 정승석 옮김, 서울 : 김영사.

히라가와 아키라(平川 彰) · 다카사키 지키도(高崎直道, 1998),『대승 불교 개설』, 정승석 옮김, 서울 : 김영사.

• 논문류

가마타 시게오(鎌田茂雄).

1957. 「性起思想の 成立」, 『印度學佛教學研究』, 제5권 2호, 東京 : 印度學佛教學會.

1975. 「宗密教學の思想史的 研究」, 東京 : 東京大學出版會.

1988. 「唯心과 性起」, 『화엄 사상』, 서울 : 경서원.

1997. 「宗密教學の思想史的 研究」, 『宗教研究』, 東京 : 東京大學出版會, 231호

김재숙(2001). 「능가경의 유심 사상 연구」, 동국대학교 대학원 박사 학위 논문.

김호성(1996). 「선관의 대승적 연원 연구」, 서울 : 동국대학교 대학원 박사 학위 논문.

나카가와 코우(中川孝, 1961). 「禪宗史研究資料としての 楞伽經師資記の內容」, 『印度學佛教學研究』, 제9권 1호, 東京 : 印度學佛教學會.

다카사키 마사요시(高崎正芳, 1974). 「維摩經研究の一面」, 東京 : 禪文化研究所 紀要 6호.

박건주(2003), 「능가경의 선법과 초기 선종」 서울 : 불교학연구.

센고 케이쇼(鮮石景章, 1981). 「唐代初期の禪觀思想」, 『駒澤大學 佛教學部論集』12, 東京 : 駒澤大學.

스즈키 디쓰오(鈴木哲雄, 1970). 「『頓悟入道要門論』に見れる荷澤神會の影響」, 『宗學研究』, 제12호.

안재철(2013). 「佛典 常用詞의 詞義 분석」, 『불교학 연구』 37호, 서울 : 불교학연구회.

야마사키 히로시(山崎宏, 1967), 「圭峰宗密について」, 『印度學佛教學會』, 제15권 2호, 東京 : 印度學佛教學會.

엔도 코지로(遠藤孝次郞, 1967). 「華嚴性起論考」, 『印度學佛教學研究』, 제15권 2호, 東京 : 印度學佛教學會.

이법산(1994). 「능가경의 선 사상 연구」, 『인도 철학』 4호, 서울 : 인도철학회.

인환(1992). 「초기 선종의 형성과 무상선사의 활동」, 한국불교문화사상사.

정운(신명희).

2009a. 「마조선 연구」, 서울 : 동국대학교 대학원 박사 학위 논문.

2009b. 「『열반경』의 선관 소고」, 『한국 선학』 23호, 서울 : 한국선학회.

2011. 「『유마경』의 선관 소고」 『한국 선학』 30호, 서울 : 한국선학회.

2013. 「『능가경』의 선관」, 『한국 선학』, 34호, 서울 : 한국선학회.

존 매크래(John R. McRae, 1998). 「佛性에 대한 논의」, 『韓國禪 國際學術大會 論文集』(古佛叢林 無遮禪會), 전남 : 백양사.

코치 에이가쿠(光地英學)(1972). 「佛性の本義考」, 『駒澤大學佛敎學部論集』 3.

하시모토 호케이(橋本芳契).

　　1953. 「維摩經の 中道思想に ついて」, 『印度學佛敎學研究』, 第2권 1호, 東京 : 印度學佛敎學會.

　　1954. 「禪經としての維摩」, 『印度學佛敎學研究』, 第2권 2호, 東京 : 印度學佛敎學會.

　　1954. 「維摩經の原型について」, 『印度學佛敎學研究』, 第3권 1호, 東京 : 印度學佛敎學會.

찾아보기

ㄱ

가사와 발우 22

가전연 82, 94

가화합(假和合) 56

간화선(看話禪) 30, 105, 145, 182,
 217,

개산(開山) 70, 173

개삼현일(開三顯一) 75

개시오입(開示悟入) 87, 101

개적현본(開迹顯本) 72

개종(開宗) 70, 101

객진(客塵) 124

게송 21

견성(見性) 62

견성성불(見性成佛) 28, 103

경전 숭배 96

계율 115

고봉 원묘(高峰原妙) 29~30

고정 관념 61

공 12

공 사상 12 , 15, 42, 44, 50~51, 82,
 106, 114, 127, 143~144, 147, 210,
 224~226, 247

공안 56

과거심불가득 현재심불가득 미래심
 불가득(過去心不可得 現在心不可得 未
 來心不可得) 28

관념 35

광엄 동자 139~140

교(敎) 146

교선 일치 172

교종 111

구경열반(究竟涅槃) 45

구나발타라(求那跋陀羅) 17, 84, 224,
 225, 243,

구마라집(鳩摩羅什) 11, 14, 23, 33,
 34, 36, 67, 69, 70, 81, 100, 113, 133,
 144, 211,

구원 실성(久遠實成) 71, 72, 93, 187,

구원본불(久遠本佛) 72

구자무불성(狗子無佛性) 211

구족계(具足戒) 143

구지(俱胝) 선사 238

규봉 종밀(圭峰 宗密) 39, 172~173,
 229

금강경 11

금강경오가해(金剛經五家解) 24, 31,
 38

금강경오가해설의(金剛經五家解說誼)
 31, 62

ㅅ